U0907817

吴忠民 著

Twelve Lectures on Social Justice Theory

社会公正理论十二讲

山东人民出版社

目　录

Contents

第一讲

社会公正为什么如此之重要

如果对当今中国社会的基本状况给出一个历史定位的话，我们可以看到，中国现在正处在两个并存的时期。一是“发展的重要战略机遇期”（也有人将之称为“发展的黄金期”）。自从鸦片战争到现在，没有哪个时期的发展像现在如此之好。二是“社会矛盾问题的凸显期”。自从新中国成立到现在，没有哪个时段像现在这样社会矛盾问题如此之多。究其主要原因，中国的社会建设严重滞后于经济发展，特别是中国在社会公正方面出现了明显的甚至是比较严重的问题。

一、社会公正[1]问题日益凸显

1. 经济发展成就举世公认

经过30多年的改革开放，中国的社会经济取得了举世公认的巨大成就。这主要表现在以下几个方面：

第一，中国的经济及综合国力获得了巨大的发展。1979 年至 2010 年，中国的 GDP 平均每年以 9.9% 的速度递增。2001 年至 2010 年，年均增幅

[1] 严格讲，社会公正有广义和狭义之分。广义上的社会公正，是指“社会机体”意义上的公正，约等于“整体”、“总体”意义上的公正，涉及社会、经济、政治、文化等所有领域；狭义上的社会公正，是指“社会机体”中社会领域的公正。考虑到用语习惯等因素，本书所使用的社会公正主要是指广义上的公正，但同时有些差别，其侧重点有时放在社会领域的公正。另，“公正”与“正义”尽管有细微的差别，但两者基本同义，英文写法均为 justice。由于“公正”与“正义”两者在大多数场合可以交互使用（英语中通用，汉语不少场所交互使用），为便利见，本书中两者通用。

为10.7%。[1]30年年均增幅近10%，这在各个国家现代化的历史上创造了一个新纪录。按照现行汇率来看，2011年中国的人均GDP达到了5432美元。中国的经济总量现在已经位居世界第二位，外汇储备高居世界第一。与之相适应，中国的综合国力也获得了巨大的提升。中国的科学技术、国防力量、城市建设等等获得了长足的发展。

第二，中国的市场经济体制已经初步形成。中国于1993年开始明确地提出了建立市场经济体制的目标。经过一段时间的努力，到21世纪初，中国的市场经济体制可以说已经初步得以确立。基于政府行为规范化、经济主体自由化、生产要素市场化、贸易环境公平化和金融参数合理化这五项标准，有学者指出，中国市场经济发展程度在2001年年底已达到69%，突破了市场经济标准的临界线，市场经济框架已经建立。2003年，中国市场经济发展程度达到73.8%，中国已经是市场经济国家了。[2]

第三，现代社会的阶层结构已经初步形成。从三大产业人员就业结构的层面看，改革开放以来，随着现代经济的发展以及社会流动人为阻碍因素的大幅度消除，农民阶层人数呈明显下降趋势，第二产业中的工人人数呈相对缓慢增长趋势，第三产业的工人人数则呈现出一种明显增长的趋势。1978年，第一产业就业人员比重为70.5%，第二产业就业人员比重为17.3%，第三产业就业人员比重为12.2%；1998年，第一产业就业人员比重为49.8%，第二产业就业人员比重为23.5%，第三产业就业人员比重为26.7%；2010年，第一产业就业人员比重为36.7%，第二产业就业人员比重为28.7%，第三产业就业人员比重为34.6%。[3]从较高位置阶层层面上看，现代化建设各个重要领域的职业化领军力量——三大精英群体，即经济精英群体、政治精英群体和知识精英群体——已经形成，中国现代化建设所必需的社会力量配置结构日益趋于常态化和均衡化。再者，社会的包容性得到了极大的增强，社会成员自由发展的空间得到了极大的拓展。正如有学者所指出的那样，“一个具有活力、结构形态相对合理的现代化社会阶层结构在中国逐渐显露出来。可以说，现代化的社会阶层结构的雏形已经

[1] 中华人民共和国国家统计局：《中国统计年鉴2011》，中国统计出版社2011年版，第5页。
[2] 北京师范大学经济与资源管理研究所：《2005年中国市场经济发展报告》，中国商务出版社2005年版，第3页。
[3] 中华人民共和国国家统计局：《中国统计年鉴2011》，中国统计出版社2011年版，第112页。

形成”[1]。

第四，城乡居民绝对生活水准得到大幅度提高。从纵向比较的角度来看，同改革开放之前相比，就中国社会的主要群体基本生活状况的变化而言，在这之前是难以想象的，用“翻天覆地”一词来概括并不为过。比如，1978 年城镇居民家庭人均可支配收入为 343.4 元，农村居民家庭人均纯收入为 133.6 元，2011 年分别增至 21810 元和 6977 元；1978 年城镇居民家庭的恩格尔系数为 57.5%，农村居民家庭的恩格尔系数高达 67.7%，2011 年则分别降至 36.3% 和 40.4%；1978 年城市人均住宅建筑面积为 6.3 平方米，2006 年增至 27.1 平方米；1978 年农村人均住房面积为 8.1 平方米，2008 年增至 32.4 平方米。[2]

对于一个规模相对较小的国家或地区来说，如果在 20 年或 30 年当中，其经济能以接近每年 10% 的平均速度增长的话，那就可以说是一个十分了不起的成就。但人们毕竟有时难免将之归因于某些偶然性因素的影响。而对于像中国这样超大规模的社会共同体——其人数比欧洲、美国、日本三大共同体人数的总和还要多——来说，连续保持了30年的经济高速增长(接近 10% 的平均增长速度)，取得了如此巨大的成就，这一现象不能不说是人类社会历史上的一个奇迹。对此，很难用一些偶然性的因素来解释。对于这样一项伟大的成就，怎么高估都不过分。从中国改革开放所取得的巨大成就当中，我们可以发现，中国的发展已经成为不可逆转的历史大势，任何人、任何事情已经不可能改变这种趋势。

同时，还需要看到的是，中国发展过程当中出现了一些问题，甚至出现了一些比较严重的问题。一个突出的问题是，中国的社会发展明显地滞后于经济发展，社会与经济之间出现了明显的不平衡的状况。其中的关键症结在于，社会公正问题已经成为一个影响中国社会经济发展全局、影响中国社会各个阶层的大问题。

如何看待成就和问题的关系？对于成就，即便是少谈一些，放在那里也跑不掉。而且，成就哪怕是巨大的成就，只能说明中国社会以往做

[1]　陆学艺主编：《当代中国社会阶层研究报告》，社会科学文献出版社 2002 年版，第 60 页。

[2]　中华人民共和国国家统计局：《中国统计年鉴 2009》，中国统计出版社 2009 年版，第 317、351 页；中华人民共和国国家统计局：《中华人民共和国 2011 年国民经济和社会发展统计公报》，中华人民共和国国家统计局网站，2012 年 2 月 22 日。

得如何，而很难就一定能够说明以后会做得同样成功。相对而言，问题尤其是比较严重问题的存在，直接影响着中国社会未来的发展走向。所以，对于问题尤其是比较严重的问题如果重视得不够，由之任意演化和扩张的话，那么这些问题就会在不小的程度上抵消巨大的成就，甚至会让巨大的成就毁于一旦。因此，为了更好更安全地发展，我们必须高度重视这些问题。

2. 社会公正取得初步进展

在现阶段，中国社会公正问题的实际状况大体是这么一种情形：一方面，客观地看，中国的社会公正在同市场经济密切相关的部位获得了初步的却是十分重要的发展，这主要表现在：

第一，社会成员的行为取向已经明显地从先赋性转向自致性。中国社会在 1979 年以前的 30 年间，社会成员对于某种社会地位的获得，在很大程度上带有先赋性的成分，尤其是政治方面的先赋性。现在，随着市场经济体制的逐步确立，平等竞争的法则对于整个社会产生着越来越大的影响，自致性的取向越来越占据着主导地位。社会成员尤其是年轻的一代越来越认同于只有靠自身的后天努力，靠个人的能力以及业绩，才能够获得较为满意的社会位置。各种劳务市场、“人才交流中心”以及用人单位（尤其是“新式单位”）招聘员工时，主要是以个人的能力等基本素质为依据。人们在职位升迁、提薪等方面，也逐渐变成以能力和业绩为主要依据。

第二，社会成员原有的种种身份束缚被消除，社会成员初步获得了自由发展的空间。改革开放以后的 30 年，社会成员的自主择业成为一种趋势，社会成员原来的种种人身依附性和隶属性逐渐消失，社会成员的自致性努力逐渐成为现实，社会流动程度大幅度提高。就此而言，至少有两个现象特别应当引起人们的注意。一个现象是劳动用工制度的重要变化。改革开放以前 30 年间劳动用工制度的基本特点，一是统包统配、以固定工为中心的终身就业，二是排斥农村居民。同以往的劳动用工制度相比，如今的劳动用工制度，一是不保证劳动者“从一而终”的工作，二是不排斥农村居民。另一个现象是社会成员城乡之间和区域之间的流动大面积展开。这种人口流动，“是人类历史上和平时期的最大规模迁移”[1]。在这一时期，户籍制度虽然没有取消，但不能否认的是，其实际意义明显削弱，特别是它对于社会成员就业择业的限制作用已经明显降低。一个令人瞩目的现象是，中国出现了一个十分庞大的来自农村、到城市工作的“农民工”群体。到2010年，全国农民工总量为24223万人，其中外出农民工数量为15335万人。[2]

第三，社会从看重结果均等开始转向看重机会平等。在1978年的中国社会，社会对于个人只能是看重结果的均等、最终状态的相似，即“相似的获得”，而不可能是起点的平等即“平等的进入”。在市场经济、社会分化、社会流动等时代背景下，人们越来越看重起点的平等，认同由于发展潜力的不同而造成的机会拥有方面的某些合理的“不平等”。现在，社会成员已从内心深处摒弃了平均主义，而逐渐认同机会平等的理念，并期望社会在生存与发展方面能够为每个人提供平等的起点，以便在有序竞争规则的条件下，获得自身的发展。而且，已经出台和即将出台的许多重大的社会政策也有利于起点平等原则的实施。另外，随着社会对于个体人之间差异的认可，随着同现代社会相适应的社会分层结构体系的逐渐形成以及职业结构的不断分化，社会成员的收入呈现出一种多样化的状态。

3. 社会不公现象日益凸显

另一方面，更需要我们看到的是，社会当中出现了许多不公正的现象，并对中国社会的安全运行和健康发展产生了不可忽视的负面影响。

人们一提到中国现阶段的社会公正问题，往往把注意力放到贫富差距日益扩大这一现象上。可以这样说，凡是能够显示出一个社会贫富差距状况的主要指标，在目前的中国社会当中，无一例外地都呈现出一种迅速恶化的态势。比如，中国基尼系数居高不下，居亚洲第一。按照许多学者的测算，中国现在实际的基尼系数已经达到0.496，甚至超过了0.5。[3] 而根

[1] 〔美〕罗伯特·劳伦斯·库恩：《中国30年——人类社会的一次伟大变迁》，吕鹏等译，世纪出版集团、上海人民出版社2008年版，第55页。

[2] 新华网北京5月23日电：《2010年度全国农民工总量为24223万人》，新华网，2011年5月23日

[3] 汝信等主编：《2007年：中国社会形势分析与预测》，社会科学文献出版社2006年版，第8页；刘国光：《进一步重视社会公平问题》，《经济学动态》2005年第4期；李实等：《中国城乡居民收入差距的重新估计》，《北京大学学报（哲学社会科学版）》2007年第2期。

据中国人民大学和香港科技大学的联合调查，中国内地的基尼系数已经高达0.53或0.54左右。[1]

实际上，问题的严重性还不在于收入差距迅速拉大本身，而在于中国现阶段的社会不公现象出现了一些明显的新趋向。这主要表现在以下几个方面：

第一，社会不公现象涉及大部分社会群体。

社会不公现象现在所涉及面越来越大，不仅涉及人数最多的社会主要群体如工人群体和农民群体，而且涉及大量中等收入者、大量的教师。另外，部分民营企业家也程度不同地面临着社会不公问题。

应当承认，这些社会群体面临着一些共同关注的社会不公现象如腐败问题等等。除此之外，这些社会群体各自所面临的具体社会不公现象方面，还是有一定差别的。工人群体、农民群体、农民工群体所面临的社会不公现象，主要表现在基础性基本权利方面，如劳动条件恶劣、失业、社会保障不到位、子女教育成本过高等问题；大量中等收入者主要面临的是税负相对过重、房价飙升等社会不公问题；大量教师特别是中小学教师主要面临的社会不公问题，是其相对位置（与公务员群体相比）明显下降，实际收入和福利待遇同公务员相比差距越来越大，几乎降到了60年以来的最低点；部分民营企业主特别是制造业中的民营企业主，则主要面临税负过重，面临同国有企业不公平竞争等歧视问题，如融资难、行业准入歧视等问题。

由于大多数社会群体均面临社会不公问题，因此大多数社会群体必然会产生一种不公平感。

第二，社会群体之间非互惠互利局面逐渐形成。

在一个正常的现代社会，为了保证社会各个群体之间的团结和整合，就必须在其相互之间实现互惠互利的局面，即处在较高位置阶层的利益增进不能以损伤处在较低位置阶层的利益为必要的前提条件，而且，在较高位置的阶层的利益增进的同时，较低位置阶层的处境应当随之得到改善。按照罗尔斯的解释，这种互惠互利是指，“所有参与合作的人都必须以某

[1] 苗树彬等：《寻找经济转轨与社会公平统一的发展道路——中改院“经济转轨与社会公平改革形势分析会”综述》，《光明日报》2004年8月17日。

种适宜的方式（依一种合适的比较基准来判断，该方式是适宜的）来共享利益，或分担共同的负担”[1]。

由之反观中国社会，则是一种相反的现象。社会主要群体与社会经济位置较高的精英群体之间在利益方面没有实现互惠互利的局面，而是呈现出一种此消彼长的现象。

一方面，是社会主要群体生存和发展状况没有得到应有的改善。比如，劳动者的劳动收入同劳动投入不成比例。在国民收入的分配中，劳动者报酬比重呈逐年下降的趋势。近年来，在按支出法统计的地方 GDP 构成中，劳动者报酬比重不断下降，2003 年以前一直在 50% 以上，2004 年降至 49.6%，2005 年降至 41.4%，2006 年降至 40.6%。[2] 再比如，社会保障对职工的覆盖率偏低，对农民工的覆盖率过低。相比之下，日本战后工业化快速推进时期，1955 年到 1985 年，人均国民收入从约 220 美元提高到 10950 美元，其间劳动者报酬占 GDP 比重不降反升了 13.6 个百分点，达到 54.3%。“即便是美国 19 世纪末至 20 世纪初的工业化高峰时期，大量劳动力从农业部门向非农业部门转移，劳动报酬比重达历史最低点的 1915 年还为 55% 左右，也高于我国现有的劳动报酬份额。”[3]

另一方面，则是精英群体利益的超常扩张。精英群体不但拥有着雄厚的社会经济资源，拥有着无可争辩的控盘能力包括制定规则政策的能力和干预市场的能力，而且拥有着社会话语权。更为重要的是，精英群体常常会突破职业边界，在利益方面形成相互结盟、抱团获利的现象。对于精英群体来说，类似的利益结盟现象，不但可以从中得到由掌握再分配权力所带来的好处，而且还可以直接得到一块由市场经济所创造的财富。如果这种情形持续不断地发展下去，就有可能产生一个为害巨大的“既得利益群体”。有学者提醒，当前社会，“权贵资本主义”或“官僚资本主义”已经成为一种现实的危险。[4]

第三，社会不公现象开始出现代际传递的迹象。

---

[1] 〔美〕约翰 · 罗尔斯：《政治自由主义》，万俊人译，译林出版社 2000 年版，第 319 页。

[2] 汝信等主编：《2008 年：中国社会形势分析与预测》，社会科学文献出版社 2008 年版，第 8 页。

[3] 宋晓梧：《弱势群体能否不再为精英埋单——论贫富差距与收入分配制度改革》，《人民论坛》2010 年第 17 期。

[4] 吴敬琏：《当代中国经济改革》，上海远东出版社 2003 年版，第 396 页。

受传统因素的影响，如果就一般情形而言，家庭对于子女的未来发展前景有着重要影响，那么在极为重视家庭的中国社会，家庭对于后代的影响就更大了。由于多年来公共服务体系的缺失，由于新一代人的成长和发展主要是靠家庭的支撑，拥有不同资源状况的高收入家庭和低收入家庭的子女所得到的帮助差别很大，因此，随着社会不公现象的持续存在和加重，出身于不同经济状况家庭的后代之间的差别开始显性化。换言之，社会不公现象出现了代际传递的迹象。

社会不公现象的代际传递主要表现在这样两个方面。其一，弱势群体家庭贫穷状况的代际复制，即“穷人”的子女往往是“穷二代”。我们观察一下新生代农民工和许多未就业的大学毕业生，可以发现，他们大多是弱势群体的后代。比如，在低收入工人“子女中，初中毕业后不继续上学而去找工作的情况相当普遍，他们往往也是低工资人群之一”。“穷者的孩子在社会竞争、教育竞争、职业竞争中一开始就处于劣势。”[1] 再以大学毕业生就业为例，在20世纪80年代初期，出身于工人家庭和农民家庭的大学毕业生所找到的工作，与当时出身于“高干”家庭的大学毕业生差别不大。而现在，出身于工人农民家庭的大学毕业生很难找到像样的工作。其二，富裕群体家庭富裕状况的代际复制，即“富人”的子女往往是“富二代”。精英群体的后代在其基本生存和发展状态方面开始明显表现出优越于其他群体后代的情形。有学者发现，农村学生主要集中在普通地方院校与专科院校。以湖北省为例，2002年至2007年5年间，考取专科的农村生源比例从39%提高到62%，以军事、师范等方向为主的提前批次录取的比例亦从33%升至57%。而在重点高校，中产家庭、官员、公务员子女是城乡无业、失业人员子女的17倍。另有几组抽样调查数据均显示，2000年后，省属地方院校新生中农村学生的比例高达六成以上，而在重点研究型大学里，农村生源比例一路走低。1978年至1998年，来自农村的北大学子比例约占三成，20世纪90年代中期开始下滑，2000年至今，考上北大的农村子弟只占一成左右。[2]

第四，社会不公现象呈现出一种加速度演化趋势。

---

[1] 王春光：《警惕我国贫富差距的代际传承和趋固化问题》，《中国党政干部论坛》2006年第9期。
[2] 潘晓凌等：《穷孩子没有春天？——寒门子弟为何离一线高校越来越远》，《南方周末》2011年8月4日。

现在，社会不公现象积累的基数越来越大。中国率先富裕起来的社会群体由于已经拥有了优厚的资本、广泛的人脉网络、丰富的致富经验以及越来越宽泛的财富增值渠道，因而仍然能够在经济快速发展过程当中分享到更多份额的蛋糕。相比之下，社会主要群体的生存和发展空间越来越受到挤压。在这样的情形下，社会不公现象的势能越来越强，惯性越来越大，越来越会按照自我演化的逻辑加速演化。所以，在未来一段时间当中，中国的社会不公现象不可避免地会呈现出一种加速度演化趋势。

4. 社会不公现象引发的社会矛盾问题日趋严重

在看到社会不公现象日益凸显的同时，还需要注意的是，改革开放以后，尤其是 20 世纪 90 年代以来，随着现代化和市场经济进程的推进，中国社会成员的平等和独立意识得到了长足的发展，并逐渐得到国家层面上的积极认同。社会成员对于自身各种权益的维护成为一种必然的趋势。在这样的情形下，大量侵害民众基本权利的做法就会遭到广泛抵触。从客观上讲，围绕着维权问题就会形成不少矛盾问题。

在中国现阶段以及未来的一个时期当中，主要由社会不公现象所引发的社会矛盾问题日趋严重。这里，有两组数字足以说明中国社会矛盾问题的严重性，应当引起人们的高度重视。一组数字是，中国现在每年发生的群体性事件为 10 万起，而且每年以新增加一万起的速度递进。另一组数字是，近年来中国在公共安全方面的成本急剧攀升。2009 年，国家财政用于公共安全的支出达到了创纪录的 4744 亿元，略低于同一年度国防开支的 4951 亿元；[1] 而且，其增长幅度已经远远超过同期国防开支的增长幅度。财政部公布的数字显示，2009 年中央财政公共安全支出（包括对地方转移支付）1287.45 亿元，增加 414.41 亿元，增长 47.5%；2010 年中央财政公共安全计划支出（包括对地方转移支付）1390.69 亿元，增加 103.24 亿元，增长 8%。2009 年、2010 年，国防支出的增长幅度分别为 17.8% 和 7.5%。[2] 2010 年，国家财政用于国防的支出为 5334.84 亿元，而国家财政

[1] 中华人民共和国国家统计局：《中国统计年鉴 2010》，中国统计出版社 2010 年版，第 290 页。

[2] 财政部：《关于 2009 年中央和地方预算执行情况与 2010 年中央和地方预算草案的报告》，《人民日报》2010 年 3 月 17 日。

用于公共安全的支出为5486.06亿元，首次超过了国防开支。这是一个很大的变化。2011年，全国公共财政支出用于公共安全支出的预算安排为6244.21亿元，明显超过用于国防支出预算安排的6011.56亿元。[1]

二、失去社会公正意味着什么

一个社会如果缺乏公正，一个社会如果缺少了起码的天平，那么由此所带来的，必然是全方位的、十分有害的负面影响。

1. 失去社会公正意味着基本制度的畸形安排

现代社会基本制度安排的依据是社会公正。“正义的主要问题是社会的基本结构，或更准确地说，是社会主要制度分配基本权利和义务，决定由社会合作产生的利益之划分方式。”[2]显然，在没有社会公正为依据的情形下，一个社会的制度安排必然会呈现出“不好”、“无效”（或“低效”）、“不公平”以及“不可行”的特点。这样一来，一个社会当中的各项基本制度的安排必定是畸形、有害的。“因为制度具有分配效应，自然而然就会涌现出矛盾。一套制度会使某些人受益，另一套制度则会使其他的人群受益。因此，对于人们来说，掌握权力来塑造并保持有利于自己的制度，同时避免或者削弱制度对他们的消极影响，总是乐此不疲的。”[3]相应的，社会的整体利益结构失衡的情形，必定会导致一些群体无偿占有或不恰当占有其他群体合理利益情形的出现，往往会导致此群体利益的增进是建立在另一群体利益的受损基础之上现象的出现。换言之，社会各个群体之间的利益关系呈现出一种零和博弈的状况，相互间的利益增进不可能呈现出一种同步化的状态，不可能实现双赢的局面。

2. 失去社会公正意味着市场经济基本准则的破坏

市场经济的基本准则是平等竞争。平等竞争的准则不仅可以使社会成

---

[1] 财政部：《关于2010年中央和地方预算执行情况与2011年中央和地方预算草案的报告》，《人民日报》2011年3月18日。

[2] 〔美〕约翰·罗尔斯：《正义论》，何怀宏等译，中国社会科学出版社1988年版，第5页。

[3] 世界银行：《2006年世界发展报告》，清华大学出版社2006年版，第108页。

员能有一个相对平等的起点，还可以使社会成员对于种种发展前景平等地、普遍地怀有种种希望，从而激发自身的活力。社会不公正现象的程度越高，对于平等竞争规则的损害程度也就越高。比如，中国现阶段的社会不公正现象严重地破坏了市场经济平等竞争的基本准则。类似于某些精英群体如权力精英群体和经济精英群体之间的利益结盟、公共权力不恰当的扩张、地方保护主义的盛行以及许多劳动者的基本权利得不到应有的保护等种种社会不公正现象，直接损害了市场经济平等竞争的准则，造成了市场主体的不平等、非市场因素的介入、信息不对称等负面的效应，形成了诸如行业垄断、区域分割等有害现象，使得市场经济应有的平等竞争精神与准则扭曲变形，并使得参与市场经济活动的一方往往得不到应有的回报，而另一方却往往得到超额的并且是超出合理限度的回报。

3. 失去社会公正意味着发展活力的丧失

由社会不公正而导致发展活力受损这一现象主要表现在两个方面。

第一个方面是经济发展可持续动力的削弱。对于规模较大尤其是中国这样规模超大的国家而言，在经济的主要拉动力如出口拉动力、投资拉动力和内需拉动力三者当中，内需拉动力的作用要远远高于前两者。如果一个社会当中低收入以及中低收入群体人数所占比例过大，那么这种社会的阶层结构显然是不公正的。而这种不公正的社会阶层结构所产生的内需拉动力是最弱的，难以为经济发展提供有效的可持续动力。另外，作为社会公正直接体现的社会保障状况如何，对于一个社会的内需拉动力状况也有着重要的影响。社会保障制度除了具有“安全网”和“稳定器”的功能，还具有减少个人储蓄的“挤出”效应。通过社会保障制度，社会成员可以大幅度地缓解诸如在养老、医疗、失业等方面的后顾之忧，可以对未来的生活有一个相对稳定的预期，因而可以大幅度地减少个人的储蓄。与之相连的是即时消费的增加，甚至是提前消费亦即按揭消费（贷款消费）的增加。这样一来，内需便得到了扩大，经济发展动力便可增强。相反，如果缺乏有效的社会保障制度，那么大量社会成员对于自己未来的生活具有一种不确定感，因而必须进行一种自我保障型的积累。进一步看，这就必然会压抑内需，削弱经济发展的动力。

第二个方面是社会活力的削弱。一个社会如果缺少必要的流动机制，就意味着大量社会成员向上的自由发展空间和横向的自由发展空间会严重受阻。因此，大面积社会成员的潜能就不可能得以有效的兑现和释放，进而使得整个社会的活力受到严重的削弱。更为重要的是，这种现象还存在“代际传递”的可能性。比如，一个非常富裕的家庭或是家族，其后代的境遇往往要优于较为穷苦人家的后代。因为前者在获取生存与发展所必需的社会资源方面、在财产的继承方面能够为后代提供后者所不具有的优势，进而使得前者的后代在机会的占有方面以及在社会优势位置的占有方面要明显优于后者。可以说，这是一种十分不公正的特权性的“遗传优势”。这种“遗传优势”的持续存在，会直接损害代际的机会平等原则。[1]

4. 失去社会公正意味着民主化进程的延缓或扭曲

社会不公正意味着贫困群体成员的数量过大。而大量贫困群体成员的存在，不利于民主化进程的推进。对于贫困群体的成员来说，就一般情形而言，他们难以有效地介入民主化进程。从其基本的需求来看，他们所看重的是其基本生存条件的满足，很难产生主动参与社会事务的意愿和冲动（特殊条件下的社会动员和集群行为除外），主动参与社会事务对他们来说是一种奢望；从其能力来看，由于他们长时期地缺乏教育，文化素质较低，而且又长时期地处在封闭的状态，因而很难积极而有效地参与社会性的事务。如果非要将贫困者大规模地掩入民主化的进程，那么在实际生活当中，倒有可能对民主化进程产生诸多的不利影响，往往是弊大于利。对于不少贫困群体成员来说，他们所喜欢、认同的很有可能是过度、绝对的平等，所习惯的很有可能还是以前的平均主义。这种绝对的、带有平均主义色彩的平等同真正意义上的社会公正或者是明显抵触的，或者是不具有实际的可操作性，或者是会产生程度不同的、“削高平低”的负面影响。“论述平等问题的作者们在发布陈情书抨击不平等的罪恶时，都是雄辩滔滔、循循善诱的。但是他们在处理如何实现平等的理想这一问题时，其论据却日渐空洞和缺乏说服力。”[2]在一个国家当中，如果贫困群体成员人数过多，

---

[1] 吴忠民：《社会公正论》，山东人民出版社2004年版，第207～208页。

[2] 〔美〕萨托利：《民主新论》，冯克利等译，东方出版社1998年版，第380页。

那就有可能会在一定程度上使民主化进程的议题、民主化的目的变形走样。显然，实现社会公正，消除大规模贫困现象，是民主化进程得以顺利、有序推进的必要前提。不能奢望在一个贫困程度较高的国家实现真正意义上的民主。“实际上，历史没有提供任何这样的例子：高度不发达的国家在普选权基础上建立持久的和有效的政治民主。同样，没有一个国家在已受到堪与南亚各国相比的贫困与不平等程度之苦时，还试图实现福利国家的平等理想。”[1]

5. 失去社会公正意味着会降低社会安全的程度

社会公正是一个社会是否具有安全性的重要保证。换言之，社会不公正会对社会安全产生十分不利的影响。一个没有群体差别或者是群体差别过小的社会不一定就是一个公正的社会，然而一个强势群体与弱势群体之间、富人群体和贫困群体之间界限过于分明、两者严重对峙的社会，同样也不是一个公正的社会。虽然还不能说贫富差距过小的社会就一定是一个稳定的社会，但是可以肯定地说，一个贫富差距过大的社会必定是一个不稳定的社会。亚里士多德认为，“所有这些内讧，都常常以‘不平等’为发难的原因”，“内讧总是由要求‘平等’的愿望这一根苗生长起来的”。[2]

如果随着社会发展进程的推进，社会财富越来越集中在少数社会群体、少数社会成员一方，就说明社会发展的成果只是为少数社会群体、少数人所享用。这样的发展不可能是真正的发展，而只能是畸形化的发展。就一般情形而言，一个社会的贫富差距越大，社会问题就越多，社会就越加不稳定、越加动荡，甚至存在着很大的倾覆的可能性。如果我们观察一下大多数发展中国家的贫富差距状况，就会发现，凡是基尼系数过高的发展中国家往往存在着社会不稳定甚至是社会动荡的情状。中国现阶段社会不公正现象已经达到了比较严重的地步。日益严重的社会不公正现象势必会造成社会各个群体之间的隔阂和抵触。当社会各个群体之间的隔阂和抵触积累到一定程度时，必定会进一步损害社会各个群体之间的团结与合作，引

[1] 〔瑞典〕冈纳·缪尔达尔：《亚洲的戏剧——对一些国家贫困问题的研究》，谭力文等译，北京经济学院出版社 1992 年版，第 107 页。

[2] 〔古希腊〕亚里士多德：《政治学》，吴寿彭译，商务印书馆 1965 年版，第 234 页。

发或加重其他一系列的社会问题，造成社会的不安甚至是程度不同的社会危机。中国社会目前之所以出现了一些不利于社会安全运行的现象，一个重要的原因，便是社会不公正现象的存在。需要注意的是，随着中国财富总量的增大以及社会不公正现象势能的积累，随着整个社会利益结构调整的进一步推进，社会不公正现象所造成的负面影响有加速度扩张的趋势。

由上可见，社会不公正对于一个国家的发展构成了广泛而深远的不利影响。“不平等及其加剧的趋势成为对发展的限制与障碍的复合体。”[1]为了保证社会的安全运行和健康发展，就必须促进和维护社会公正，阻止天平的倾斜。正如有学者所指出的那样，“遏制分配不公的势头现在已不仅仅是个社会伦理问题，而且是危及国家政权稳定的重大政治问题。对一个由共产党执政的社会主义国家而言，经济发展固然是硬道理，社会公正也是硬道理”[2]。

三、是什么观念在妨碍着我们重视社会公正问题

在改革开放以后不短的一个时期内，我们对社会公正问题之所以没有给予应有的重视，原因是多方面的。其中的一个重要原因，就是有一些观念或者说是一些根深蒂固的观念在妨碍着我们重视社会公正问题。这些观念主要包括“原始积累不可避免”，“国家财力不足”，“重视公正便会妨碍效率”。所以，要想真正重视社会公正问题，以有效地推动和谐社会的建设，就必须对于这些观念进行一番必要的反思。

1.“原始积累不可避免”之说

这种观念尽管在正式媒体上所谈论的不多，但是不少人在一些小型会议或在私下场合当中却谈得比较多，实际的影响面比较大。这种观念认为，欧洲早期的现代化进程是通过“火与血”的原始积累来实现的，而且这种原始积累过程是任何一个从事现代化建设的国家都不可避免的。中国既然

---

[1] 〔瑞典〕冈纳·缪尔达尔：《世界贫困的挑战——世界反贫困大纲》，顾朝阳等译，北京经济学院出版社 1991 版，第 44 页。

[2] 王绍光：《安邦之道——国家转型的目标与途径》，生活·读书·新知三联书店 2007 年版，第 384 页。

要搞现代化建设，就免不了出现一个残酷的、牺牲多数人利益的原始积累时期。在这样一个时期，少数人迅速积累财富和多数人利益受到损害是必然的事情。

“原始积累不可避免”之说的误区在于，对各个国家复杂的现代化历史过程进行不恰当的、简单的类比。由于历史条件和国情的不同，在欧洲早期现代化进程中出现的原始积累现象在当今中国社会并不见得会重现。其一，与欧洲早期现代化建设时期有所不同的是，随着人类文明的进步，以人为本、人权保护、平等的观念在世界范围内已经深入人心。比如，以往的选举有着种种身份或资格的限制，而现在的选举则排除了一切不合理的限制。再如，保护人权已经写入了我国的宪法当中。在这样的情形下，拒绝一切形式的人为剥夺，已经成为中国社会的大势所趋、民意所向。任何形式的剥夺，在社会基本价值观层面上都会遭到明确的反对，在现实社会层面上都会招致民众的广泛抵触。其二，与以往不同的是，人类已经发明了保护社会成员基本生存条件的基本制度和种种方法。中国完全可以通过社会保障制度，通过税收，有效地实现社会转移支付，使富裕群体的利益增进和弱势群体的生活处境改善两者之间实现同步化，从而避免两极分化现象的出现或加重。虽然中国社会要想完全做到这一点还需要一个过程，但是这个过程毕竟已经开始启动，其前景完全可以预期。其三，同欧洲早期现代化建设时期迥异的是，中国现在以政府为主的公共权力十分强大，拥有很大的资源控制力和调节力，能够在社会公正方面做很多事情。尤其是，作为执政党的中国共产党，其基本宗旨是“立党为公，执政为民”。所以，只要公共权力运用得当，中国可以从长远考虑，采取种种有效的政策，而避免由市场自发性所造成的种种缺陷。比如，可以限制某些群体的不当行为，可以举办社会所必不可少的公益事业，可以在初次分配和再分配领域实施多项社会公正政策防止过大的贫富差距，可以主动地改善基本民生状况，可以有效地扩大内需等等。其四，一些发展中国家和地区的成功经验也说明了欧洲早期工业化时期的原始积累现象可以避免。比如，韩国和中国台湾省的发展历程证明，在经济高速发展的同时，仍然可以保持相对社会公正的状态。

2.“国家财力不足”之说

这种看法认为，现在之所以还不能重视社会公正问题，是因为中国是一个发展中国家，国家的财力十分有限。

公共投入至关重要。一个国家必须通过有效的公共投入，为社会成员提供有效的公共产品，才能实现社会的公正，才能维持社会的正常运转，才能保证经济和社会的协调发展。这里，国家拥有必要的财力是公共投入的前提条件。就中国目前的状况而言，随着改革开放以来经济的高速发展，国家的财力得到了大幅度的增长。2011 年财政收入突破了 10 万亿元，如果再加上隐性的财政收入，国家的实际财政收入应当在 14 万亿元以上。2011 年年底，国家的外汇储备已经超过了 3 万亿美元。另外，国有企业也获得了巨额的利润。所以，就实现初级的和基础性的社会公正而言，国家的财力条件已经具备。

显然，就现实情况而言，国家的财力问题已经得到了初步的解决，已经不能成为不重视社会公正的理由。现在问题的症结不在于国家是否拥有一定的财力，而在于目前中国公共投入优先顺序的明显颠倒。本来，对于公共投入优先顺序的安排来说，基本的民生需要问题属于基础者，应当放在最为优先的位置。所以，就公共投入的次序而言，应当以民众基本的需求为基本着眼点，应当以民生问题为优先。但是，就前些年中国公共投入的优先顺序而言，呈现出一种明显颠倒的状况，很不正常：一方面，用于基本民生方面的公共投入比例过小；另一方面，与之形成鲜明对照的，则是不合理、比重过大的公共投入，高居世界第一。

由此可见，如果将前些年公共投入的优先顺序进行适当的矫正，那么，即便是在国家财力现有的条件下，也能够使中国的社会公正程度得到大面积、大幅度的提升。

3.“重视公正便会妨碍效率”之说

这种看法认为，中国目前必须将效率放在第一位，所以，重视社会公正问题必然会妨碍经济发展的大局。

这种看法的第一个误区在于错将社会公正与平均主义混为一谈。平均主义固然是与效率相悖的观念，但是这并不意味着社会公正同样与效率相悖。平均主义的本质是削高平低，强调社会成员生活状态的相似和均等。平均主义如果得以盛行，必然会形成一种多数人剥夺能力强、贡献大的少数人的局面，从而损伤这个社会的活力。问题在于，真正的、现代意义上的社会公正并不是平均主义，而是一个同现代社会和市场经济相适应的基本价值体系。社会公正是现代社会制度设计和政策安排的基本依据，其精义是强调给每个社会成员他（她）所应得，强调每个社会群体和每个人“各尽所能、各得其所”。社会公正是由对社会成员基本生存条件予以保护、机会平等、按照贡献进行分配以及社会调剂这样几项基本规则构成的有机体系。在社会公正基本规则体系当中，任何一项都是不可缺少的，都具有特定的重要功能，而其中的机会平等规则和按照贡献进行分配规则是一个社会提升效率、激发活力所必不可少的。

这种看法的第二个误区在于没有看到，现在的效率出现了一些问题，恰恰是因为在社会公正方面做得不够好。比如，由于现在低收入者和中低收入者在整个中国社会当中所占比例过大，大量的社会成员购买力明显不足，进而难以形成有效的内需拉动以有效地推动经济发展。再比如，由于中国目前社会保障制度没有系统地建立起来，因而大量社会成员需要进行大量的储蓄，进行“自我保障”，以应对未来可能的各种人生风险。这种情况客观上也对内需拉动产生了明显的消极影响。

显然，在中国现阶段，对于社会公正问题解决得如何，将直接影响到和谐社会的建设以及经济形态健康与否的问题，影响到社会经济能否得以协调发展的问题。而为了卓有成效地解决社会公正问题，就必须摒弃“原始积累不可避免”、“国家财力不足”、“重视公正便会妨碍效率”等有害的观念。这些有害的观念一旦得以矫正，我们国家就有可能形成恰当的制度安排和必要的社会导向，以有效地维护和实现社会公正。另外需要指出的是，社会公正的实现是一个由初级到高级循序渐进的过程。就中国目前现实的物质基础条件而言，高级或中级水准的社会公正一时还不可能做到。但是无论如何，基础层面的、初级水准（低水平、广覆盖）的社会公正应当起步了。我们国家现在已经具备了这方面的物质以及社会方面的基本条件。对此，我们不能以任何理由予以拖延；否则，中国健康、可持续的发展将成为一句空话。

第二讲

公正及相关几个概念的区别

公正、正义、公平和平等是现代社会中具有支撑意义的基本理念。由于这几个概念之间存在着某些相同之处，故而不少人将之视为一回事，甚至于在许多场合人们将这几个概念混同使用。但是，严格地说，这几个概念是有差别的，各自分别具有不同的内涵。如果将这四个概念混为一谈，那么，对于社会制度的具体设计以及社会经济政策的具体制定有可能会产生程度不同的误导作用。因此，有必要厘清这四个概念之间的相同之处和不同之处。

一、公正与正义的细微差别

公正与正义两概念基本上是同义，英文写法均为“justice”，而且，即使在汉语语境中，公正与正义两者在多数场合中按照习惯做法也可以通用。一个公认的事实是，公正和正义是人类社会的价值目标取向，是身处不同区域当中、不同时代背景之下的民众共同追求的价值目标取向。这就使得很多人将两者完全当成一回事，而很少注意其中的细微差别。人们或许从语感的角度觉得两者有差别。比如，毛泽东说：“我们的事业是正义的。正义的事业是任何敌人也攻不破的。”[1]显然，这里所说的“正

[1] 毛泽东：《为建设一个伟大的社会主义国家而奋斗》，载《毛泽东文集》（第六卷），人民出版社1999年版，第350页。

义”一词不能被置换成“公正”一词。即便如此，人们却又往往说不清两者的差别究竟在哪里。

尽管公正和正义两概念在多数场合可以交互使用，但如果仔细推敲一下，就可以发现，汉语语境中的公正和正义两概念之间实际上是有一些细微差别的，两者的适用范围有一定的差别。在这方面，汉语比起英语来说，含义更为丰富。

具体之，汉语语境中的公正和正义这两个概念的差别主要表现在以下几个方面：

第一，正义是一个“应然”、“纯粹”的最高价值观层面上的事情，而公正则是一个将 “应然”和“实然”结合在一起，依据“应然”的基本价值观进行现实社会的基本制度进行安排的问题，即把“理想”与“现实”融为一体。

相对来说，正义属于纯粹的“义”的范畴的事情，表达了社会所应当具有的基本价值取向。正义是人类社会一种“纯粹”的善价值、善取向，是道德的制高点，是一种最高的理想目标，是“人间正道”。《论语·宪问》曰：“或曰‘以德报怨，何如？’子曰：‘何以报德？’以直报怨，以德报德。”这里所说的“直”，就带有“正当”、“理应”、“应该”的意思。《孟子·离娄上》曰：“义，人之正路也。”《荀子·正名》曰：“正利而为谓之事，正义而为谓之行。”对此，杨倞的“注”从反面来进一步说明什么是正义，“苟非正义，则谓之奸邪”。从某种意义上讲，正义是一件“应然”的事情。它与现实社会亦即“实然”的事情之间可以存在较大的距离。比如，孟子说：“仁义而已矣，何必曰利。”董仲舒说：“正其谊不谋其利，明其道不计其功。”孟子和董仲舒类似的说法虽然将“义”和“利”完全对立起来，已经极端化了，但是能够从另一个角度说明正义同现实社会之间有着较大的距离。作为人来说，需要有理想目标的追求。人们正是通过对于这样一种“纯粹”的理想目标的追求而不断地改善现实社会。

与正义强调应然不同，公正则是以正义为依据，来进行现实社会层面上的基本制度的设计和安排，试图将“应然”和“实然”两者有机统一起来，因而带有明显的现实性。虽然正义与公正两者之间有着一定的距离，但是两者又是密不可分的。对于一个社会来说，制度尤其是规范、合理、公正的现实制度是至关重要、不可缺少的。“制度是一个社会中的一些游戏规则；或者，更正式地说，制度是人类设计出来调节人类相互关系的一些约束条件。”[1] 而合理公正并且是现实的基本制度的设计必须基于一定的理念，这个理念就是公正。罗尔斯指出：“正义是社会制度的首要价值，正象真理是思想体系的首要价值一样。”[2] 由此可见，实然离不开应然，公正是义、利的统一，是应然与实然的统一，是理想与现实的结合。罗尔斯这里所说的“正义”(justice)一词相当于汉语中的“公正”一词。也正是因为公正带有现实性的特征，所以公正的实现还要考虑到如何将理想融入现实，要考虑到制度设计安排的可行性问题，要考虑到社会各个群体在制度安排时的共同认可、协调甚至是妥协的各种变数问题。

总之，从某种意义上讲，汉语语境中的“正义”是一个侧重于哲学价值观层面上的问题，而“公正”则是一个侧重于社会制度（广义上的社会制度）层面上的问题。

汉语语境中“公正”和“正义”两概念的其他差别均是由上述差别进一步引申出来的。

第二，正义具有某种跨时代的、相对恒定的特征，而公正的具体内容则会随着时代条件的变化有所变化。

作为一种理想和目标行为取向，正义具有某种超越具体历史阶段的、相对恒定的特征。无论是哪个时代的社会，总会不可避免地面临许多类似的主题。每个社会的人们对于这些类似的主题都曾做过程度不同的努力。这些努力方向是有相似之处的，具有某种相对恒定的特征。比如，中国古代农民起义时的“均贫富、等贵贱”等口号就反映了在一定历史阶段当中民众对于正义的某种恒定追求，反映了民众对封建专制制度条件下社会不公现象的抗争。古人对于正义的追求，虽然我们不可能照搬其具体内容，但是，作为一种超越时代的价值理念，作为一种努力方向、一种行为取向和一种追求，不能否认其具有某种超越时代的相对恒定性，仍然值得现今社会予以认同和借鉴。

---

[1] 〔美〕诺斯：《制度、制度变迁与经济绩效》，刘守英译，上海人民出版社 1994 年版，第 3 页。

[2] 〔美〕约翰·罗尔斯：《正义论》，何怀宏等译，中国社会科学出版社 1988 年版，第 1 页。

相比之下，公正跟现实社会的距离更近一些，因而其具体内容必然会随着时代条件的变化而变化。换言之，正义的努力方向具有某种相对“恒定”的特征，而公正的具体内容则具有相对“递进”和“更新”的特征。比如，今人也认同古人如古希腊哲人对于正义的追求，但不一定认同他们对公正的解释。由于时代是在不断发展变化的，人们的观念及认识也是在不断深化的，实现公正的能力在不断增强，因此，不同的时代便会赋予公正以不同的时代内容。传统社会强调整体，强调人的依附性，因而特别强调公正就意味着社会的井然有序，意味着统治者的“仁政”。比如，柏拉图认为公正就是合理的分工和秩序，“国家的正义在于三种人在国家里各做各的事”，“当生意人、辅助者和护国者这三种人在国家里各做各的事而不相互干扰时，便有了正义，从而也就使国家成为正义的国家了”。[1] 而在现代社会条件下，公正的具体内容得到了更新，具有了新的内涵。现代意义上的公正强调个体人的极端重要性，强调在独立的个体人、自由人基础之上的社会联合体，强调与市场经济相融，鼓励每个人的自由空间、自由发展，强调每个人追求合理利益的正当性，并且强调每个人在追求个人利益的同时不能损害其他人的合理利益。

第三，正义是少数人才能够做到的事情，而公正则是多数人都能够遵循的事情。

在一般情形下，能够致力于正义并且能够情愿为之付出一切的人总是少数人，而不可能是多数人。《论语·里仁》曰：“君子喻于义，小人喻于利。”《孟子·尽心下》曰：“人皆有所不为，达之于其所为，义也。”原因很简单，“义”的标准很高，是“常人”难以达到的。《论语》对于这个标准是这样描述的：“志士仁人，无求生以害仁，有杀身以成仁。”（《论语·卫灵公》）《论语》和《孟子》在描述“义”的标准时，尽管对符合“义”的标准的“仁义”之士极尽称赞之辞，而对大多数社会成员带有贬斥的意义，但不能否认的是，其中也含有一些合理的成分。显然，符合“义”这种高标准的只能是少数社会成员。在常态的情形下，大多数社会成员亦即芸芸众生不可能达到这种标准，不可能一生致力于正义的事业，他们所

[1] 〔古希腊〕柏拉图：《理想国》，郭斌和等译，商务印书馆 1986 年版，第 169、156 页。

热衷的是日常生活，所感兴趣的是其基本的切身利益，“利”是排在第一位的。正如马克思所指出的那样，“人们奋斗所争取的一切，都同他们的利益有关”[1]。也正因为如此，在任何一个“常态”社会当中，能够达到“仁人志士”、“英雄楷模”这样高标准的只能是少数人。这些“仁人志士”、“英雄楷模”的付出和舍生取义的牺牲，目的是为了维护大多数“常人”长远的“利”和改善“常人”的日常生活。

相比之下，大多数社会成员能够自觉自愿地认同公正并遵循公正的规则和制度。公正涉及社会基本制度的设计和安排，而这种基本制度是绝大多数社会成员的日常生活和职业生涯须臾不可离开的。在现代社会，随着种种风险因素和不确定性因素的增多，随着社会成员生活期望值的不断提高，随着人们自由以及差异性活动空间的不断增大，随着社会成员越来越看重自身的独立、平等、自由、安全和可预期的发展，大多数社会成员越来越依赖于公正的规则和制度。而现代意义上的公正，其目的就是要在正义价值取向的基础之上，形成一个“好的”制度体系。这种“好的”制度体系，能够让社会各个群体各尽所能、各得其所，从而进一步形成一种合理分工、依规做事、有效合作以及秩序井然的社会局面。显然，公正的规则和制度能够为绝大多数社会成员提供合理、安全和可预期的现实环境，因而会得到绝大多数社会成员的认同和遵循。

二、公正与公平的区别

由于公正与公平这两个概念有些相近，以至于不少论者在许多场合交替使用这两个概念，将这两者当成一回事。有时人们凭直觉也会感到公平和公正这两个概念有些差别，比如“公平、公正、公开”的提法实际上就将公正和公平加以区分，但人们对于这两个概念含义的具体解释却往往是语焉不详。

严格地说来，公正和公平这两个概念是有差别的。在英文当中，公正为justice，公平为fairness，写法的不同说明了两者之间是有一定差别的。

[1] 《马克思恩格斯全集》（第1卷），人民出版社1956年版，第82页。

英文 justice（公正、正义）一词尽管也包括公平尺度的意思，但其重点是在公正、正义的价值观方面；英文 fairness（公平）一词的侧重点则在于公平尺度。无独有偶，在中国古人那里，公正（正义）同公平这两个词语也是有细微差别的。正义就是指正当的、公正的事情，往往同“义”或“直”相连；公平则是“一碗水端平”的意思。

显然，公正和公平这两个概念有广义和狭义之分。广义上的公正和公平的概念是人们平时的习惯用语，意思差不多，可以通用。但广义上的公正和公平的概念不宜用于正式的场合。而狭义上的也就是严格意义上的公正和公平这两个概念，则各自有着明确的含义，两者之间存在着一些明显的差别。具体之，公正（正义）同公平这两个概念之间存在着以下几个方面的差别：

第一，公正带有明显的“价值取向”，它所侧重的是社会的“基本价值取向”，并且强调这种价值取向的正当性；而公平则带有明显的“工具性”，它所强调的是衡量标准的“同一个尺度”，用以防止社会对待中的双重（或多重）标准问题。这是公正和公平最为重要的区别。

从实际的社会生活领域来看，公正和公平的区别比较明显。一般说来，公正的事情必定同时也是公平的，但公平的事情却不见得同时是公正的。比如，“金融大鳄”索罗斯前些年在东南亚金融市场上的所作所为，就是比较典型的遵循“公平”的游戏规则的做法，而这种做法确实有悖于公正的要求。正是由于缺乏公正的基本价值取向，因而索罗斯完全是通过“公平”的游戏规则而直接引发了东南亚的经济灾难。再比如，我们不妨作个假设：几个人分别偷窃了 10 元钱的财物，其“罪行”完全一样。这几个人在被抓住判刑时，有的人被判了 5 年的徒刑，有的人被判 20 天的拘留，有的人却被无罪释放。这种做法显然是不公平的，因为它违反了一视同仁的规则。相反，如果这几个人均被判了 5 年的徒刑，那么可以说这种处理相对来说是公平的。但是，如果换个角度来看，偷窃 10 元钱的财物就被判了 5 年的徒刑，显然是量刑过重，有违公正的原则。这两个事例说明，公正和公平并不完全是一回事。

第二，只有在现代社会才有可能实现真正意义上的公正，而传统社会则是在一定程度、一定范围之内存在着公平的可能性。

在传统社会条件下，虽然有时可以在个别部位做到最为初级的公正，比如从功利的角度为了“类”（社会的生命）的延续，统治者也要尽力防止大面积饥荒现象的出现，但是，这只是生物意义上的、原始的、十分初级的“公正”，并不是真正意义上的公正。就总体而言，在传统社会条件下，不存在公正的可能性。由于传统社会是以某个特殊的社会群体（如皇族、王族）为本位，同时由于传统社会当中资源的极端稀缺性，因此，在传统社会条件下，只能出现一个既反对平等也反对自由的“非人性化”社会，只能出现“家天下”式的社会等级结构，只能出现为了一己或一族私利便随意践踏、损害其他社会成员的基本尊严和基本权利的情形。正像马克思所指出的那样，“专制制度必然具有兽性，并且和人性是不相容的。兽的关系只能靠兽性来维持”[1]。在这样的情况下，公正、正义无从谈起。虽然在当时也会不时地出现一些平等的要求，但是类似的要求最多只是一种平均主义的观念，而缺乏真正平等、自由的理念依据，尤其是根本不可能具有现实的依据，因而不可能成为真正意义上的公正、正义。

只有在现代社会当中，真正意义上的公正才能够得以实现。在现代社会，由于物质财富的极大丰富，由于市场经济的完善，由于平等、自由、社会合作理念已经成为社会的价值基础，因此，现代社会是一个以人为本位的社会，是一个人性化的社会。在现代社会，共享、普惠是基本的社会价值取向，而且无数个个体人的尊严与权利是社会制度安排的基点。在这样的背景条件下，通过合理的制度设计、系统的经济政策和社会政策的实施，公正和正义的基本目标就会得以大面积的实现。根据现有的事实，我们不难发现，在一个健全的现代社会当中，公正的基本要求和规则——对于人的基本尊严和基本权利的保证、机会平等、按照贡献进行分配以及社会调剂——就总体而言是可以兑现的。

尽管在传统社会做不到公正，但是仍然可以在一定程度上（有时甚至是在不小的程度上）、一定范围之内（有时甚至是在较大的范围之内）做到公平。对此，可以作这样的理解：只要一个社会需要正常的运转，就必

[1] 《马克思恩格斯全集》（第1卷），人民出版社1956年版，第414页。

须制定一系列的规则，让社会成员和社会群体有章可循。而这种规则如果想让多数人认同的话，就必须具有某种公平性。因此，即便是在传统社会的专制制度下，仍然需要一些公平的规则。虽然这些公平规则所造成的结果并不见得符合公正的要求，而且在大多数情况下其公平程度是有限的（制约性的公平规则一般不适用于君主和皇族），但是，这些工具意义上的、中性的公平规则确实能够起到维护社会秩序的作用。比如，杀人偿命这一规则适用于大部分社会成员，甚至较高等级的社会成员也必须予以遵循。再比如，中国传统社会当中的科举制度，在很大程度上是按照考试分数“取士”，而不考虑参加考试者的门第等级，不能否认这种做法带有明显的公平色彩。

第三，相比之下，公正的“应然”成分更多一些，而公平则带有更多的现实成分。

由于公正侧重于一个社会的基本价值取向，侧重于社会的基本制度，同人们具体的日常生活之间有时存在着一定的距离，因此，在公正具体化的过程中需要借助于公平这一有效的、可操作化的工具。比如，在现实社会生活中，公平可以对某些失当的“公正”行为进行必要的矫正。社会的基本制度与规则是针对大部分人和大部分事情而制定的，因此，对于某些具体的人或事，这种基本制度与规则有时会出现失当或“例外”的情形。这就需要视具体情况而予以矫正，即予以公平处理，以弥补普遍原则的失效部位。正是从这个意义上，亚里士多德指出：“对于不确定的事物，其准则也不确定。”“公平就是公正，它之优于公正，并不是优于一般的公正，而是优于由于普遍而带了缺点的公正。纠正法律普遍性所带来的缺点，正是公平的本性。”[1]

三、公正与平等的差别

公正和平等都是人们长期以来所追求的最为重要的价值目标，都是现代社会所不可缺少的理念支柱。公正与平等这两个概念在不少方面是相近

[1]〔古希腊〕亚里士多德：《尼格马科伦理学》，苗力田译，中国社会科学出版社1990年版，第110、111页。

的。这不仅表现在平等是公正的一项重要依据，还表现为这两个概念的内容在不少方面是交叉、重复的，亦即在某些具体内容方面是一致的。正是由于这两个概念具有较高程度的相关性，不少人将两者误认为是一回事，因而常常把平等与公正交替使用。例如，亨廷顿的《发展的目标》一文以及阿瑟·奥肯的名作《平等与效率》均反映了这种情形。[1]

实际上，公正与平等是两个有所差别的概念，而且，这种差别比起公正与公平之间的差别来说要大得多。这主要表现在以下几个方面：

第一，平等存在着“过度”的可能性，而公正则不存在“过度”的可能性，所以，合理的平等才具有公正的性质。

平等是现代社会当中一个极为重要的价值观念。虽然从古代开始就有许多人追求平等，但是，作为现代意义上的平等理念是基于反对传统社会的先赋性特权和等级制而产生的，是伴随着现代化进程和市场经济进程而逐渐形成和完善的。现代意义上的平等理念是对个体人的独立人格与主体性的确认，它的形成是一种历史的进步。

尽管平等的理念至关重要，但必须看到的是，平等并不是现代社会唯一的价值观念支柱。平等必须同自由、社会合作等价值理念结合起来，方能起到应有的社会正向作用。道理很简单，人人不但“生而平等”，而且“生而不同”，人与人之间在能力、心理和发展潜质等先天性方面是有差别的。同时，平等的个体人之间还必须进行有效的社会合作，否则社会难以进行正常的运转和发展。由此可见，平等、自由和社会合作这三项理念是相互补充、缺一不可的，共同构成现代意义上的公正的理念依据。例如，马克思所说的社会理想目标是“自由人的联合体”，而“自由人的联合体”中的自由人不但是自由的，而且是平等的，同时又必须是联合在一起、进行社会合作的。

问题在于，平等、自由和社会合作这三项理念必须是协调的，其中任何一项理念如果过于膨胀，均会有损于另外两项理念，进而对社会造成有害的影响。正如过度的自由有损于一个社会的正常运转所不可缺少的社会

---

[1] 参见塞缪尔·亨廷顿：《发展的目标》，载〔美〕塞缪尔·亨廷顿等：《现代化：理论与历史经验的再探讨》，张景明译，上海译文出版社 1993 年版；〔美〕阿瑟·奥肯：《平等与效率》，王奔洲等译，华夏出版社 1999 年版。

秩序一样，过度的平等同样也会损伤社会秩序，并会削弱社会的活力，降低社会的效率。尤其是，过度的平等会直接损害自由。因此，平等需要某种限制，换言之，需要某种制衡尺度。而这种制衡尺度的限制只能来自公正。正是从这个意义上讲，平等是从属于公正的。

第二，相比较而言，公正所涉及的范围要更为宽泛一些，平等所涉及的范围则明显小得多。正是由于公正这一理念的内涵包含了平等、自由和社会合作几个方面内容，因此，在实际的社会生活中，公正自然广泛涉及一个社会的主要制度、社会规范、社会主要规则及主要政策等等。从这个意义上讲，公正是一种体系化的集合。相比之下，平等只是这种“体系化集合”中的一项属性、一个层面，尽管这项属性或是层面是非常重要的。

第三，相对来说，公正概念往往倾向于认同现实社会，而平等概念则往往存在着一种抵触现实社会的倾向。

尽管公正是一种基本的价值理念，但由于公正理念是现代社会基本制度和基本政策最为重要的依据，因而比起平等理念来说，公正理念同现实社会的联系还是比较密切的。在现代化和市场经济条件下，如果某一社会处在正常的运行状态，那么公正往往是认可这一“常态”现实社会的基本规范、基本制度和基本秩序的。因此，在常态社会的现实生活中，或许存在着种种不尽完善的现象如不平等的现象，但对这样一种现实，公正是认同的。由于公正的理念同现实社会具有比较密切的相关性，以至于在古代社会便有守法便是公正的说法。

平等则不然。平等更多的是一种理想，而且是一种能为人们提供多种解释的理想。平等为许多社会阶层尤其是知识分子群体提供了一种几乎是可以按照多种美妙目标进行任意发挥和设计的想象空间。所以，大多数社会成员都更容易认同平等这个人类社会永恒的美好追求。但是必须看到的是，平等理念同现实的制度设计和政策安排在很大程度上是容易脱节的。平等的追求往往可以不考虑可行性、可操作性的问题，同时，有时人们在谈论平等时容易远离自由、社会合作等因素，所以，平等就其本性而言，如果任其“自由、独立”地发展，而没有别的因素相制衡，没有考虑到现实社会当中的各种变项因素的话，就很容易形成一种过于理想化的、纯粹精神化的追求。而在这种“理想化”了的平等面前，含有多种不尽人意成分的现实社会的基本秩序就很难被认同，进而造成平等与公正之间的抵触。就连强调平等至上的阿瑟·奥肯也发现："权利的分配强调平等，甚至不惜以公正和自由为代价。统一地对待人们不同的能力、兴趣和爱好，至少，按某些标准来衡量便不是公正的。"[1]这种不协调甚至是抵触有时会引致人们基于平等理念对现实社会的一种激烈的抨击和批判，而且这种抨击和批判几乎是没有止境的。

四、启示

由于公正理念是现代社会的制度设计和政策制定最为重要的依据，因此，厘清公正、正义、公平、平等这几个概念各自不同的含义、适用的范围以及不同的功能，有助于人们避免将公正与正义、公正与公平、公正与平等混为一谈的做法，特别是可以避免以公平或平等来取代公正所产生的误导作用，进而减少现代社会在制度设计和政策制定过程中所出现的失误。

第一，避免以公平取代公正而产生的误导作用。

前面曾提到，公平这一概念侧重于用"同一尺度"、"同样的对待"，防止双重或多重标准的有所差别的对待。公平概念本身并不带有明显的价值取向，而是强调客观性，带有明显的中性和工具性的色彩。因此，如果一个社会在某个时期缺乏应有的价值取向，那么这个时候强调公平问题，无疑会助长这个社会的自发性行为。在市场经济条件下，如果没有将公正作为基本的价值取向，而是以公平行使公正的职能，那么，这时的公平极易从属于以完全的市场经济为导向的做法，从而放大或是扩大市场经济的固有缺陷。比如，它会助长社会成员之间分配收入差距的扩大。在市场经济条件下，仅仅强调"公平的""同一尺度"、"同样的对待"，是无法保证人们在竞争的起点方面、在竞争的过程之中真正地做到公正的。从这个意义上讲，"公平"的市场经济准则对于诸如能力强、资本雄厚、家庭背景优越的社会成员有利，而对于相反者来说则是十分不利的。这种情况

[1] 〔美〕阿瑟·奥肯：《平等与效率》，王奔洲等译，华夏出版社1999年版，第8页。

更多的体现了一种“能力本位”的优势。在这样的情形之下，在短时期内或许会造成一个有效率的社会。但问题的重要性在于，这样的社会必定是违背了社会发展的基本宗旨亦即人人共享、普遍受益的原则，其经济效率不可能是健康的效率，而是一种病态的、缺乏持续性的效率，并且，长此以往，社会成员在财富分配方面的差距势必会越来越大，社会的安全运行和健康发展均会深受影响，效率也会随之降低。

显然，只有以公正而不是以公平作为社会经济发展的基本价值取向，才能有效地防止市场经济的固有缺陷。只有以公正为基本的价值取向，遵循公正的基本规则，才能够消除市场经济的固有缺陷，同时使市场经济的积极效应呈现出最大化的情状。如是，则不仅可以使社会充满活力，而且可以使社会保持一种安全运行和健康发展的状态，进而使社会的整体质量不断地得到提升。

第二，防止以平等取代公正而产生的社会负面效应。

尽管平等是现代社会的基本价值理念之一，是现代意义上的公正的理念依据之一，但是，如果超出了其特定的适用范围，使之取代公正的位置而成为现代社会最为基本的价值取向，那么就会不可避免地对社会造成多方面的负面效应。其一，相对来说，平等的理念容易陷入批判有余而建设不足的境地。平等这一理念的理想成分比较多，可以为许多人提供多种发挥和解释的空间，而很难达成一种共识。同时，还需要注意的是，平等这一理念的可操作性比较弱。于是，就难免造成这样的情形：就现实社会中各种不公正、不平等现象的抨击和批判来说，平等理念是一种十分有力、有效的工具，但是，就解决这些问题的具体方案来说，平等理念的作用相对来说就比较有限了。其二，如果缺乏必要的制约和限制，平等理念有时会助长平均主义。平等只是一个单项的现代理念，必须同自由、社会合作等理念结合在一起方具有完整的意义。事实上，基于平等这一理念，人们有时会特别地看重社会成员处境或最终状态的“相同性”、“相似性”，即“两个或更多的人或客体，只要在某些或所有方面处于同样的、相同的或相似的状态，那么就可以说他们是平等的”[1]。因此，如果是基于这种“相

[1]〔美〕乔·萨托利：《民主新论》，冯克利等译，东方出版社1998年版，第381页。

同性”来安排社会制度、制定社会经济方面的政策，就会程度不同地演化为平均主义，就会否定许多公正的规则如按照贡献进行分配的规则，就会压抑社会成员的利益驱动力，进而使整个社会丧失活力。其三，平等的滥用，有时会导致多数人以社会整体的名义损害“少数人”合理权益的情形。现代社会应当以人为本位。这种看法没有错，然而这种说法还应当进一步具体化，即应当是以无数个个体人为本位。如果不是以个体人为本位，没有同普遍的个体人结合起来，而是以笼统的、缺乏“人”的细化的“多数人”为本位，以整齐划一的群体为本位的话，那么在平等的名义之下，很容易出现另一种形式的“专制”现象，亦即多数人损害少数人合理权益、压抑个体人自由的情形。例如，在法国大革命时期，绝对的平等观念导致了绝对的民主观念，又进而形成一种“民主的专制”，多数人对于少数人的命运可以作出任意的、随机的裁决。类似的情形，在中国的“文化大革命”期间也出现过。可见，有时在扭曲了的平等、民主的名义之下，同样会造成一种极端的不公正的现象。

平等理念上述可能的弊端可以通过公正来予以防止。公正同平等相比，具有现实性和可操作性，因而可以成为现代社会当中的制度设计和政策制定的合理依据；公正不但承认人人生而相同，主张每一位社会成员的基本尊严和基本权利应当得到保证，而且还承认人人生而有别，承认人与人之间的差别，认同个体人自由发展的空间，认同人与人之间在收入分配等方面的合理差距，因而，公正能够将防止过大的贫富差距同防止平均主义两者有机地结合起来；在真正的现代意义上的公正理念的导向之下，个体人同社会整体之间的关系能够得到合理、有效的协调，而防止由于某一方的过度膨胀从而损伤另一方情形的出现。

第三，公平、平等皆应以公正为归属，依归于公正。

无疑，公正、公平、平等这三者均为现代社会中极为重要的、具有支撑意义的理念。就现代社会基本制度的设计与安排而言，以公正为其基本的价值取向更为准确、妥当一些。公正是现代社会运行和发展的最为基本的理念依据。同公平强调客观性、同一尺度的做法相比，公正对于社会具有一种基本的价值取向的意义，因而可以对公平尺度进行有效的定位，使之能够对社会产生一种积极的正向作用。同平等侧重于人的基本尊严和基本权利的维护及不懈追求相比，公正更为注重恰当、合理的价值定位，注重不但要考虑平等的价值取向，而且还要考虑自由、社会合作各自合理的价值取向，因而可以对平等形成一种有效的平衡作用，使之恰如其分地发挥其应有的功能。总之，就公正、公平、平等这三者的关系而言，公正已经包含了公平、平等的精义，并同其他一些重要的价值理念的精义进行了新的整合，因而居于一以统之的位置；公平、平等只有以公正为归属，依归于公正，方可有效地起到其应有的作用，而避免走偏的可能性。

第三讲

社会公正的基本规则

在现代社会和市场经济条件下，基于现代社会平等、自由、社会合作诸项基本理念，现代意义上的社会公正的基本规则主要包括四项，即基本权利保证的规则（底线规则），机会平等的规则（事先规则），按照贡献进行分配的规则（事后规则），社会调剂的规则（调剂规则）。

一、基本权利保证的规则

这一规则实际上是社会公正的“底线规则”。这一规则强调的是，只要一个人来到世上，他就具有不证自明的基本权利，这些权利包括生存权利、社会保障权利、受教育的权利等等。对社会成员的这些基本权利，社会必须予以切实的保护。

在人尚未脱离动物界的时候，是谈不上尊严问题的。一旦脱离了动物界而具有人的自我意识之后，人便具有人的种属尊严（“类尊严”）即“人的尊严”。人的尊严程度、人的尊严感是随着社会的进化而逐渐强化的。人的种属尊严存在于每个人那里，是通过每一个具体的社会群体、每一个具体的个人体现出来的。

在现代社会和正在走向现代社会的国家，这种尊严更是应当为每个人所具有，应当为整个社会所重视。社会共同体中的每一个成员都应当具有同样的尊严、同样的基本权利。所以，当一个社会的基本制度存在缺陷的时候，如果某个社会群体（一般来说是弱势群体）、某些人甚至某个人的尊严受到践踏，比如基本生活状态的极度贫困导致了人的基本尊严的丧失，人身依附关系造成了个体人独立性的匮乏等等，那么需要我们注意的是：这不单单是某个社会群体、某些人、某个人的尊严受到了践踏的问题，而是我们整个人类的尊严受到了践踏。对于一些群体、一些人、一个人尊严的践踏，就必定意味对于人类尊严的践踏，就意味着把人降到了“非人”的地步。如果这种践踏是跟社会制度的重大缺陷直接相连的话，这就说明：本来，我们每个人都有可能是受践踏者，只是出于某些偶然性的原因才避免了这种践踏。只要我们稍微理性一些的话，便不会把这种偶然的“幸运”看做是一件极为正常、十分必然的事情，而会引起一种普遍的警惕。可见，维护每个社会成员的尊严，是现代意义上的公正的基本功能。

只有对社会成员的基本权利予以切实的保证，才能够从最起码的底线的意义上体现出对个体人缔结社会的基本贡献和对人的种属尊严的肯定，才能够从最本质的意义上实现社会发展的基本宗旨亦即以人为本的发展的基本理念，也才能够从最实效的意义上为社会的安全运行确立起必要的条件。

从现代人权的角度来看，个体人所拥有的基本权利非常广泛。《经济、社会及文化权利国际公约》规定：人人应有机会凭其自由选择和接受的工作来谋生的权利；人人有权享受公正和良好的工作条件；人人有权享受社会保障，包括社会保险；人人有权为他自己的家庭获得相当的生活水准；人人有权享有免于饥饿的基本权利；人人有权享有能达到的最高的体质和心理健康的标准；人人有受教育的权利；人人有权参加文化生活等等。《公民权利和政治权利国际公约》也规定：人人有固有的生命权，人人有权享有人身自由和安全，人人有权享受思想、良心和宗教自由，和平集会的权利应被承认，人人有权享受与他人结社的自由，儿童享有必要的保护权，每个公民享有参与公共事务的权利等等。[1]

必须看到，在谈论人的基本权利时，人的基本权利所包括的内容并非一开始就如此全面，而是随着时代的发展逐渐丰富和扩大的，并且，对于

[1] 《经济、社会及文化权利国际公约》和《公民权利和政治权利国际公约》，载冯林主编：《中国公民人权读本》，经济日报出版社 1998 年版。

每项基本权利的要求程度也是在逐渐提高的，如各个国家对贫困线标准（绝对贫困标准）的不断提高就说明了这一点。

还必须看到，对于发展中国家来说，社会成员基本权利在全社会范围内的全面确立还需要经历一个过程，不宜笼统地完全以现代社会的标准来衡量。但无论如何，生存权、就业权、受教育权以及社会保障权是发展中国家的每个社会成员所必须拥有的，而且这几项基本权利的重要意义要明显超过发达国家相应权利的意义。比如，同样是生存权，对于发达国家来说已经是不成问题的事情了，但对于发展中国家尤其是发展程度较低的发展中国家来说，则往往是至关重要的问题。这里，不妨举一个较为极端的事例："在一切需要中，生理需要是最优先的。这意味着在某种极端的情况下，即一个人生活上的一切东西都没有的情况下，很可能主要的动机就是生理的需要，而不是别的，一个缺乏食物、安全、爱和尊重的人，很可能对食物的渴望比别的东西更强烈。"[1]

二、机会平等的规则

1. 机会平等的具体含义

所谓机会，是指社会成员生存与发展的可能性空间和余地。对于每一位社会成员而言，机会是一种资源。而所谓机会平等[2]，是指社会成员在解决如何拥有作为一种资源的机会问题时应遵循这样的原则，即平等的应当予以平等的对待，不平等的应当予以不平等的对待。机会平等规则是社会公正的一项重要内容。

大致地说，机会平等具有这样一些具体的含义：

第一，生存与发展机会起点的平等。这就是说，凡是具有同样潜能的社会成员应当拥有同样的起点，以便争取同样的前景。"在社会的所有部分，对每个具有相似动机和禀赋的人来说，都应当有大致平等的教育和成就前

---

[1] 马斯洛：《人的动机理论》，载马斯洛等：《人的潜能和价值》，华夏出版社1987年版，第162页。

[2] 在人们的习惯用语中，"机会平等"与"机会均等"大致是指同样一件事情。但如若仔细推敲一下的话就会发现，"机会均等"一语容易产生歧义，使人们将之与平均主义或极端平等主义所说的"均等"联系在一起。显然，在研究领域中，使用"机会平等"一语要更为准确一些，至少可以避免一些没有必要的误解。

景。那些具有同样能力和志向的人的期望，不应当受到他们的社会出身的影响。”[1]这是机会平等原则最为基本的要求。

第二，机会实现过程本身的平等。起点的平等固然很重要，但如果仅限于此，则是远远不够的。机会的实现过程对于最终能否实现机会平等的原则也有着重要的意义。机会的实现过程必须排除一切非正常因素的干扰。这至少要做到：“一是阻碍某些人发展的任何人为障碍，都应当被清除；二是个人所拥有的任何特权，都应当被取消；三是国家为改进人们之状况而采取的措施，应当同等地适用于所有的人。”[2]只有起点和过程均是公正的，才有可能保证结果也是公正的。

第三，承认并尊重社会成员在发展潜力方面的“自然”差异，以及由此所带来的机会拥有方面的某些“不平等”。人们在自然禀赋方面存在着许多先天性的差异，这具体表现在智力、体能、健康以及性格诸方面的不同。这些“自然”差异对于人们的发展潜力以及把握不同层次机会的能力有着一定的影响。虽然从总体上说这种影响远不如后天的社会现实环境对于社会成员发展潜力的影响大，但毕竟也是一种无法避免的影响，而且这种影响是正常和合理的。因此，对于由这些正常和合理的“自然”差异所造成的社会成员之间不同的发展潜力以及所拥有的有所差别的机会，理应予以承认和尊重。

2. 机会平等的类型

机会平等有着不同的类型。对不同类型的机会平等进行归纳与分析，有助于揭示机会平等的一些具体含义和特征。

从机会对于不同层面的社会成员所具有的不同意义的角度着眼，可以把机会平等分为“共享的机会平等”（共享机会）和“有差别的机会平等”（差别机会）这样两种类型。所谓共享的机会平等，是指从总体上来说每个社会成员都应当具有的大致相同的基本发展机会。而所谓有差别的机会平等，是指社会成员之间的生存与发展的机会不可能是完全相等的，应有着程度

[1]〔美〕约翰·罗尔斯：《正义论》，何怀宏等译，中国社会科学出版社1988年版，第69页。

[2]〔英〕弗里德里希·冯·哈耶克：《自由秩序原理》（上），邓正来译，生活·读书·新知三联书店1997年版，第111页。

不同的差别。

根据平等的理念，每个社会成员应当具有生存与发展的基本权利，因而在机会面前，也应是人人平等。从现实的角度来看，就社会成员所面对的最一般的劳动（非复杂的）等机会而言，社会成员有着相似的发展潜能，大致具备基本的劳动技能。可见，在属于社会成员共享的生存与发展机会的层面上，应该而且能够实现平等。

共享的机会平等是可能的，但在一切机会方面寻求均等化则是不可能的。在实际的社会生活中，往往存在着这样几个问题，使得充分化的、绝对化的机会平等成为不可能之事。其一，机会作为一种资源而言是有限的，无法充分满足所有社会成员对于机会的各种需要。其二，迄今为止，社会机体尚缺乏一种足够周密的机制对机会进行均等化的处理，除非将整个社会“兵营化”，以丧失社会的活力为代价。其三，看上去是同样的机会，对于不同的人来说，有着不同的甚至是很不相同的意义。比如，证券市场非常强调机会平等，但是，这对处在绝对贫困状态中的社会成员几乎没有什么意义。其四，社会成员在先天性因素如自然禀赋、发展潜力、出身的家庭环境、财产继承等方面的差别往往是很大的，这就造成了不同的发展起点和发展潜力。前述这些因素是难以消除的，其中有的因素甚至是不可能消除的，因此，在机会方面完全平等的设想不可能实现，也没有必要实现。

有差别的机会平等的重心在于尊重个体人的选择，鼓励个体人充分开发自身的潜能，鼓励社会成员最大限度地使用各种机会以实现自身的价值。从现实的角度看，社会成员在机会方面存在着种种差距。只要这些差距就总体而言没有达到极端化的地步，尚未损害公正的基本权利保证的规则和共享机会，那么，它们便有助于社会总财富的积累，有助于激发整个社会机体的活力，有助于推进社会的进步。对于差别机会的这种积极作用，应当予以恰当的肯定。

机会平等不仅仅只有共享机会和差别机会这样两种类型。我们还可以从在现实社会中的实现程度的角度着眼，将机会平等分为“形式上的机会平等”（形式机会）和“实际的机会平等”（实际机会）两种类型。

形式上的机会平等是指现代社会“应当”具有的机会平等，是基于人的基本权利由法律而确认的一种机会平等，是一种“纯粹的”机会平等。

形式上的机会平等具有指向和目标的意义。但是，还应当看到的是，“对于基本权利的承认，可能只是提供了行使这些权利的一种形式机会，而非实际机会”[1]。这就涉及实际的机会平等。

所谓实际的机会平等，是指现实社会所允许的机会平等，换句话说，是指形式上的机会平等在现实社会中的实际兑现状态。

显然，机会平等的理念与准则在现实社会的实施是有限度的，而不可能百分之百地予以兑现，因而实际的机会平等的存在有一定的合理性。其主要原因是社会历史条件的制约。这主要表现在：其一，现代化程度对于机会平等实现程度有着至关重要的影响。现代意义上的机会平等的现实依据是现代化的实际进程，因而机会平等的实现程度是同现代化的实现程度成正比关系的。在不同的现代化阶段，会有与之相适应的不同实现程度的机会平等。我们不能设想，在一个市场经济程度较低、社会整合与社会分化不明显、民众参与不足的社会当中，能够实现较高程度的机会平等；同样不能设想，在一个现代化程度较高的社会，机会平等的实现程度较低。其二，在一个正在走向现代化的社会，社会成员对于机会平等具体内容的认同与接受有一个过程。可以这样说，现代化推进的过程同时就是机会平等的理念与准则逐渐实现的过程，也是社会成员利益逐渐调整的过程。对于切身利益有所损失的那部分社会成员来说，认同机会平等的具体内容实际上就是要认可现实，这显然要经历一个逐渐适应和逐步认可、认同的过程，不可能一蹴而就。因此，至少在这个认同的过程中，机会平等的理念和规则与其实际兑现之间自然会存在着某种差距。

就形式上的机会平等和实际上的机会平等两者的关系而言，前者是后者的目标和参照，两者之间的距离是在不断缩小的。

3. 影响机会平等规则的主要因素

诚如前面所提及的那样，一个社会的现代化程度是影响机会平等问题最重要的因素。这是就一个社会中的机会平等问题的总体影响因素而言的。就现有环境中个人所面临的机会平等问题来说，其直接影响因素主要是个

[1] 〔美〕E. 博登海默：《法理学——法哲学及其方法》，邓正来等译，华夏出版社 1987 年版，第 283 页。

人的天赋条件、家庭、受教育状况、职业因素、运气、个人的选择及偏好等等。虽说这些直接的影响因素同总体因素密切相关，但毕竟还不是一回事。这里，主要考察一下前四项因素。

第一，个人的天赋。

从遗传学的角度讲，每个人的天赋条件有着较大的差别。受遗传因素的影响，人的智力因素和非智力因素（情商因素）均有着明显的差异，并导致能力上的差别。这就意味着人们对于机会的拥有与把握能力会有许多差别。詹姆斯·E.米德的有关议论颇有说服力，他指出："人们的智力水平上存在着一定的遗传成分，从而影响人们获得收入的能力。……除此以外，还有其它密切相关的身体差异，也具有一定的遗传成分。举例来说，正是某些遗传因素影响了费希尔·戴斯考先生和珍妮特·贝克小姐的声带，这恰好有助于解释他们获得收入的能力很高。"[1]对于个人天赋条件上的差别，无法予以人为的消除。

第二，家庭。

作为社会最基本单元的家庭，对于人们不同机会的占有情况有着直接的影响。这至少表现在：其一，基本素质的培养。在一个人的社会化过程中，家庭有着难以替代的作用。"一般来讲，父母在培育自己的孩子以使其在成人后享有一满意的生活的方面，会比任何其他人倾注更多的心血。……文化遗产在家庭内部的传播和承继，作为人类为努力获致较佳境况的工具而言，其重要性一如有助益的生理特性的遗传。"[2]其二，某些社会资源的提供。在获取生存与发展所必需的社会资源方面，不同的家庭出身会使社会成员之间产生一些具体的差别。这在家庭观念较强的一些国度里，如中国、日本等一些东方国家，表现得更为明显。其三，财产的继承。在一个认可私人财产的社会里，家庭成员之间的财产继承问题对于社会成员具体的机会状况有着十分重要的影响。"显然，存在着这种趋势，父亲的富裕或贫困会降临到儿子头上。……正如克里斯多夫·捷克斯和其同事的报告所说的，在社会经济金字塔最上面五分之一

[1] 〔英〕詹姆斯·E.米德：《效率·公平与产权》，施仁译，北京经济学院出版社1992年版，第78页。
[2] 〔英〕弗里德里希·冯·哈耶克：《自由秩序原理》（上），邓正来译，生活·读书·新知三联书店1997年版，第108～109页。

家庭的儿子们，他们的平均收入比来自最底层五分之一家庭的儿子们的平均收入高百分之七十五。”[1]

第三，教育。

教育对于社会成员可能占有的机会以及把握机会的能力同样有着直接的影响，这种影响随着现代化进程的不断深入而愈加重要。一方面，教育对人的基本素质的培育是至关重要的。“教育的一个作用是使一个人欣赏他的社会的文化，介入社会的事务，从而以这种方式提供给每一个人以一种对自我价值的确信。”[2]另一方面，教育也是人们获得特有劳动技能的最重要的途径。在现代社会之前，教育基本上是与劳动领域相脱节的。严格地讲，教育不带有大众化的色彩，劳动者只是依靠师傅带徒弟的方式获得生产经验和劳动技能。现代大工业兴起之后，生产的规模迅速扩大，劳动的复杂程度日益加深，这就要求劳动者必须具有特定的专业知识和劳动技能。顺理成章，社会成员劳动技能的形成需要通过教育来完成。就一般情形而言，受教育程度的不同，往往意味着机会拥有量的不同和把握机会能力的不同。

第四，职业。

职业对于社会成员的生存与发展具有极为重要的影响。职业对人们机会的具体状况有着直接的影响，不同的职业往往意味着人们拥有不同的机会。“在机会均等问题上，一步赶不上，便步步赶不上。人们一旦被排挤出好的职业，便丧失了提高技术的动力和机会，而这种技术能另外证明他们是胜任好职业的。如果根本没有希望成为经理，一个黑人就不会花钱去接受关于经理职位的教育。如果他整日在工厂里干爬梯子的活儿，他只能积累很少的工作技术。因此，非效率是可以按复利的形式增长的。”[3]随着一个社会的现代化程度的不断提高，其社会分化程度以及与之相伴的职业分化程度也是在不断加深的，所以职业的具体状况对人们机会状况所产生的影响也就越来越复杂和深远。

[1]〔美〕阿瑟·奥肯：《平等与效率》，王奔洲等译，华夏出版社 1999 年版，第 72 页。
[2]〔美〕约翰·罗尔斯：《正义论》，何怀宏等译，中国社会科学出版社 1988 年版，第 96 页。
[3]〔美〕阿瑟·奥肯：《平等与效率》，王奔洲等译，华夏出版社 1999 年版，第 75 页。

4. 社会的责任

在谈论机会平等时，还势必会涉及一个问题，即社会(主要是通过政府)应当围绕着机会平等事宜做些什么?

基于造就一个公正和充满活力（高效率）的社会的目标，并立足于对全体社会成员负责的角度，社会在机会平等问题上的责任应包括以下三个方面。其一，维护机会平等的理念与准则。其二，保证社会公正体系中各项内容的实施。机会平等的理念与准则只是社会公正体系中的一项内容，其有效性如何在很大程度上有赖于社会公正规则体系中其他相关内容如按贡献分配以及分配之后的调剂诸项原则的实施状况，因而必须保持社会公正规则体系各项具体内容之间的协调。其三，直接创造一些有助于机会平等实施所需的“平等”条件。

社会在机会平等问题上的前两项责任是不言而喻的。这里需要强调的是，社会直接创造一些有助于机会平等实施所需的“平等”条件是十分重要的。

由于现实和历史条件的限制，许多社会成员本来具有的潜能难以充分地开发出来，难以进入平等竞争的状态，因此，政府有责任“平等地发展个人潜力”，“使每个人从一开始就有足够的权力（物质条件）以便得到相同的能力而与所有其他人并驾齐驱”。[1]

显然，由政府出面大力发展教育事业尤其是基础教育，是“平等地发展个人潜力”的最为重要、也是最为有效的途径。“教育的效力能减少而不是增加……出发地位的差距。从这个意义上讲，教育也起到与转让税相同的作用。”[2] 因此，通过大面积的教育，社会成员不但可以获得一种必不可少的“共享机会”，同时也可以获得为介入“差别机会”所需要的必要能力和平等起点。

---

[1] 〔美〕乔·萨托利：《民主新论》，冯克利等译，东方出版社 1998 年版，第 390、389 页。

[2] 〔美〕布坎南：《自由、市场和国家——20 世纪 80 年代的政治经济学》，吴良健等译，北京经济学院出版社 1988 年版，第 136 页。

三、按照贡献进行分配的规则

1. 按照贡献进行分配的含义和意义

按照贡献进行分配是指，在初次分配领域，应当依据社会成员各自不同的贡献，对之进行有所差别的直接分配。这里所说的贡献，不限于经济领域的物质产品，还包括对社会、政治、文化等方面的付出及相应的产品。从一定意义上讲，按照贡献进行分配的规则最为直接地、直观地体现了社会公正原则的兑现程度。

在社会财富等资源的形成过程中以及与此有所关联的事情中，每个社会成员所投入劳动的数量和质量、所投入的生产要素不可能是相同的，因而各自对于社会的具体贡献是有差别的。根据每个社会成员的具体贡献进行有所差别的分配，一方面体现了平等的理念（尤其是平等的劳动权利），另一方面更体现了自由的理念，充分尊重并承认个体人对于社会各自不同的具体贡献。

按照贡献进行分配的规则对于社会的正常运行和健康发展具有极为重要的意义。在市场经济的条件下，按照贡献进行分配的规则可以大面积地激活社会潜能，最大限度地开发人力资源，提升社会经济的效率和可持续发展能力。而且，这一规则对于每一个社会成员来说还具有不小的导向意义，它提示众多的个体人在确定其基本发展路径时，应把对社会的具体贡献作为重要的目标。按照贡献进行分配的规则是社会公正规则体系当中一个至关重要的环节，直接影响到全方位的社会公正问题：它不仅兑现了人们在社会公正的机会平等规则之下所作的努力，固化了机会平等规则在现代社会中的位置，而且为社会公正的社会调剂（社会再分配）规则的实施提供了必要的物质积累。

2. 按照贡献进行分配规则的基本特征

按照贡献进行分配的规则具有如下几个基本特征：

第一，强调“付出”同“获得”之间的对称。

按照贡献进行分配的规则之所以是公正的，根本的一点就在于它注重、强调个体人（社会成员）在生产要素方面的付出数量和付出质量同自己的获得（收益）之间的对称，即“付出”与“获得”之间具有一种恰如其分的对应关系。马克思在谈到按劳分配时曾径指出：“每一个生产者，在作了各项扣除以后，从社会领回的，正好是他给予社会的。他给予社会的，就是他个人的劳动量。”[1]这一点不仅决定着按照贡献进行分配的规则是否能够成立，甚至还决定着相应的社会制度是否具有“正当性”。“我们必须决定社会是否给予每人以他所应得的部分，从而测定这个社会是否公正。……现存社会制度究竟有没有存在的权利，要看它是否公正。”[2]

社会成员的付出与收益之间如果出现不对称的情形，并且这种不对称的情形具有某种持续性和稳定性，则意味着这个社会的分配制度甚至这个社会存在着程度不同的弊端。如果一部分社会成员付出的少而收益的多，同时多数社会成员却是付出的多而收益的少，那就意味着这个社会存在着程度不同的“剥削”和“被剥削”的现象。如果社会成员不论付出的多还是少，而收益却是一样的，那就意味着这个社会存在着程度不同的平均主义现象，而平均主义说到底也是一种“剥削”和“被剥削”的现象，是能力弱、贡献少的社会成员剥削能力强、贡献大的社会成员。所以，社会成员的付出与收益之间一旦出现持续的、稳定的不对称现象时，就应引起整个社会的高度警惕。

第二，凸显个体人依靠自身的成就所获得的回报。

社会成员之所以能够对社会经济做出程度不同的贡献，既有个人努力的成分，也有社会合作的成分。不过，从某种意义上讲，按照贡献进行分配规则的重点在于对个体人依靠自身努力所形成的贡献的回报，体现了对个体人现有能力和贡献的承认，体现了对个体人差异的尊重。显然，按照贡献进行分配的规则是整个社会公正规则体系所不能缺少的。

第三，其地位的重要性随着现代化程度的提高而相对降低。

发达国家的发展历程表明，随着现代化进程的推进，社会的现代化程度在不断提高，相应的，社会调剂的作用在不断增大，社会再分配的力度在不断加大。在这样的条件下，按照贡献进行分配规则的重要性便相对降

[1] 《马克思恩格斯选集》（第3卷），人民出版社1995年版，第304页。
[2] 〔美〕克拉克：《财富的分配》，陈福生等译，商务印书馆1983年版，第12页。

低。当然，这里所说的“相对降低”不会是无休止的降低。当其“降低”趋势逼近一定的临界点，亦即按照贡献进行分配规则和社会调剂规则都能够有效地发挥作用之间的均衡点，便会停止。

四、社会调剂的规则

1. 社会调剂规则的含义

社会调剂规则是现代意义上的社会公正的一项重要内容，它同社会公正的基本权利底线规则、机会平等规则以及按贡献分配规则一起，共同构成了现代社会里的社会公正的基本规则体系。所谓社会调剂，是指立足于社会的整体利益，对于初次分配（按照贡献进行分配）之后的社会利益格局进行一些必要的调整，使广大社会成员普遍地不断得到由发展所带来的收益，进而使社会的质量不断地有所提升。如果说初次分配主要是侧重于经济领域的话，那么社会调剂则主要是侧重于社会领域。

社会公正的调剂规则与社会公正的底线规则在层次上有着明显的差别。社会公正的底线规则是立足于社会成员的基本权利尤其是基础性基本权利的保证，而社会公正的社会调剂规则注重在相对较高的层面上推动广大社会成员的进一步发展。换言之，同社会公正的第一项规则即底线规则不同的是，调剂规则所强调的是“发展型”或“增长型”的补偿，而不是“维持型”的救援。比如，同样是重视教育，社会公正的底线规则强调的是普及全民的初级教育，而社会调剂规则看重通过加大奖学金的力度等方式来尽可能地扩大社会成员接受高等教育的面。当然，还应看到，这两个规则又是有所联系的。社会调剂规则的实施是以社会成员基本权利底线规则的实施为前提条件的，即从时序上看，是一前一后的。

2. 社会调剂规则的意义

通过社会调剂规则的实施，可以消除许多不平等的因素，防范大量风险性的因素，以保证社会的正常运转和健康发展。

第一，社会调剂有助于共享社会发展成果这一基本宗旨的实现。

通过有效的社会调剂，可以使社会注意力以及部分社会资源向处境较为不利者和资源相对匮乏者一方转移，解决至少是缓解贫富差距过于悬殊等社会不公现象。这种有效的社会调剂如果能够持续不断地进行下去的话，那么共享社会发展这一宗旨便能够逐渐地得以实现。

第二，社会调剂有助于社会成员发展潜能的普遍开发。

一个公正程度不高的社会，其社会成员的发展潜能的开发度就总体而言必定是有限的，而社会成员发展潜能开发度的有限性则会加重这个社会的不公正程度。这是一个不良的循环圈。因为，如果仅仅是靠社会进行生存意义上的救援，处境较为不利的社会成员也只能是暂时地摆脱衣食之忧，而不可能真正地具有平等的竞争能力，其自我的发展能力仍是十分有限的，于是即便是在社会公正的按贡献进行分配的条件下，这一部分社会成员仍然不可能处在一个能够进行“平等竞争”的境地。应当看到，社会公正不仅仅只是关注生存权，同样，社会公正也关注发展权，这也是社会调剂的主要目的。从长远的眼光来看，社会成员发展权的缺失，必定会使社会成员缺乏应有的尊严、发展的机会以及把握这些机会的能力。通过社会调剂，社会对于这一部分社会成员在提供必不可少的基本生活资源保障的同时，还需要提供诸如必要的教育资源、发展机会、公平环境以及社会福利等等。如是，便可使这部分社会成员具备正常的发展能力，至少使其发展能力有所提升，使其发展潜能得以普遍的开发。罗尔斯的看法不无道理：“为了平等地对待所有人，提供真正的同等的机会，社会必须更多地注意那些天赋较低和出生于较不利的社会地位的人们。这个观念就是要按平等的方向补偿由偶然因素造成的倾斜。遵循这一原则，较大的资源可能要花费在智力较差而非较高的人们身上，至少在某一阶段，比方说早期学校教育期间是这样。”[1]还应当看到，社会调剂所产生的积极效应不是短时期的。如果从代际的角度看，社会调剂的意义更为深远。

第三，社会调剂有助于社会整合力的提高。

社会歧视以及过于悬殊的贫富差距等不公正的现象会使社会成员之间产生种种隔阂、抵触和离心因素，降低社会的整合力，使得社会的能量遭到无端的耗费，并使社会能量的再生遇到许多障碍；而且，还会造成众多

[1] 〔美〕约翰·罗尔斯：《正义论》，何怀宏等译，中国社会科学出版社1988年版，第96页。

的故障性的因素。严重的社会不公现象，会直接妨碍社会的正常运转和健康发展，甚至对于社会常态存在的安全问题亦构成危害。而通过有效的社会调剂，可以起到一种必要的、并非平均主义做法的“削高平低”的作用，逐渐地消除或是缓解社会歧视、过于悬殊的贫富差距等社会不公现象，使社会各个群体之间保持一种相对协调的状态，从而最大限度地消除社会的离心因素，有效地增强社会的整合性。

第四，有助于社会公正的历史延续，即有助于代际社会公正的实现。

社会调剂在客观上起着一个重要的作用，它能把“横向”社会中一些有碍于社会公正原则的因素通过“纵向”的历史过程予以化解。这样，既不断地增强了代际的社会活力，又在历史发展过程中逐渐地实现了社会公正。比如，在社会成员对于社会财富的不平等占有方面，社会调剂规则要求通过征收所得税、遗产税等调剂方式，将部分社会成员所占有的过多的收入或财产逐渐向社会的另一方流入，然后再逐渐地普遍用于全体社会成员，使当代和后代的社会成员普遍受益。于是，即便一部分社会成员眼前看来是拥有巨大的社会财富，但随着时间的推移，这些社会财富的大部分最终将成为社会的共同财富。社会调剂规则所倡导的对于不平等的各种“遗传优势”的消除以及对于代际机会平等条件的形成，有助于每一代人平等竞争能力及所需要的平等环境的形成，从而有助于社会公正中的机会平等原则的逐渐实现。基于前述看法，不难发现，社会调剂的规则可以造成一种有益的具有历史过程意义的社会公正的“定势”，而在这种“定势”所造成的社会公正的历史“惯性力量”的作用之下，每一代社会公正问题的实现可以得到一种积极的推动。

五、几个重要的相关问题

为了全面地理解社会公正的基本规则，有必要准确、恰当地把握以下几个同社会公正基本规则相关的重要问题：

1. 社会公正基本规则的整体性

社会公正的各项基本规则是一个有机整体。从上述分析中可以看到：

社会公正的每项基本规则都在分别着重地体现着某项社会公正的理念。具体之，社会公正的每项基本规则都是在执行某项特有的功能：其基本权利保证的规则旨在从底线的意义上保护每个社会成员的基本权利，以确保人的种属尊严和社会成员发展的基本平台；其机会平等的规则旨在为社会成员尽可能地提供平等（尽管是比例平等）的机会，以充分开发社会成员自身所拥有的潜能，并进而从总体上激发社会的活力；其按照贡献进行分配的规则旨在从直接分配的层面上合理地体现每个社会成员对于社会的具体贡献，以确保每个社会成员自身的恰当利益；其社会调剂的规则旨在从社会整体（尤其是社会合作）的层面出发，在一定范围内对社会成员以及社会共同体的分配状况进行某种必要的调剂，以保证社会的稳定，并推动社会成员在较高的层面上获得发展。显然，社会公正的具体规则完整地体现了社会公正的理念体系，并且，各具独有功能的基本规则组成了社会公正这一规则体系，从而使社会公正的各项基本规则作为一个有机整体对于社会的方方面面产生了一种整体的效应。

社会公正是由底线规则、事前规则、事后规则和调剂规则构成的一个有机整体，缺少其中的任何一项具体规则，社会公正便不具备完整的意义，便会陷于某种偏颇的境地，社会公正便成为一种片面的社会公正。如果缺少基本权利底线规则，社会公正就会由于缺少一种最基本的底线而在相当程度上失掉广泛的民众意义；如果缺少事前规则，就会使社会由于缺少一种基本的平等竞争的机制而丧失活力，并在一定程度上使得事后规则无章可循；如果缺少事后规则，就很有可能使社会分配陷入某种平均主义的偏颇；如果缺少社会调剂规则，就会使社会阶层、社会群体之间出现一些抵触甚至是冲突，进而引发社会的不稳定。

2. 社会公正具体规则之间的优先次序

仅仅谈论社会公正具体规则的整体性是不够的，还应注意社会公正各项基本规则之间的优先次序；否则，便有可能使社会公正的基本规则体系缺乏层次性，缺乏可操作性。

社会公正基本规则之间的优先次序是指，从操作层面上看，社会公正的底线规则、事前规则、事后规则和调剂规则这四项规则遵循依次优先实施的次序，即社会公正规则体系的每一项规则均优于后面的规则，前一项规则均是后面规则的前提。换言之，后三项规则的实施，均以处在前面位置的规则的实施为必要条件，否则，便难以为继。

不妨将这种优先次序具体地分析一下。（1）最优先的当属社会公正的底线规则。底线规则之所以优先于其他规则，是因为这一规则是整个社会公正规则体系的底线。对于人的基本权利的确保，为社会公正其他规则的存在奠定了最基本的必要条件：肯定了人的种属尊严。如果社会成员的种属尊严都无法得以保证的话，这就意味着一个社会从其根本之处便已丧失了社会公正的可能性，数目不一的社会成员得不到“人的”正常待遇，于是人的平等、自由和社会合作的理念便成为空谈。在这样的情形下，其他的社会公正问题也就根本无从谈起。（2）次优先的是社会公正的事前规则。“注意力的焦点应该放在权利和要求的分配先于市场过程本身，而不应该放在社会产品的最终分配。”[1]实际上，社会事前对机会进行公正的处置，既在很大程度上体现了平等竞争的精神，也从一个重要的方面在“事前”就直接规定了“事后”分配的某种合理的格局，使直接的分配结果具有某种“历史”的合理性。正是从这个意义上讲，机会平等规则理应优先于按贡献分配规则。（3）事后规则优先于调剂规则。对此，可以从两个方面来理解。一方面，调剂规则应当视一次分配之后的具体情况而定，否则便有可能是无的放矢，起不到应有的调剂作用；另一方面，调剂规则所凭据的物质基础在很大程度上依赖于社会总财富的具体状况，而后者又在很大程度上依赖于机会平等和按贡献分配所产生的激励作用。

社会公正具体规则之间的优先次序如果安排有误的话，则会产生许多弊端。比如，如果将按贡献分配规则放置在优先于机会平等规则的地位的话，就会使某些分配结果陷于来路不明的境况。再如，如果将调剂规则放置在优先于事前规则和事后规则的地位的话，这一规则就会由于失去实施的凭据而形成许多平均主义的做法，从而程度不同地压抑社会成员自身潜能的开发，降低社会的活力。

---

[1] 〔美〕布坎南：《自由、市场和国家——20世纪80年代的政治经济学》，吴良健等译，北京经济学院出版社1988年版，第124页。

3. 社会公正的规则与其实际兑现之间的差距

在现实社会当中，社会公正的基本规则与其实际兑现之间往往存在着明显的差距。“纯正”的社会公正规则通常只能成为社会成员的一种理想预设，而难以“十足”地兑现。就连在美国这样现代化程度较高、市场经济很成熟的国家，这种现象也是比较明显的。在美国社会，“一方面宣扬和追求一种平等主义的社会政治制度；另一方面，又刺激经济发展过程中的两极分化。……美国家庭在生活水平与物质财富占有上的差距体现着一种奖惩制度，这一制度力图激发努力奋斗的精神，并把这种精神引入社会生产活动中去。从某种程度上说，这一制度成功了，它创造了一个高效率的经济。但是，对效率的追求不可避免地产生出各种不平等”[1]。在现代化程度和市场化程度较低的发展中国家，这种现象更为明显。

社会公正的规则与其实现程度之间之所以会出现这种差距，主要原因在于：第一，社会公正所赖以实现的资源是稀缺的。社会公正各项基本规则的“十足”兑现，需要有足够的物质资源与社会资源以供社会成员分配和社会调剂之用。而这一点，是迄今为止的任何一个社会都难以做到的。既然如此，那么社会公正的规则与其实现程度之间必然会出现差距。第二，操作化的需要。国家作为社会共同体，它在每一个时期所要解决的问题是不一样的，其任务的重心因时而异，其社会公正规则的全面实现应当是有步骤、有重点地逐渐进行。以中国的社会公正具体内容的逐渐实施为例，在某个时期，从操作的角度来看，应当强调按贡献分配，如若此时过于强调全面实施社会公正的各项具体内容的话，则有可能在不小的程度上起到保护平均主义的客观作用。可见，对于社会公正具体规则的有重点的操作化处理，势必会使社会公正的规则与其在某个具体时期的全面兑现之间出现某些差距。第三，社会成员对于社会公正具体内容的认同与接受需要一个过程。可以这样说，现代化与市场经济推进的过程同时就是公正内容的实现过程，也是社会成员利益逐渐调整的过程。对于切身利益有所损失的那部分社会成员来说，认同社会公正的具体内容实际上就是要认可现实，

[1] 〔美〕阿瑟·奥肯：《平等与效率》，王奔洲等译，华夏出版社 1999 年版，第 1 ～ 2 页。

这显然要经历一个逐渐适应和逐步认可、认同的过程。因此，至少在这个认同的过程中，社会公正的规则与其实际兑现之间自然会存在着某种差距。

厘清社会公正规则与其实际兑现之间的差距，对于我们科学地把握社会公正问题有着重要的启发意义。其一，不宜用过于理想化的眼光来看待现实社会当中的社会公正问题。正如前面所谈及的那样，由于受种种现实因素的影响，社会公正规则与其实际兑现之间不可避免地存在着差距，因此应当将两者明确地区分开来；否则，便容易陷入如是误区：不满足并轻易地否认现实社会，甚至有可能由过于理想化的心态转为某种反社会的态度。其二，应看到社会公正实际效果的重要性。显然，社会公正的规则侧重于社会公正的目标，社会公正规则的兑现程度侧重于公正的实际效果。既然社会公正规则与其实际兑现之间存有差距，那么社会的任务应当是分阶段地、不失时机地通过可行的途径有效地兑现社会公正的规则。从一定意义上讲，对于社会成员而言，现实社会中的社会公正程度更具有真正的公正的意义。

第四讲

社会公正的基本价值取向和基本立足点

厘清社会公正的基本价值取向和基本立足点问题至关重要。在这个问题的理解上稍有偏差，就会导致对社会公正基本规则的理解以及对基于社会公正而进行的制度安排和社会政策的制定的重大偏差。可谓是差之毫厘，谬以千里。

一、社会公正的基本价值取向

从社会公正基本规则的分析当中，我们可以看到，在现代社会和市场经济条件下，社会公正的基本价值取向实际上包括以下两个相辅相成、缺一不可的基本内容：一是要让全体社会成员共享社会发展成果，二是要为每一个社会成员的自由发展提供充分的空间。

1. 让全体社会成员能够共享社会发展成果

社会经济的发展应当是以人为本的发展，而且应当是以全体社会成员为本的发展。恩格斯指出，应当“结束牺牲一些人的利益来满足另一些人的需要的情况”，使“所有人共同享受大家创造出来的福利”，“使社会全体成员的才能得到全面的发展”。[1]邓小平认为：“我们是社会主义国家，

[1] 《马克思恩格斯选集》（第1卷），人民出版社1995年版，第243页。

国民收入分配要使所有的人都得益。”[1]如果一个社会的发展结果只是少数人受益、多数人受损，那么这个社会的发展便失去了最为基本的意义，这个社会的发展不是真正的发展，这个社会必定是一个病态的社会，而不可能是一个健康的社会。

具体之，共享社会发展成果包括以下几种含义：

第一，每个社会成员的基本尊严和基本生存条件能够得到维护和满足。这是人人共享社会发展成果最为初级的也是最起码的基础性内容。从操作的层面来看，这属于社会救济的范围。任何一个层面上的社会成员的基本生存和基本尊严如果得不到必要的保证，就意味着整个社会的尊严受到了损害，同时也意味着社会没有履行好自己最起码的职责。因此，社会应当根据当时基本的生活水准，制定最低生活线标准，建立最低生活保障制度，直接援助社会弱势群体，以确保其基本生活条件和基本尊严。

第二，每个社会成员的基本发展条件能够得到保证。唯有如此，每个社会成员的潜能才有可能得以开发，社会才能够实现真正平等、有效的合作，社会发展才能够获得持续不断的推动力量。就此而言，我们应当特别关注社会成员的充分就业、义务教育和社会保障这样几件人生大事。对于每一个社会成员来说，就业意味着有了一份稳定的收入，意味着能够平等地介入社会生活，意味着能有一个人生及职业生涯最为基本的发展平台；只有接受必要的教育，社会成员才能成为一名合格的社会成员，才有可能谈得上自身的发展；而对于绝大多数社会成员来说，社会保障制度可以解除他们的后顾之忧，将人生的不确定性及各种风险因素降至最低限度。因此，社会必须高度重视充分就业问题，重视义务教育问题，重视基本社会保障制度的建立。

第三，每个社会成员的生活水准和发展能力能够随着社会发展进程的推进而不断地得以提升。从一定意义上讲，这是人人共享社会发展成果的完整体现。从操作层面上看，这更多的是属于社会福利的范围。著名哲学家罗尔斯提出了一个很有价值的观点，他认为，“虽然财富和收入的分配无法做到平等，但它必须合乎每个人的利益”，“我们不能根据处在某一

[1] 《邓小平文选》（第3卷），人民出版社1993年版，第161页。

地位的人们的较大利益超过了处在另一地位的人们的损失额而证明收入或权力方面的差别是正义的”。[1]在现代社会和市场经济社会条件下，社会群体之间、社会成员之间在财富的占有量方面不可能是平均的，但是社会完全可以通过税收、社会保障等种种社会调剂方式消除过大的贫富差距，使相对低收入以及一般收入社会群体的生活水准同社会发展的总体水准保持一种同步的关系，从而实现人人共享社会发展成果的基本宗旨。

2. 为每一个社会成员的自由发展提供充分的空间

寻求人的“自由而全面的发展”，是马克思一生所孜孜追求的目标。马克思指出：“代替那存在着阶级和阶级对立的资产阶级旧社会的，将是这样一个联合体，在那里，每个人的自由发展是一切人的自由发展的条件。”[2]在现代社会和市场经济条件下，每一个社会成员都是一个具有自主意识和独立选择权利的“自然人”，是一个同他人一样的独立的个体人。在法律允许的范围之内，每个社会成员是自由、自主的。同时需要看到的是，社会成员之间是有差异的。由于种种先天性的因素以及资源的有限性，个体人在诸如禀赋、能力等自然条件方面以及社会生活环境、机遇等社会条件方面不可避免地存在着种种差异，因而个体人各自的发展机会和发展潜力很不相同。这也就导致个体人在以后各自发展的结果如财富、声望、地位等方面的许多差别。正是基于前述两个方面情形，保护每个社会成员自由发展的空间、以求得每个社会成员“各尽所能、各得其所”便成为社会公正的另一基本价值取向。

为每一个社会成员的自由发展提供充分的空间亦即社会成员“各尽所能、各得其所”的主要内容包括：其一，机会平等。机会平等是指生存与发展机会起点应当是平等的：凡是具有同样潜能和相同意愿的社会成员应当拥有同样的起点，以便争取同样的前景；机会实现过程本身应当是平等的，机会的实现过程必须排除一切非正常因素的干扰。其二，按照贡献进行分配。在社会财富等资源的形成过程中以及与此有所关联的事情中，每个社会成员所投入劳动的数量和质量、所投入的生产要素不可能是相同的，

---

[1] 〔美〕约翰·罗尔斯：《正义论》，何怀宏等译，中国社会科学出版社 1988 年版，第 57、60 页。
[2] 《马克思恩格斯全集》（第 39 卷），人民出版社 1974 年版，第 189 页。

因而各自对于社会的具体贡献是有差别的。所以，应当按照每个社会成员贡献的具体状况进行分配。

3. 社会公正的两个基本价值取向缺一不可

必须看到的是，对于社会的安全运行和健康发展来说，社会公正的两个基本价值取向各有其独特的重要功能，一是“保底”，二是“不封顶”，两者缺一不可。社会公正第一方面的基本价值取向也就是让全体社会成员能够共享社会发展成果的主要功能在于，确保并不断提升全体社会成员生存与发展的基本底线，以此最大限度地消除社会成员之间的隔离因素，使发展成为全体人民的共同事业，增强整个社会的团结合作，从而最终实现发展的目的。社会公正第二方面的基本价值取向也就是为每一个社会成员的自由发展提供充分的空间的主要功能在于，把每个人的具体追求以及对社会的具体贡献同其切身利益紧密地结合在一起。从实际效果来看，这有利于调动每个社会成员的积极性，激发整个社会的创造活力。前者的功能在于为每个社会成员提供一个“兜底”、“保底”的东西，后者的主要功能在于不封顶，鼓励每一个社会成员自由而充分地发展，激发整个社会的创造活力。这两项基本价值取向是一个有机整体，缺一不可。缺少其中的任何一项，社会公正便不具备完整的意义，就会走向不公正。一个社会，如果只是遵循了第一方面的基本价值取向，换言之，只是强调让全体社会成员能够共享社会经济发展成果，而忽略了使每一个社会成员都能够拥有充分的自由发展空间的基本价值取向的话，那么这个社会必定会成为一个平均主义的社会，一个没有活力的社会。相反，一个社会，如果只是遵循使每一个社会成员都能够拥有充分的自由发展空间的基本价值取向，而忽略了让全体社会成员能够共享社会经济发展成果的话，那么这个社会必定是一个贫富差距越来越大、动荡不安的社会。

反思人们对于社会公正基本价值取向的理解，有时只是注意了其中的一项内容，因而很容易对社会公正作出以偏概全的理解。比如，有的人只是强调共享是社会公正的基本价值取向，有的人只是强调机会平等或是按照贡献进行分配是社会公正的基本价值取向，这些都是对社会公正基本价值取向的片面理解。而建立在对社会公正片面理解基础之上的制度设计和政策制定必定是片面甚至有害的。

二、社会公正的基本立足点

在谈论社会公正的基本问题时，还有一个问题十分重要，这就是社会公正的基本立足点问题。这个问题如果不搞清楚，那么对于社会公正的理解同样也会出现重大的误差。

1. 社会公正基本立足点的含义及其依据

社会公正的基本立足点应当是客观、中立。社会公正应当是以维护每一个社会成员或是社会群体的合理利益为基本出发点，而并不意味着一定要刻意地站在哪一个特定社会群体的立场上来制定带有整体性的社会经济政策和基本制度。这是因为，一旦站在特定社会群体的立场来制定带有整体性的社会经济政策或设计基本的制度，便会不可避免地使基本政策或基本制度带有明显的倾向性，从而损害其他社会群体的合理利益。

社会公正的基本精义是给每个人他所"应得"，即维护每一个社会成员和社会群体的合理利益。无论是哪一个社会群体，只要其利益要求是合理的，都应当予以一视同仁的保护。具体之，既要确保每一个社会群体、每一个社会成员基本的生存底线，又要为每一个具有发展潜力的社会群体和社会成员提供充分的自由发展空间，以求得每一个社会群体和每一个社会成员"各尽所能、各得其所"，实现社会群体之间、社会成员之间的互惠互利。在现代社会和市场经济的条件下，由于社会分工的职业化和专业化，由于社会利益结构的多样化，由于构成社会群体的每个社会成员都有着平等的权利，因此，社会的每一个群体对于现代化建设和市场经济运行来说都是不可替代的，同时各个社会群体相互间是平等的。在现实社会中，每一个群体都有可能遇到不公正对待的问题，尽管角度不尽一致。有鉴于此，基于社会公正，国家对于社会各个群体的基本态度应当是，不能厚此薄彼，不宜刻意地站在哪一个特定社会群体的立场上，抬一个，压一个。社会公正应当是站在社会整体利益的立场上，以维护每一个社会成员的基本平等权利为基本出发点，不管这个人是穷人还是富人，是多数人群体中的成员还是少数人群体中的成员，是黄肤色人还是白肤色人，是城市人还是农村人，只要属于基本权利范围内的事情，都应该得到一视同仁的保护。而且，在解决某一社会群体所面临的不公正对待问题时，不能损害另外社会群体的合理利益。

我们甚至还不能笼统地说，在任何情况下一切以多数人的意见为标准来制定政策，或者是通过简单多数的表决形成的意见就一定是合理公正的。理由是：其一，少数人、少数群体也有着自己的合理权利。而从法理上讲，这些权利与多数人、多数群体的基本权利是平等的，是不能随便剥夺的。任何人、任何群体的利益，只要是合法的，就应当得到国家一视同仁的保护。换言之，社会成员的利益是否应当得到国家的保护，取决于其利益是否合法，而不是取决于其人数的多少。其二，少数人、少数群体的平等权利与合理利益如果得不到应有的保障，那就往往意味着，从长远角度看，多数人、多数群体的平等权利与合理利益都不会有着稳定的边界，都不会具有安全的保证，都不会具有一种确定性。今天牺牲这批少数人，明天牺牲另外的少数人，后天牺牲再一批少数人，加起来就是一大批人。可以说，在未来的一段很长的时期里，多数人当中的每一个人都有可能成为少数人。正是从这个角度上讲，对于少数人、少数群体的平等权利与合理利益如果进行了有效的保护，就意味着所有社会成员的平等权利与合理利益都会得到长远的、制度化的、常态化的、根本性的保护。

由此可见，只有将社会公正放到一个相对客观、“中立”的立场上，以维护每一个社会群体和社会成员平等权利与合理利益为基本出发点，才能制定“不偏不倚”和“相对客观公平”的社会经济政策和制度，才能做到公平公正，才能有效地促成社会各个群体“各尽所能、各得其所”以及互惠互利，才能实现富裕群体的利益增进与弱势群体的生活改善两者之间的同步化，才能有效防止公权不恰当的越界扩张，才能既充分开发社会活力，又提升整个社会的信任程度和整合程度。

2. 社会公正基本立足点把握不当的负面效应

具体到现实社会，对于社会公正的基本立足点一旦把握不当，容易造成两种可能的有害倾向。一种可能的有害倾向是，刻意站在能力较强、处在某种“强势”位置的少数人群体的立场上，来制定事关全局的社会经济政策。比如，在某个特定的时期，出于迅速拉动经济的考虑，某些部门、某些地区过于重视对富裕群体的“激励”，从而制定了某些对富裕群体过分优惠的政策。这种做法在短期内或许带来某种积极的效应，但是，一旦将之固化成为常规化的制度安排和基本政策，势必会造成少数人群体受益而多数人群体利益受损的情形。在这样的情形下，社会成员共享社会发展成果的基本宗旨就不可能实现，社会经济的总体发展就有可能会出现一种“有增长无发展”的状态。另一种可能的有害倾向是，刻意站在能力较弱、处在某种“弱势”位置的多数人群体的立场上来制定事关全局的社会经济政策。比如，出于片面地对共享社会发展成果理念的理解，将弱势群体提出的所有要求都视为合理的，一切以弱势群体的要求为标准，并据此制定过于平均化的社会经济政策。这种做法会直接导致平均主义的抬头，损害少数人群体的合理利益，损害经济的发动机，并最终导致社会活力大幅度降低的局面，从而延误整个国家的发展进程。

需要注意的是，在某个特定的时段，由于具体历史条件的不同，不同的社会群体所遇到的不公正对待的种类和严重性程度是不尽一样的，对于社会所造成的负面影响也是不尽一致的。所以，在不同的历史条件下，维护与实现社会公正具体任务的重心应当是有差别的。比如，在改革开放初期，为了破除平均主义和计划经济体制的负面影响，出于维护社会公正和激发社会活力的考虑，社会有必要对从数量上看是少数的、能力较强的人予以保护和鼓励。而在现阶段，由于中等偏低收入者和低收入者人数比重比较大，贫富差距过大的现象比较严重，已经对中国社会经济的发展造成了许多不利的影响，因此，维护与实现社会公正的一项重要任务便是要解决这一问题，以实现社会成员共享发展成果的基本宗旨。但是，无论是哪一种任务的实施，都不能同时损害另外群体的合理利益；否则，便会造成新的不公正现象。

第五讲

程序公正

在谈论社会公正问题时，不能忽略程序公正问题。应当看到，程序公正与实质公正（结果公正）共同构成了完整意义上的社会公正，两者缺一不可。程序公正既是社会公正的内容之一，同时，程序公正对于确保社会公正理念最大限度的实现，对于实现社会的安全运行和健康发展也有着不可替代的作用。

一、程序公正的界定及功能

1. 程序公正的含义

所谓程序公正，是指制定和实施同社会公正相关的法律、法规、条例及其他政策时所应遵循的基本规则和流程安排。程序公正在两个方面体现出社会公正的意义：一是在制定相关的法律、法规、条例及其他政策时所凭据的理由应当是公正的，二是这个“制定过程”本身应当是公正的。

与“实质”（实际效果、结果）公正相对应，程序公正侧重于形式上的、“纯粹”规则意义上的社会公正。从一定意义上讲，程序公正更接近“应然”意义上的社会公正，而不是“实然”意义上的社会公正。正如戴维·米勒所解释的那样，程序公正“指的是一个机构——一个人或一种制度——向若干其他人分配利益（或负担）的规则或途径”。“与之相对，结果指的是在任何时候，不同的个体由此享有各种资源、商品、机会或者权利的事态。”[1]程序公正与实质公正共同构成了完整意义上的社会公正。

2. 程序公正的基本功能

程序公正对于确保社会公正理念最大限度的实现，对于实现社会的安全运行和健康发展有着不可替代的作用。其基本功能如下：

第一，有助于保证社会成员的基本权利。作为社会的构成分子，每一个人都体现了人的种属尊严，每一个人都具有一定的发展潜力和发展前景，因此，每一个社会成员都应当具有平等的基本权利。“一切人，或至少是一个国家的一切公民，或一个社会的一切成员，都应当有平等的政治地位和社会地位。”[2]国家有责任有义务保证社会成员的这种基本权利。“国家必须建立各种制度和程序，制定计划，利用一切资源来满足这些要求。”同时，“社会必须建立个人可诉诸的补救体系，在他们的权利受到损害时获得应有的赔偿”。[3]对于社会成员基本权利的保证，必须通过制度化的安排来实现。任何口头的承诺、习惯性的做法或是随机性的行为都无法有效地保证人们的基本权利，相反，会使人们基本权利的保证陷入一种不确定的状态。在有关基本权利保证的制度安排当中，程序公正是一项重要的内容。通过公正的程序，人们既可以“预防”自身基本权利可能遇到的侵害，也可以矫正或是补救自身基本权利已经受到的损害。还有一点不应忽略，当一个人对于社会或其他人构成侵害，并且这种侵害超过了一定的“度”，因而必须受到惩处，必须被剥夺某种基本权利时，国家也必须通过公正的程序予以实施，而不能随意地进行处理。这种做法实际上是从另外一个角度来保证社会成员的基本权利。

第二，有助于协调复杂的社会利益结构。随着现代化进程的推进和市场经济进程的推进，社会分化程度越来越高。这主要表现在：社会的分工越来越细致，职业分类越来越多样化，社会的差异成分日益增多，社会利益结构也越来越复杂化。于是，社会各个利益群体的特定要求就必定会越来越明确和多样化。另一方面，我们还需要看到的是，在社会分化加深的

---

[1] 〔英〕戴维·米勒：《社会正义原则》，应奇译，江苏人民出版社 2001 年版，第 102 页。
[2] 《马克思恩格斯选集》（第 3 卷），人民出版社 1995 年版，第 444 页。
[3] 〔美〕L. 亨金：《权利的时代》，信春鹰等译，知识出版社 1997 年版，第 3 ~ 4 页。

同时，社会的整合程度也在不断地提升，任何一个社会利益群体都越来越不可能脱离其他的社会群体而独立地生存。社会各个利益群体之间必须减少不必要的摩擦和冲突，必须进行有效的社会合作，以形成一种多赢的局面。因此，社会需要有一个能够对社会各个利益群体的各种要求进行协调和“仲裁”的机制，而且这种机制必须是公平、公正的。程序公正实际上提供了这样一个场所：社会的各个利益群体包括边缘化的社会群体在这里能够进行充分的表意和谈判，在遵循必要的、共同认可的公正规则和程序的前提之下，形成相对来说能够被社会各个利益群体接受的意见或做法。也许就某件事情来说，某个利益群体会明显地“获益”，然而，这种获益是协商和协调的结果，是能够被其他利益群体接受的。而且，由于这种结果符合程序公正的要求，也就意味着其他利益群体可期望的未来的合理利益同样能够得到保证。“在满足了人们的基本需要以后，那些能最大限度地促进人们的共同利益的程序就是生产和分配财富的最好方式。而且除了公平地操作这些不同的程序以外，也许并没有其他明确而可以令人信服的对‘剩余财富’进行公平分配的标准。”[1] 由此可见，用长远的眼光来看，程序公正能够有效地协调复杂的社会利益结构，防止在社会经济资源方面占据优势的社会利益群体左右社会经济政策局面情况的发生，从而有效地促进社会的合作，提升社会整合程度。

第三，有助于限制政府权力对社会公正的不当干扰。本来，国家权力的主要功能在于立足于社会的整体利益，维护社会公正，促进社会的公共事业。国家权力的一项重要功能就是维护社会公正，消除不公正现象，并防止不公正现象的出现，而不是制造或加重不公正现象。但是，有时由于国家权力的过分集中，或者是由于权力同国家权力拥有者自身利益之间的边界不够清晰，因而国家权力会出现异化的现象，即滥用国家权力，使国家权力成为国家权力集团获取自身利益的工具。于是，政府在制定或是实施有关公正政策时就会明显地表现出一种特定的利益偏好。这会造成十分有害的后果，直接损害社会公众的利益。而程序公正可以在不小的程度上限制权力对社会公正的干扰。一旦进入程序公正的范围，那么通过必要的

[1] 〔美〕J. 范伯格：《自由、权利和社会正义——现代社会哲学》，王守昌等译，贵州人民出版社1998年版，第174页。

公众参与、专业咨询、分工、隔断、民主决策等等，可以在很大程度上保证相关的公正政策的制定和实施，防止国家权力与特定的利益群体相结合，并进而损害其他利益群体情形的发生。比如，在法律领域，为了防止法律职业集团的不公行为，“正当程序实际上都具有这样一种功效：从法律适用的一系列活动中分离出某些带有权利或权力性质的内容，交由其他主体来进行或让适用者与他们共同进行”[1]。

第四，有助于减少社会公正实现过程中的技术性失误。即便是人们在制定和实施同社会公正相关的法律和政策时能够本着社会公正的基本理念，但这只是结果公正的必要条件，而不是结果公正的充足条件，仍然不能保证结果的公正性。需要看到的是，在程序公正当中，有不少属于技术性、操作化的具体内容，这部分内容同样是十分重要的。如若缺少这部分内容，那么程序公正仍然不会是完整的，随意的、盲目的决策仍然难以避免，并将由此导致一种低效或是无效的状态，严重者甚至会造成一种负面的社会效应。同传统社会形成鲜明对比的是，在现代社会，社会的构成成分越来越纷繁多样，社会的各个环节越来越复杂，一种社会现象的相关事物越来越多，一个社会群体在公正对待方面所涉及的信息量往往是很大的，这就对程序公正提出了很高的技术性要求。比如，相关信息的充分收集、整理和公开，相关政策实施的信息反馈及修正机制，某项资源公平分配额度或损失补偿份额的测算等技术性工作，对于完整的程序公正来说，都是不可缺少的组成部分。显然，完整的程序公正可以通过准确性、公开性等基本的要求，减少相关政策制定和实施过程中可能出现的技术性失误，从而最大限度地实现结果的公正。

第五，有助于形成社会成员对社会的普遍认同和信任。实际上，程序公正还承载着社会成员对社会公正的一种期望。程序公正是要保证社会公正实现的最大概率。程序公正虽然不能保证每一项具体结果都是公正的，但是能保证大多数结果是公正的，而且还可以为纠正少数的不公现象留有余地。从某种意义上讲，人们对于程序公正的看重并不亚于结果公正（实质公正）。“程序正义是一种监督和高于它所达到的结果正义的价值，当

[1] 张文显主编：《法理学》，高等教育出版社1999年版，第342页。

程序包含对受其影响的人们的一种尊重时，我们能够最好地理解它的这个独特性质。”“程序正义具有一种不只是工具性的价值这一观念能够在对大众舆论的调查中获得支持，后者已经表明，人们对分配实践的反应受到用来达到结果的程序的制约要比结果本身更为强烈；即使最终结果对一个人相当有害，只要这一结果是以与她的公平标准相协调的方式达到的，她也会把它作为正当的结果加以接受。”[1]只有具备程序公正，人们才会普遍感到整个社会的公正是可能之事。因此，一旦程序公正成为社会的有机组成部分，社会成员就易于对社会采取一种普遍认同的态度，形成一种普遍的信任。这种认同和信任有助于减少社会群体之间的隔阂和抵触，减少社会的不安定因素，进而有助于社会的安全运行和健康发展。

总而言之，程序公正对于社会公正理念的实现，进而对于社会的安全运行和健康发展具有不可替代的作用。这种作用从另外一个角度或许更能得以说明，即没有程序公正意味着什么？一个社会如果缺少程序公正，那么就意味着社会成员对社会的普遍认同程度和信任程度会迅速降低，意味着权力对于社会公正的干扰不可避免，意味着社会公正实现过程中的技术性失误会大量出现，意味着社会成员的基本权利无法得到有效的保证，意味着社会利益结构难以协调。在这样的条件之下所制定的法律或是政策必定具有随意性和不确定性的特征，甚至会对社会成员造成种种威胁。这一点，正如诺齐克所指出的那样，“使用不可靠程序并按其结果行动的人，不管他的程序在一个具体情况中是否起了作用，他都给别人带来了危险”。比如，“任何人都无权采用一种相对不可靠的程序来决定是否惩罚另一个人。他用这种程序无法知道别人是否应受惩罚，因而也就无权惩罚这个人”。[2]

二、程序公正的基本特征

现代意义上的程序公正具有如下几项基本特征：

---

[1] 〔英〕戴维·米勒：《社会正义原则》，应奇译，江苏人民出版社 2001 年版，第 112 页。

[2] 〔美〕罗伯特·诺齐克：《无政府、国家与乌托邦》，何怀宏等译，中国社会科学出版社 1991 年版，第 110 ~ 111 页。

1. 普惠性

在传统社会，强势社会群体和边缘化社会群体之间泾渭分明。社会上占据优势的既得利益集团往往会按照自己的利益偏好来左右一切法律、法规以及政策的制定，以此来保护自己的利益，并通过侵占或剥夺他人利益的方式来扩大自己的利益。大多数社会成员以及边缘化社会群体的基本尊严和基本利益无法得到有效的保证，其公正对待问题处在一种十分不利的境地。在现代社会，随着现代化程度和市场化程度的不断提高，随着社会文明的不断进步，人类的平等、自由、合作等基本的价值理念逐渐生成并为社会成员所广泛认同，成为社会的一个有机组成部分。与之相适应，程序公正具有现代的基本价值取向，融入了平等、自由和合作的基本价值理念。程序公正的这种基本价值取向首先体现为普惠性。程序公正的基本宗旨在于保护全体社会成员的利益，在于使社会成员普遍受益。程序公正的普惠性的基本要求是，每一个社会成员、每一个社会群体的尊严和利益都应当得到有效的维护，任何一个社会群体尊严和利益的满足都不得以牺牲其他社会群体和社会成员的尊严和利益为前提条件。借用罗尔斯的语言来表述，那就是："所有社会价值——自由和机会、收入和财富、自尊的基础——都要平等地分配，除非对其中的一种价值或所有价值的一种不平等分配合乎每一个人的利益。""社会的和经济的不平等应这样安排，使它们①被合理地期望适合于每一个人的利益；并且②依系于地位和职务向所有人开放。"[1]普惠性是程序公正的首要原则，是程序公正各个环节各个部分的基石、出发点。

2. 公平对待

从某种意义上讲，程序公正的公平对待特征是程序公正普惠性特征的具体化。公平对待是社会成员的基本权利在操作层面上的具体体现。程序公正中的公平对待至少有两层含义。第一含义是，在处理同样的事情时，应当按照同一尺度，"即个人和权力机关应对同等情况下的他人一视同

[1] 〔美〕约翰·罗尔斯：《正义论》，何怀宏等译，中国社会科学出版社 1988 年版，第 58、56 页。

仁”[1]。如果有所差别的话，也应当是因事而异，而不能因人而异。需要说明的是，其主旨在于保护每一个人基本的平等的权利，而不是要造成平均主义的现象。因为平均主义是要消除一切差别，即不但否定了因人而异，同时也否定了因事而异。程序公正中公平对待的第二层含义是类似于法律界所说的“无偏袒的中立”，即“与自身有关的人不应该是法官”，解决纠纷者应当保持中立，法官并不参与争议，不受任何组织或个人的干预，公正无私且不怀偏见。结果中不应包含纠纷解决者的个人利益，纠纷解决者不应有支持或反对某一方的偏见。[2]程序公正的公平对待特征要求，应当采取必要的措施，建立必要的规则体系，使制定和实施政策的直接当事人不能将自己的利益倾向和偏好体现在相关的政策之中。简而言之，就是不能“夹带私货”。这是因为，任何一个社会群体都有可能注重自身利益的保护和扩张，而且，即便是这一方面不太成问题，任何一个社会群体也很难摆脱“镜中自我”的心理，有意识或无意识地以自我群体为本位，或是以自我群体作为考虑问题的基本参照。

3. 多方参与

现代法律当中的程序法有一个“参与原则”，“这一原则体现在到法院出口气的普遍观念中。倘若某人不能参与诉讼，那他就被剥夺了到法院出口气的机会。这一原则有助于解决争执，因为能参与诉讼的当事人更易于接受判决；尽管他们有可能不赞成判决，但他们却更有可能服从判决”。“此原则的根据是参与价值，即参与作出严重影响自己生活的判决。人们至少有理由期望，在作出关系他们的判决之前，法院听取其意见，即他们拥有发言权。某人被允许参与诉讼也表明别人尊重他，即他受到了重视。”[3]法律界的这一原则有助于我们对程序公正的参与性特征的理解。在传统社会，在事关法律和重要政策的制定和实施过程中，人们的参与及与之相关的表意渠道十分有限，不少社会群体尤其是底层的社会群体甚至谈不上参

[1] 〔德〕柯武刚、史漫飞：《制度经济学：社会秩序与公共政策》，韩朝华译，商务印书馆2000年版，第93页。
[2] 张文显主编：《法理学》，高等教育出版社1999年版，第343页。
[3] 〔美〕麦克尔·D. 贝勒斯：《法律的原则——一个规范的分析》，张文显等译，中国大百科全书出版社1996年版，第35页。

与和表意。在现代社会，随着民主化进程的推进，社会成员的参与意识得以普遍的形成，他们有责任、有能力也有愿望参与重要社会事务的讨论和制定。因此，在制定法律和重要的公共政策时，应当也必须让多方人员参与，尤其是要允许相关社会群体有充分的参与和表意的机会，使之能够充分地表达自己的意见，维护自己的利益。程序公正的参与性特征不仅体现出一种对人的尊重，使得同社会公正相关的法律和政策易于让人们接受，因而更具有可行性，而且能够防止程序当中的许多流弊，提高相关机构的信誉。需要指出的是，应当为社会边缘群体留有特别的参与和表意的渠道，使其权利和利益能够得到有效的保护。

4. 公开性

无论是社会公正政策的制定，还是社会公正政策的实施，无不是以占有必要的信息为必要前提。值得注意的是，对于程序公正来说，还存在着一个谁“享用”信息的问题。这就涉及信息的对称问题。所谓信息对称，是指社会群体、社会成员对于事关切身利益的信息具有平等知晓的权利。“每个人都有这样的权利，即可以公开得到或可以得到足以充分显示一个用于他的裁决程序是可靠和公平的（或不亚于其他使用程序的）信息。他有权利得知他是在受某种可靠和公平的体系处理。若缺少这种对他的展示，他可以保卫他自己，抵制那种相对不熟悉的体系的强迫裁决。当这种信息是可以公开获得或为他所获得时，他就能知道这一程序是否可靠和公平。”[1]信息占有的对称性对于程序公正整体是十分重要的，是程序公正的必要条件。同某项政策的制定与实施相关的信息如果出现了不对称性的情形，即一方是对相关信息相对充足的占有，而另一方则是相关信息的匮乏，那么社会群体和社会成员就难以做到有效的参与，无法得到公平对待，进而程序公正也就无从谈起。况且，一方通过垄断信息可以在制定和实施政策的过程中进行种种舞弊活动，比如，通过信息的不对称对其他社会群体进行各种形式的欺骗和误导。因此，为了防止信息的不对称，一个行之有效的方法就是将相关的信息向全社会充分公开。

[1] 〔美〕罗伯特·诺齐克：《无政府、国家与乌托邦》，何怀宏等译，中国社会科学出版社 1991 年版，第 107 ～ 108 页。

5. 科学性

程序公正应当既是公正的，同时又是有效、稳定的。因此，程序公正还包含着一些技术方面的要求。这至少包括两方面的内容。其一，相关信息的充分化及准确性。“一种公平的程序必须努力去揭示与所进行的分配相关的全部信息。即使在能够表明更为独断的做法会产生总体上好的结果的情形中也是如此。”[1] 而且，在信息的收集过程中，信息经过种种环节的传递，难免出现程度不同的失真情形。再者，即便是一些最为原始的信息，也并不就一定具有真实性，而需要对之进行必要的甄别处理。只有保证了相关信息的充分化和准确性，才能使程序公正具有起码的事实依据；否则，程序公正问题无从谈起。其二，应当具有必要的评估机制和修正机制。由于现实社会的复杂多样性以及人们认识能力的种种局限性，很多重要的政策需要有一个逐渐完善的过程，其公正程度有一个逐渐提高的过程。这就需要对其实施的实际效果进行必不可少的评估，分析其不足之所在，尔后经过必要的修正，从而达到一种相对公正和有效的状态。总之，政策制定和实施的科学性，有助于确保程序公正的及时性和相对稳定性，进而有助于提升程序公正整体的信誉度和权威性。

三、程序公正与实质公正的关系

1. 程序公正和实质公正相辅相成

程序公正和实质公正（结果公正）两者密不可分。程序公正是实质公正的基本前提和基本保证。尤其是在现代社会，人们对于程序公正的要求更为迫切，因而这种情形更为显著。另一方面，实质公正是程序公正的最终标准和最终目的。如果脱离了实质公正，那么程序公正也就缺少了赖以存在的实际意义，缺少了得以检验的最终标准。正是从这个意义上讲，“一种程序的正义总是依赖（除赌博这种特殊情况之外）于其可能性结果的正义，或依赖于实质性正义。因此，程序正义与实质正义是相互联系而非相

[1] 〔英〕戴维·米勒：《社会正义原则》，应奇译，江苏人民出版社 2001 年版，第 109 页。

互分离的”[1]。

在如何看待程序公正和实质公正的关系问题上，有时会出现一种明显的偏颇，这就是过于看重程序公正，以至于出现了某种“异化”的情形。例如，罗尔斯十分看重程序公正的问题，甚至提出了“纯粹的程序正义”的观点。这种观点固然有其合理的成分，对于人们理解程序公正的重要性颇有启示意义，而且对于只是看重实质公正的观点是一种有益的纠正。但是，罗尔斯有关“纯粹的程序正义”的观点走入了另一个极端，即将程序公正在不小的程度上视为可以脱离实质公正而独立存在之物。这就在一定程度上使程序公正失去了赖以存在的基础，失去了基本的判断标准。过度看重程序公正而轻视实质公正的做法在现实生活中会产生许多弊端。例如，有人发现，美国法院“普遍关注程序的精确性，同时对自由的实质性限制却给予相当大的容忍”。更有学者尖锐地指出：“仅依靠程序以达致正义，乃是现代自由主义的谬误。而正是这种谬误使希特勒那种全权性政权获得形式合法性具有了可能。”[2]

2. 程序公正背离实质公正的原因

虽然程序公正和实质公正（结果公正）密不可分，但两者之间有时会出现某些不相吻合的情形，即程序公正有时会背离实质公正（结果公正）。“程序规则的公平性完全取决于由这些规则是否总的来说有助于产生公正的结果，但是，即使在最严格地遵循规则的情况下，也不可能保证在每一特定的案例中都会产生公正的结果。”[3]之所以会出现这种情况，主要原因表现在以下几个方面：

第一，认知上的偏差。虽然同非程序化做法相比，程序化的做法要公正、合理、准确得多，但是，这只是就其总的概率而言的，并不是说经过程序所形成的一切政策都一定是公正的。需要看到的是，理性因素并非在任何时候、在任何事情上都能占据主导地位，公众的或者是多数人的判断力并

[1] 〔美〕约翰·罗尔斯：《政治自由主义》，万俊人译，译林出版社 2000 年版，第 449 页。

[2] 转引自〔英〕弗里德里希·冯·哈耶克：《自由秩序原理》（上），邓正来译，三联书店 1997 年版，第 432 页。

[3] 〔美〕J. 范伯格：《自由、权利和社会正义——现代社会哲学》，王守昌等译，贵州人民出版社 1998 年版，第 172 页。

非在任何时候、任何事情上都能够做到同公正、理性相一致，有时恰恰相反，尤其是在涉及对少数人的利益保护问题时，更是如此。从社会心理学的角度来看，非认知因素对于人们判断力的影响是很大的。比如，当遇到某些涉面比较广的社会热点问题时，公众的情绪、社会舆论的渲染往往会使这一问题具有一种“晕轮效应”而超出了其实际的状况。这时，由于政策的制定者为了使政策能够得到大多数人的认同等原因，很有可能会或多或少地存在某些迎合的心理，这就势必会对政策的制定与实施产生不利的影响，使程序公正在实际上出现变异。即便没有这些不利的影响，仅仅是单纯地就人们的判断力而言，仍然具有一些不确定性的因素，比如对于相关的事实依据掌握得不够充分或不够全面，对于社会公正的理解有所偏差，对于一些技术性的工具运用得不够准确等等。这样，就会对程序公正产生不利的影响。“程序要求贯彻它的人作出关于这一程序所适用的人们（他或她）的判断，但判断是具有一定程度的不确定性的，这样，结果往往不是程序试图要产生的那样。”[1]

第二，程序的交叉。整体化的程序公正是由许多个具体的、条条块块的程序公正所组成的。但是，由于社会结构的极度复杂性以及大量不确定性因素的存在，这些具体的程序公正必须能够有针对性地解决不同的具体问题，因而程序公正的条条块块难免各有各的具体规定、准则，即便是在发达国家也是如此。这里就出现了问题。条条块块的程序公正之间有时难以做到完全的协调和一致。经常会出现的一个现象是，有时，有的人、有的社会群体、有的事情会面对一种以上的解决程序，这就难免造成一些具体的程序之间出现交叉的现象，进而造成条条块块的程序之间的不一致甚至有所抵触的情形，造成实质（结果）的不公问题，造成程序公正与实质公正之间脱节的情形。比如，现在人们公认的一个事实是，中国城乡存在着严重的不平等现象，同城市居民相比，农村居民在诸如保障、福利、教育、流动等方面受到众多的不公平对待。这些问题必须予以解决。但是，还应看到的是，农村居民在计划生育、土地的经营权方面又享有某些“优惠”待遇。所以，如果完全以城市居民的标准来解决农村居民的相关问题，

[1] 〔英〕戴维·米勒：《社会正义原则》，应奇译，江苏人民出版社2001年版，第104页。

还必须有一个前提，这就是必须同时取消农村居民的某些“优惠”。再比如，在一些发达国家，“当一个从若干国家来源中得到现款救济金的失业人员决定找一份工作时会发生什么。这里出现了贫穷圈套的一个经典的例子，因为在这个从前失业的人开始从其雇主中得到收入的同时却失去了他从国家社会保障体系中得到的部分或全部救济；这样，去做一份大概会令人不愉快的工作并没有什么财政上的好处。当把工人的总体境况与他宁可失业待在家里的孪生兄弟相比时，虽然两种制度（指按应得取酬的制度和社会保障制度）都使用了公平的程序，但对于我们来说，结果似乎是不正义的”[1]。

第三，社会的现代化和市场化程度相对较低。这种致因在发展中国家里是比较常见的。实际上，现代社会的程序公正已经隐含了一个必要的前提，就是这个社会必定普遍存在着同程序公正相适应的社会公正理念、规则意识和良好的社会秩序；否则，程序公正难以真正有效。“对于一个理性而秩序良好的社会来说，它完全是真实可信的；因为通过良好的结构和体面的民主制度，理性而合理的公民将制定各种法律和政策，这些法律和政策几乎总是合法的，尽管肯定不是永远合法的。”[2] 如果一个社会的现代化程度和市场经济程度比较低，就肯定意味着这个社会的成员就总体而言其规则意识包括现代意义上的公正意识还没有形成，至少规则意识还没有得到社会成员广泛的认同，社会缺乏起码的信用体系，而且民众尚未形成现代意义上的参与意识和实际参与，尚未形成迫切的表意意识与冲动。尤其是在处于急剧转型时期的社会，甚至还缺少良好的社会秩序。在这样的情形之下，程序公正也许从纯粹设计的意义上来讲是比较规范、比较具有现代意义的，但是，由于它同社会实际状况、同民众脱节，因而“应然的”公正与“实然的”公正之间难免出现明显的落差，程序公正与实质公正之间易于出现这样或那样的背离情形。在这样的条件之下，程序公正一时还没有成为民众所习惯化了的一种行为程序，同时，一个相关的职业化队伍的缺乏往往使得程序公正或多或少地失效甚至走样变形，从而程度不同地降低了程序公正的信誉和权威性。民众在一定程度上、一定范围之内，

---

[1] 〔英〕戴维·米勒：《社会正义原则》，应奇译，江苏人民出版社 2001 年版，第 105 页。
[2] 〔美〕约翰·罗尔斯：《政治自由主义》，万俊人译，译林出版社 2000 年版，第 457 页。

还习惯于接受以“超程序公正的方式”亦即传统的随意性的、非程序化的方式来解决相关的问题。

第四，政府包揽的事务过多。政府是社会的公共权力机构，对于社会公共事务负有不可推卸的责任。而程序公正直接关乎社会公共事务，难免造成这样一种复杂的情形：公共权力的边界有时不好予以准确的把握，从而出现政府权力不恰当地干预程序公正的现象。有时只是出于习惯性的、不由自主的做法，但在客观上却是将政府的权力不恰当地延伸到程序公正领域；有时则是出于可以理解的原因，比如，或者是由于从方便（降低成本）的角度考虑，或者是由于程序公正所要解决的某些问题在内容上同政府所关注的内容交叉或接近，因而在操作的过程中稍微过了一些，造成了越俎代庖的情形，使得程序公正的实际效果或多或少地受到不利的影响。值得人们注意的是，政府权力对于程序公正不恰当的干预这种情况，在发展中国家当中相对来说更为明显。之所以如此，是因为这些国家正处在社会转型的时期，许多规则没有建立起来，因而规则方面的空当相对来说比较多。而且由于社会的专业化分工程度不够，大量的属于公共事务领域的非政府组织尚未形成，或者是非政府组织虽然已经形成但是还不能十分有效地运转，这就为政府权力对于程序公正的不当干预留下了不小的余地；再者，发展中国家的政府组织源于以往传统社会的一些习惯性做法一时难以彻底改变，任意使用、延伸权力范围的定势仍然程度不同地存在。正是由于这些原因，在发展中国家，程序公正相对来说更难以同实质公正（结果公正）相吻合。可见，要想使程序公正同实质公正相吻合，就必须消除上述原因。

第六讲

代际公正

代际公正是社会公正在历史过程中的具体体现。如果对代际公正问题的了解不够深入，那么对于社会公正的总体研究是不可能全面的，缺乏说服力，也会削弱社会公正研究的现实影响。显然，代际公正问题应当成为社会公正研究的一个重要组成部分。但是，目前对于代际公正的研究是社会公正研究领域中一个比较薄弱的部分，只有罗尔斯等少数学者涉及过这一问题，而且这些学者对于这一问题的论述也不够系统和深入。

一、代际公正的具体要求

就代际公正的具体要求而言，主要表现在以下几个方面：

1. 确定代际公正的“储存率”

实际上，这是每一代人所面临的本代人所应消耗社会资源的数量与本代人应为后代人积累和保护社会资源的数量之间的比例问题。

代际平等以及代际合作的理念要求每一代人都能享有基本的生存与发展的条件。罗尔斯据此提出了“正义的储存原则”(just saving principle) 。他认为：“每一代不仅必须保持文化和文明的成果，完整地维持已建立的正义制度，而且也必须在每一代的时间里，储备适当数量的实际资金积累。这种储存可能采取各种不同的形式，包括从对机器和其它生产资料的纯投资到学习和教育方面的投资，等等。”[1]

公正的储存包括两种类型。其一，再生性社会资源的储存。这主要是指每代人所创造的社会财富的储存。在现代社会条件下，每一代社会财富的增长幅度都是比较明显的，而且，作为社会历史过程构成因子的每一代人都有责任和义务使社会持续增益，否则，代际合作也就失去了应有之义。因此，就一般情况而言，每一代对于社会增益方面的贡献应是不断地有所提高，相应的，再生性社会资源的储存量也应不断地增加，即每一代再生性社会资源的储存量应当适当地高于前一代。其二，非再生性资源的储存。现代化进程的推进，是以非再生性资源为动力基础而实现的，而且，非再生性资源有一个特点，这就是人类社会世世代代对于它的共同使用即共享性。但是，非再生性资源并非无穷无尽的，因此，前代人对于非再生性资源的过度消耗意味着后代人对于非再生性资源的较少占有。而且，对于非再生性资源的过度开采，会直接损害人类赖以生存的生物圈，破坏生态平衡，造成人居环境的侵蚀和污染，从而直接地损害后代人的切身利益。有鉴于此，应当注重非再生性资源的储存，确立可持续发展的模式，即注重“既满足当代人的需要，又不对后代人满足其需要的能力构成危害的发展”[2]。

至于应当如何确定公正的储存率，则应同时考虑两点。其一，量力而行。任何一代人所创造的社会财富总是有限的。就总体而言，一代人所拥有的社会财富的合理支出顺序，应当是在满足了当代人基本的生存和必要的发展所需之后，再来考虑为后代人的储存。不言而喻，储存的多少取决于前述支出之后的“剩余”数量的多少。不考虑到当代人的必要支出而一味地储存，便会对现世代社会成员的正常生存与发展造成不利的影响。其二，确定“社会最低受惠值的水平”。对此，罗尔斯的分析不无道理。他认为：“假设最低受惠值是由按比例的支出（或所得）税所支付的转让金调节的。在这种情况中，提高最低受惠值需要提高对消费（或收入）课税的比例。大概当这种比例增大到越过某一点时，就可能发生下面两种情况中的一种：或者恰当的储存不能形成，或者沉重的课税大大干扰了经济效率，以致不再改善而是降低现在的世代中最小获利者的前景。在这两种情况所表示的

[1]〔美〕约翰·罗尔斯：《正义论》，何怀宏等译，中国社会科学出版社 1988 年版，第 276 页。
[2] 世界环境与发展委员会：《我们共同的未来》，王之佳等译，吉林人民出版社 1997 年版，第 52 页。

那一点上，我们便达到了正确的最低受惠值，差别原则得到了满足，进一步的提高也不再需要了。”[1]

在代际公正的储存问题上，有两种片面的做法需要防范：一种是过于短视的做法，即只是顾及本代人的利益，不看重为后代人进行必要的积累，甚至过度地消耗本应与后代人共享的非再生性资源，污染环境、破坏生态，从而预支了后代人的利益；另一种则是过于理想化、过于自我牺牲的做法，也可以说是一种“自戕型”的极端做法，即一切为了后代，本代的生活只是维持在简单的再生产限度之内，从而严重地透支了本代人的利益。这两种做法虽然是对立的，但是存在着某些共同的缺陷：均背离了代际平等的理念，背离了代际的自由理念（因为每一代人都有追求幸福的权利），背离了代际合作的理念，也背离了社会发展的普遍受益的基本宗旨，均是缺乏代际公正意义的观念和行为，都必定会对社会的长远发展造成十分不利的实际影响，比如，有可能会导致社会发展进程的不平衡性，增大其摇摆度等等。在这方面，中国社会发展的60多年进程中所积累的教训是极为深刻的。

2. 保证代际的机会平等

代际的机会平等原则是由代际平等、代际自由以及代际合作诸项理念所直接决定的。代际平等的理念要求每一代人都应当具有基本生存和正常发展的机会保证，代际自由的理念要求每一代人的自主权和选择权不应受到侵害，代际合作的理念则要求前代应当为后代不断地营造机会平等所必需的社会环境。

代际机会平等的具体内容是：其一，每一代人都应具有平等的起点，亦即“为了平等地利用机会，从一开始就应具备平等的物质条件”[2]；其二，机会实现过程的平等，也就是说，机会的实现过程必须排除一切非正常因素的干扰。只有起点和过程均是公正的，才有可能保证结果也是公正的。

显然，在“应然的”（即纯粹的、理想的、目标性的）机会平等和“实然的”（即现实的、现在能够做到的）机会平等之间存在着差距。从历史

---

[1] 〔美〕约翰·罗尔斯：《正义论》，何怀宏等译，中国社会科学出版社1988年版，第276页。
[2] 〔美〕乔·萨托利：《民主新论》，冯克利等译，东方出版社1998年版，第388页。

发展的角度来看，这两者之间的差距在不断地缩小。就代际公正而言，每一代人的重要任务应当是为这种差距的缩小持续地做出贡献。为此，以下两方面的事情是社会必须做的：

第一，逐渐消除代际特权性的"遗传优势"。家庭对于每个社会成员的成长及其具体境遇的影响是很大的，而且会对一个社会的机会平等问题产生程度不同的影响。一个非常富裕的家庭或家族，其后代的境遇往往要优于较为穷苦人家的后代。对此情形，如果社会不进行必要的干预的话，那么富裕家族或家庭的优势便会持续不断地拥有某种"遗传优势"。因此，社会有必要通过所得税、遗产税等调剂方式，逐渐消除至少是减弱这种有碍于代际公正的"遗传优势"，尽可能地使作为个体人的社会成员富不过一代，穷也不过一代，从而使同一代的社会成员能尽可能地摆脱前一代人在机会方面所造成的不公正的影响，能真正有一个平等的生存与发展的起点。

第二，社会有必要直接创造一些有助于代际机会平等原则的实施所需要的"平等条件"。由于现实和历史条件的限制，代与代之间许多社会成员本来具有的潜能难以充分地开发出来，难以进入平等竞争的状态。因此，每一代的政府都有责任"平等地发展个人潜力"，"使每个人从一开始就有足够的权力（物质条件）以便得到相同的能力而与所有其他人并驾齐驱"。[1] 比如，社会完全可以通过调剂的方式，获得一定数额的资金，然后用于开发每一代当中在先天性因素和后天性因素中处在相对劣势的社会成员的潜力，使其潜在的能力变为现实的能够把握机会、实现机会的能力。对于这一部分社会成员能力的增强以及发展机会的提供，还可以避免其不利的因素遗留给下一代。从长远的角度来看，这种做法对于代际机会平等原则的实现是非常有利的。需要说明的是，这种举动应当是世代持续不断的。

3. 按照贡献进行代际的分配

每一代人对于社会的贡献是有差别的，而且从绝对量上看，在生产力和科学技术日新月异的现代社会条件下，一般来说，后代人对于社会的贡

[1]〔美〕乔·萨托利：《民主新论》，冯克利等译，东方出版社 1998 年版，第 390、389 页。

献要更大一些。从代际平等的理念来看，对于每一代相对独立的地位应当予以承认；而按照代际自由理念的依据来看，对于代际这些有所差别的贡献又应当予以尊重和承认。因此，在代际如何进行分配的问题上，应当本着按照贡献进行分配的原则来进行；否则，便有可能导致平均主义的观念和行为，从而违背代际平等和代际自由的理念。

就历时性的代际状况而言，由于历史起点的不断抬高，由于生产要素的不断更新换代，由于科学技术的迅速发展，由于社会管理水准的提升，因此，尽管后代人的劳动强度在不断地下降，但是后代人对于社会所做的贡献在不断地加大。基于此，后代人的分配所得自然应当高于前代人。

就共时性的代际状况来看，年长的一代与年轻的一代显然在发展潜力方面存在着差别。他们各自对于当世社会的具体贡献肯定是有所不同的。一般来说，由于精力的不同以及知识拥有量的优势，且年长代多处于退休的状态，因此，年轻代对于当世社会的贡献要高于年长代的贡献。与之相适应，年轻代的收入等报酬应当高于年长代。这种状况应当说是公正的。假如一个社会的实际状况恰好是与此相反的话，那么这个社会在这方面肯定是缺乏公正的。

对于已退休的年长者，社会应当按照调剂的原则给予必要的援助，如提供养老金，提供必要的帮助，建立养老保险及医疗制度供其享用等等。不少国家的经验说明，仅仅是固定化了的退休养老金是不够的。因为随着整个社会生活水准的提高以及通货膨胀现象的出现，已退休的年长者极易在生活上陷入窘境，成为弱势的社会群体，甚至沦为贫困者。因此，社会有责任通过种种必要的方式。使这些已退休者的生活水准能够同当时社会生活的平均水准相适应。唯有如此，才能真正体现出社会对于这批人已经付出的劳动、已对社会做出的贡献的一种承认和回报，才能真正体现出代际的公正。

另外，还有一种情形需要特别的注意。在共时性的代际状况中，有的年长代尽管目前对于社会的贡献比不上年轻代，但是他们在年轻时曾经为了社会作出了过度的支出，作出了过多的自我牺牲，而在当时却没有得到应有的回报。对于这样的年长代，社会应当制定特别的规定，予以应有的补偿。

4. 注重为年轻代的发展创造必要的平等条件

之所以将这一问题特别地提出，是因为在许多国家，如中国、日本等具有久远历史的国家，这一问题具有特别重要的现实意义。在这些国家，受传统因素、习惯力量的影响，即便是现在，年轻代所受的压抑相对来说也是更多一些，因而这方面的公正问题就显得更为突出。

在传统社会，年长者对于年轻者拥有着至高无上的权威和决定力量。以中国传统社会为例。中国在当时的宗族条件之下，长辈对于后辈几乎包揽了一切。虽说长辈对于后辈的基本生存问题负有不可推卸的责任，但长辈对于后辈所拥有的生杀予夺大权，令今人难以想象。在这种情形下，年轻代要想获得平等的社会地位，获得正常的发展，同样令人难以想象。瞿同祖先生通过对中国古代法律条例的研究发现："不但家财是属于父或家长的，便是他的子孙也被认为财产。严格说来，父亲实是子女之所有者，他可以将他们典质或出卖于人。""另一重要的父权为对于子女婚姻状况的决定。父母的意志为子女婚姻成立或撤销的主要的决定条件，他以自己的意志为子授室，为女许配，又可以命令他的子孙与媳妇离婚，子女个人的意志是不在考虑之列的。"[1]宗族的作用远超出宗族的界限，其影响波及中国传统社会的方方面面，包括整个社会对于年轻者的基本态度。在中国传统社会中，社会成员个人的发展往往受到资历的限制，而资历往往又是同年龄联系在一起的，从这个意义上讲，大龄、老龄便是某种"等级"特权，因此年长者对于年轻者的发展往往起着一定的抑制和阻碍的作用。"一切事情，小孩子和青年人是没有发言权的。中国的青年人受封建家庭封建社会的苦太大了。"[2]总之，传统社会对待年轻代的基本态度是：先是依据年龄、资历的优势垄断了某些社会资源，尔后又转而限制、压抑年轻代的发展。这种做法既不利于人力资源的开发，也是不平等、不公正的。

显然，一个对年轻代加以限制、压抑的社会，不仅是一个缺乏效率的社会，同时也必定是一个缺乏公正的社会。

与传统社会迥异，现代社会则强调代际公正，看重代际的平等、自由

[1] 瞿同祖：《瞿同祖法学论著集》，中国政法大学出版社1998年版，第17～19页。
[2] 《毛泽东文集》（第二卷），人民出版社1993年版，第261页。

和合作。年轻人既然是社会的一员，就应当具有同年长者相同的平等地位，不应受到任何形式的歧视。而且年轻代更具有发展的潜力，社会对之应采取一种更为积极的鼓励态度。据此，社会对于年轻代的态度应是：其一，注重年轻代能力的培育。必要能力的具备，是社会成员获得较好境遇的前提性条件。而能力的获得又是同教育密不可分的。社会应重视大众化的教育，以便使年轻代可以从中最大限度地获益，使年轻代的能力得以普遍的提升。其二，注重为年轻代的发展提供尽可能多的机会。为此，现代社会强调对于机会的获得应是依据绩效、实际能力等等，而反对等级制、资历等不平等因素对于社会成员包括年轻人发展的限制。只有做到了前述两点，方可实现共时性代际的公正，最大限度地开发年轻代的潜力。

二、代际公正对于社会发展的积极影响

代际公正对于保证社会健康发展的持续性，对于提升社会发展的质量更是有着重要的积极影响。这主要表现在以下几个方面：

第一，有助于社会公正的历史延续。

代际公正在客观上起着一个重要的作用，它能把“横向”社会中一些有碍于社会公正的因素通过“纵向”的历史过程予以化解，既可增强代际的社会活力，又可在历史发展过程中逐渐地实现社会公正。比如，在社会成员对于社会财富的不平等占有方面，代际公正原则要求通过收入所得税、遗产税等调剂方式，将部分社会成员所占有的过多的收入或财产逐渐向社会一方流入，然后再逐渐地普遍用于全体社会成员，使当代和后代的社会成员普遍受益。于是，一部分社会成员眼前看来是拥有巨大的社会财富，但随着时间的推移，这些社会财富的大部分最终成为社会的共同财富。代际公正原则所倡导的对于不平等的各种“遗传优势”的消除以及对于代际机会平等条件的形成，有助于每一代人平等竞争能力及所需要的平等环境的形成，从而有助于社会公正中的机会平等原则的逐渐实现。代际公正原则所主张的代际“储存率”的确立，可以为后代奠定必要的能够在某种程度上有助于社会公正原则实施的物质基础和制度条件。基于前述看法，不难发现，代际公正的原则可以造成一种有益的具有历史过程意义的社会公

正的“定势”，而在这种“定势”所造成的社会公正的历史“惯性力量”的作用之下，每一代公正问题的实现可以得到一种积极的推动。

第二，有利于代际的社会整合。

就共时性的代际关系来说[1]，代际公正注重年长代与年轻代之间的协调，强调年长代和年轻代具有平等的地位、自由的权利以及相互合作的必要性，并将之具体化为两者各自的责任和义务。这种理念如果再通过必要的社会制度和社会政策予以保证的话，便可以减少共时性代际由于利益分配、观念差异所造成的种种不理解、摩擦、紧张和冲突，减少代际离心因素，从而有效地起着一种整合共时性代际关系，并进而有助于整个社会的整合。就历时性的代际关系来说，代际公正所主张的前代应为后代建立合理的“储存率”如若被社会予以普遍的认同并得以有效的实施，便会从“世世代代”亦即社会长远发展过程的意义上推动社会的整合。而代际公正所强调的代际机会平等的原则如若同样能得到社会制度层面上的认可，无疑也会有助于社会的有序化、规则化，从而有利于提高共时性社会整合和历时性社会整合的程度。

第三，有利于人力资源的开发。

在每一代人中都蕴藏着巨大的潜能。这种潜能的充分开发，取决于三个基本的条件是否具备，即社会公正的规则、社会公正的环境、社会成员必要的能力。而代际公正的基本内容恰恰有利于这三个条件的形成。代际公正的一个重要目的就是让各代的潜能充分地开发出来。代际公正直接提供了代际所应遵循的社会公正的规则，而且为必要的社会政策的制定提供了直接的依据。代际机会平等的原则，为每一代社会成员潜能的自主开发准备了一个十分有利的社会公正环境。代际公正主张消除一切有碍于代际公正环境的不利因素如历时性代际的“遗传性优势”、共时性代际的等级和资历因素等等，也是在为人力资源的充分开发准备前提性的必要条件。而代际公正所主张的对于社会成员能力的培育，更是直接开发了每一代人的潜能。需要看到的是，代际公正对于人力资源的开发是一个持续不断的

[1] 代际关系分为两种类型：一种是共时性的代际关系，亦即生活在“同一时态”中相邻几代人之间的关系，其特征是代际的直接交往；另一种则是历时性的代际关系，亦即现在的人与以后的人或者是现在的人与以前的人之间的关系，其特征在于代际的间接交往。

过程，因而它为社会发展所提供的动力也是持续不断的。

三、公正对待中国现阶段的老年人

在现阶段的中国社会，公正对待老年人问题逐渐凸显。这一问题如果解决不好的话，那么整个社会的公正便不可能实现，发展也就在很大的程度上失去了意义，还会造成诸多的离心因素，降低社会信任和合作的程度，使社会稳定受到很大的影响。从历史延续的角度来看，这一问题极具象征性的意义：老年人今天的状况就是中青年明天的状况，我们今天如何对待老年人，在很大程度上意味着明天我们将有理由受到如何的对待。

1. 过度透支的老年人

现在的老年人大都是在1966年以前参加工作的一批人。他们所生活的时代，正值中华人民共和国成立与国家进行初步建设的时期。当时，为了结束半殖民地半封建社会的状态，为了新中国的建设，中国人普遍形成了一种高昂的民族激情。同时，新的社会结构的形成、社会主义指导思想的确立以及社会主义建设蓝图的制定，使得人民大众积极地投入到建设新中国的浪潮之中。特定的时代条件，使得现在的老年人在当时的工作与生活呈现出许多同别的“代”相比很不相同的特征。

第一，对于工作的高度投入甚至是高度透支。这批人在其中青年时期责任心极强，有着强烈的为国家为后代造福的意识，富有自我牺牲的精神。就中国目前的老年人而言，同“一般社会”的老年人相比，他们曾经对于社会所做的贡献要更大一些。在1949年以前的民族独立运动中，这批人作出了巨大的牺牲。在新中国成立后的现代化建设中，他们又作出了过度的透支、极度的自我牺牲，将自己的精力、体力甚至是整个命运都无偿、无怨、无悔地交给了国家。像“铁人”王进喜、劳动模范时传祥等等就是这批人中的典型代表。现在的许多老年人身患种种疾病，原因之一便是由当时身体的过度透支而造成的。如果作一个代际比较的话，那么中国当下的老年人曾经是最具敬业精神甚至是忘我工作精神的一批劳动者。

第二，收入增长极为缓慢。改革开放以前，整个中国社会的导向是

“先生产、后生活”，因而个人收入的增长幅度很低，与社会财富增长幅度不成比例。换言之，国家对于这批人应给予的报酬没有全部到位。全部职工平均工资的指数以1952年为100，到了1978年，实际工资指数只有110.3，几乎没有多少变化。[1] 1957年，城镇居民人均储蓄存款年底余额只有28元，农村居民只有13元；到1975年也分别只有71.5元和4.6元。[2] 个人经济收入的提高幅度，无论是同社会总产值、国民收入和国民生产总值提升的高幅度相比，还是同劳动生产率提升的较高幅度相比，都形成了比较鲜明的反差。在这种情况下，中国的老年人当时几乎谈不上进行财富的积累。

第三，生活的简单化。在20世纪50年代至70年代，中国社会所提倡的是一种类似于禁欲主义的纯粹理想追求，不能提及人的多样化的需求，否则便会被冠以“向往资产阶级生活方式”的恶名。同时，工业化进程的推进过于急于求成，强调“先生产、后生活”的战略安排，使得农、轻、重产业结构比例严重失调，重工业过重，轻工业过轻，进而造成社会消费品严重短缺的情状。这一切，使当时的社会成员将个人消费压至最低限度。现在的老年人在当时的生活水准是极为低下的。经过将近30年的发展，到1978年，城镇居民家庭的恩格尔系数仍然高达57.5%，农村居民家庭恩格尔系数高达67.7%。[3] 1978年，每一百人只拥有3.5台缝纫机，7.7辆自行车，8.5只手表，7.8台收音机，0.3台电视机。[4] 在20世纪60年代至70年代，出于消费品的短缺，中国社会还实行了严格的“票证制”。由此可见，在改革开放以前的30年间，大多数社会成员仅仅是限于简单的生产与再生产，几乎谈不上生活质量问题。

第四，生活负担一直很重。现在的老年人在其中青年时期不仅收入和生活水准十分低下，而且还要承受沉重的家庭负担。这主要表现在当时的经济人口负担系数较高。每一农村劳动力负担人数1952年为2.08人，1978年为2.53人；每一城镇就业者负担的人数1957年为3.29人，1978

[1] 国家统计局社会统计司：《中国劳动工资统计资料1949—1985》，中国统计出版社1987年版，第151页。
[2] 国家统计局社会统计司：《中国社会统计资料》，中国统计出版社1985年版，第92页。
[3] 国家统计局：《中国统计年鉴2001》，中国统计出版社2001年版，第304页。
[4] 国家统计局社会统计司：《中国社会统计资料》，中国统计出版社1985年版，第97、75页。

年为2.06人。[1]而在2009年，每一农村劳动力负担人数仅为1.4人，每一城镇就业者负担的人数只有1.94人。[2]两个时期的劳动力和就业者所负担的人数形成了鲜明的对比。

历史是不应割断的。从某种意义上讲，现在的老年人在其中青年时代只有贡献，没有索取；他们对社会直接与间接的贡献极大，而自己获得的却极少，两者不成比例。正是通过这批人的艰苦奋斗和巨大付出，新中国才得以成立，中国自主的现代化进程才得以启动，中国社会才得以延续，并且为下一个阶段的现代化建设奠定了一个初具规模的物质与社会的基础。正如《中国共产党中央委员会关于新中国成立以来党的若干历史问题的决议》在评价“文革”之前的17年时所指出的那样：“我们现在赖以进行现代化建设的物质技术基础，很大一部分是在这个期间建立起来的；全国经济文化建设等方面的骨干力量和他们的工作经验，大部分也是在这个期间培养和累积起来的。”[3]当时的社会劳动者，为今日中国的现代化事业奠定了一个十分牢固的基础。直到改革开放的今天，我们还在享用、使用现在的老年人在当时为我们国家所形成的无法割断的历史积累。

2. 不容乐观的老年人生活现状

笔者曾收到大量老同志的来信（很多信函是用挂号或特快专递寄来的），这些来信诉说了这些老同志的真实心态和所处的真实环境。谨将其中几封信函的内容摘录如下。

西南某省一位退休高级工程师的来信是这样写的：“我……68岁，1958年参加工作，1994年退休。退休前在……省水利厅下属施工企业工作。36年来……从事中、小型水利工程施工50余项。历任施工技术员……工程师、高级工程师、副总工程师等职。1993年（被）国务院授予有突出贡献的工程技术人员，每月可领100元的政府津贴。我现在每月的养老金仅650.5元，还包括医疗包干费。这点养老金还不如政府机关、事业单位、

[1] 国家统计局社会统计司：《中国社会统计资料》，中国统计出版社1985年版，第455页。

[2] 中华人民共和国国家统计局：《中国统计年鉴2010》，中国统计出版社2010年版，第340页。

[3] 《中国共产党中央委员会关于建国以来党的若干历史问题的决议》，载中共中央文献研究室编：《三中全会以来重大文献选编》（下），人民出版社1982年版，第804页。

垄断行业中的一名勤杂工的退休待遇。……这点钱，仅够吃饭穿衣，无钱订书订报，不敢打电话，不敢上网，不敢接受学术单位的邀请参加学术活动，不敢探亲访友，无颜见到父老乡亲，更怕生病。我好惭愧，我好失望，我好伤心。"

华中某大城市某企业一位退休高级工程师的来信云："子女三人，两个已成家，一个未婚，各自分居。其中两个下岗，一个有工作但只能自己管自己，均无经济能力帮助父母。我和老妻及高龄岳母同居一处生活，我的退休工资 465 元，老伴退休金 395 元，月总收入 860 元，岳母无收入，人均生活费 286 元，在……这样的特大城市只能勉强维持生活，苦度晚年，应归入城市贫民阶层。……我们……已是风烛残年，贫困交加，黄泉路近，恐怕等不到问题解决的那一天，分享不到社会发展的成果了，是以悲也。"

华北某市某厂的部分退休职工的来信写道："在我们中间有参加过解放战争、抗美援朝的老同志，也有在保卫社会主义事业中任劳任怨，常年工作在脏、危、重工作环境中身负重伤致残的老同志。""近三年来，我们三四百元的工资，才不被拖欠。面对疾病，这点工资养家尚不足，别说去看病了。不少同志因无钱看病，所以小病忍着大病拖着。有的人每年都住院抢救治疗，为此负债累累，生活十分困难。""面对不愈的疾病，看着满把的收费条，内心真是不寒而栗。据统计，今年因病住院、慢性病吃药等（花费）医疗费万元者占 30%，花几千元看病是很平常的事。""我们从青年到老年，几十年为社会贡献了全部力量。退休后本应安度晚年，但因年老多病，医保问题又长期得不到解决，所以更加重了思想负担。部分同志对生活产生了悲观、失望，面对现实问题令人百思不解。"

华南某市部分退休干部来信说："为什么改革开放取得很大成绩，唯独老人待遇没有改变？一个月只有三四百元退休金长期不改变（几年、十几年、去年七月后才是四百几元），而今年七月后仅增加 40 元左右。""老人待遇不好，（对）社会充满怨言。……最大意见是我们在机关事业单位做了 30 几年，服从组织安排调去企业就不承认我们是国家干部，退休金又少了一千几元……""类似此情况还有很多，他们辛苦一辈子，对人民是有功的，现在晚年生活凄凉，老人讲起待遇就哭……政府应当帮助解决。"

读罢这些信函，心里感慨万千。

中国现阶段的老年人既没有传统社会的“凭辈分”、“倚老卖老”的优势，也没有发达社会当中的社会福利优势，甚至没有了以往“革命年代”的工作年限优势。相比之下，只有劣势，只有在年龄、体力、精力、机会、立法诸方面的劣势。因此，同中青年相比，中国老年人当下的生活处境应当说是比较窘迫的。比如，老年人医药状况令人担忧。老年人年老体弱，更容易身患各种疾病，因而医药问题对于老年人来说是极为重要的。本来老年人的收入就不高，再加上近年来医药价格迅速飙升，这就更使得老年人在看病、医药方面陷入窘境。再比如，城市的老年人生活状况一般来说要好于农村的老年人。农村老年人的生活恐怕是最苦的。他们不但没有养老金一说，甚至没有退休一说。农村老年人经济收入少，直接影响了其物质生活水平。在饮食方面，老年人的饭菜一般以自家菜园可获得的菜和腌制的咸菜为主；一些老年人动物性食物、水果、牛奶等食品的摄入量很少，甚至没有，鸡蛋的摄入量亦相对较少。一些地区老年人合作医疗知晓率、参与率不高，医疗费大多由自己承担。[1]

3. 公正回报老年人

现在，20 世纪 40 年代至 60 年代参加工作的社会成员已步入老龄、高龄阶段，多已离开劳动岗位，已经不可能具备同市场经济相应的竞争能力，其收入及生活的相对水准在不断降低。更为重要的是，他们面临着自己本来并不熟悉的市场经济所造成的压力，承负着巨大的甚至是不堪重负的多重生活重力，很容易沦入社会弱势群体。比如，购置必要的住宅对于他们中的许多人来说是可望而不可即的。且不说购房款项对他们微薄的积蓄而言无异于一笔天文数字，就是银行考虑到偿还能力问题，也很难为他们提供必要的购房贷款。

中国社会中的老年人问题越来越严峻。根据国际惯例，一个国家 65 岁以上者的比重达到 7%，即为老龄化社会。根据第六次全国人口普查数据（此次人口普查标准时点为 2010 年 11 月 1 日零时），全国 60 岁及以上老年人口达 17765 万人，占总人口的 13.26%，其中 65 岁及以上人口

[1] 钱巧霞、苏普玉：《中国农村老年人生活状况及其思考》，《中国农村卫生事业管理》2011 年第 2 期。

11883万人，占总人口的8.9%。[1]而且中国老年人口正以年均约3%的速度增长，到2051年，将达到其最高峰，近4.377 亿，占当时总人口的30%。[2]由此看来，中国社会现在已步入老龄化社会。显然，老年人问题已影响到中国社会的方方面面。这一问题如果解决不好的话，那么不仅社会发展的总体质量难以得到真正的提升，全面建设小康社会的目标难以实现，而且中国的社会稳定也将成为问题。

就老年人问题的解决而言，我们首先应当确立一个正确的出发点，有一个基本的理念。必须看到的是，社会的发展过程是通过每一代人的努力来实现的，整个人类的历史就是靠代际的合力予以推动的。前代人为后代人提供了一个最为基本的生存和发展的基础，人们总是在前人留下的基础之上开始正常的生活和进行再创造的。显然，代与代之间需要合作，否则，社会就不可能延续。正是从这个意义上讲，每一代人都有自己的义务和责任，代际存在着一个公正原则，社会有责任通过种种必要的方式使这些已退休者的生活水准能够同当时社会生活的平均水准相适应。唯有如此，才能真正体现出社会对于这批人已经付出的劳动、已对社会做出的贡献的一种承认和回报，才能真正体现出代际的公正。代际公正问题涉及一个更为深层的问题，即社会发展的基本宗旨问题。在现代社会条件下，共享社会发展成果是社会发展的基本宗旨，也就是说，社会发展的成果对于绝大多数社会成员来说应当具有共享的性质。社会当中的老年人有权同中青年一样，共享发展的成果。联合国第四十六届大会公布的《联合国老年人原则》提出："老年人不论其年龄、性别、种族或民族背景，是否有残疾或其他状况，均应受到公正对待，而不以其经济上的贡献来加以评价。""老年人应能过着有尊严和有保障的生活且不受到剥削和对其身心的虐待。"

需要指出的是，从中国特殊历史的角度来看，由于中国老年人在其中青年时期为中国社会做出了"透支"性的贡献，社会应当对这些老年人予以特别的、追加性的补偿回报，妥善解决老年人的生活及医疗问题，使之共享社会发展的成果，并能够保持一个不断提高的生活水准。不能仅仅以

[1] 新华网北京6月16日电（记者卫敏丽）：《中国60岁及以上老年人口超过1.77亿》，新华网，2011年6月16日。

[2] 中华人民共和国国务院新闻办公室：《中国老龄事业的发展》，中央政府门户网站，2006年12月12日。

一般的退休者来对待当下的老年人，也不能以“济贫”的思路来考虑问题，更不能以社会正处在转型期、许多规章制度尚未建立起来为借口而亏待了老年人。我们不应留下永久性的历史遗憾。

就公正回报老年人的具体对策而言，至少应当做到以下几点。其一，建立起系统的社会养老保险及医疗保险制度。这种社会保障制度，从内容上看应当是全面的，从效用上看应当是有力度的，从覆盖面上看应当是城乡一体化的，而不能将农村老年人排除在外。其二，设立专项的老年人社会保险基金。如果没有专项的而且是雄厚的老年人社会保险基金，那就谈不上公正回报老年人问题。由于国有资产当中凝结了老年人的劳动投入，同时国家对老年人在社会保障方面存在着欠账的问题，因此，有必要采取国有资产“切块”的方式，专门拿出一块国有资产作为对老年人养老及医疗保险的补偿。再者，还有必要从国家每年财政收入增加的部分中按照一种合理的比例划出一部分归入这项基金。其三，对退休的伤残军人和因公致残的退休职工应当给予特别的补贴。同其他劳动者相比，伤残军人和因公致残的职工为国家付出的要更多一些，而这些人目前的收入却明显偏低。这一问题不仅影响到社会公正，而且直接关系到国家的凝聚力和信誉问题，甚至关乎一个社会的良知底线，因而必须有明显的改观。其四，为老年人提供更多的社会交往以及参与社会生活的渠道。应当承认，中国目前老年人对社会、对国家甚至对原单位的责任感十分强烈，所以，应当通过种种方式，为之提供表意的渠道。如是做法，不仅可以使社会、政府和原单位得到许多有价值的建设性的意见，而且还可以使老年人消除游离于社会之外的感觉，从而保持一种健康的心态。

第七讲

社会分层中的社会公正规则

在现代化进程和市场经济进程的双重推动下，社会分化与社会整合的程度在同步提高，相应的，社会各个阶层之间的互动频度也在提高。社会各个阶层之间的良性互动至关重要。这就出现了一个问题：应当遵循什么样的规则，才能促成社会各个阶层之间形成一种良好的相互信任的情状，才能保证社会的安全运行和健康发展。显然，必须遵循社会公正的规则。正如罗尔斯所指出的那样，“必须将正义观念归并于一种基本结构的理想形式，而持续发展的社会过程之积累性结果正是按照这一基本结构来加以限制和调整的”[1]。社会分层界域中的社会公正规则究竟应当包括哪些内容？现实社会当中又有哪些因素在损害或曲解社会分层中的社会公正规则？这些，正是本讲所要探讨的问题。

一、社会分层中存在着社会公正问题

由于社会专业化分工现象的存在，由于社会成员对于各种资源占有的不同，由于其他种种社会差异成分以及社会成员多样化取向的存在，一个社会必定会形成一定的社会分层体系，而处在不同状态和社会位置的社会成员就构成了不同的社会阶层，处在相同状态和社会位置的社会成员则组

[1] 〔美〕约翰·罗尔斯：《政治自由主义》，万俊人译，译林出版社2000年版，第298页。

成了同一个社会阶层。正是从这个意义上讲，社会分层是同文明社会相伴随的。随着现代化进程和市场经济进程的推进，社会分层结构会发生很大的变化。比如，社会分层结构中原有的特权等不平等因素会逐渐减少，平等的因素会增多，职业因素在社会分层当中的作用也会越来越大。但是，社会分层现象本身是很难消失的。福山在比较同社会分层体系联系度很高的“等级制”（不是传统社会意义上的等级制）和“网络”（指介于“等级制”和传统市场之间的一种组织形式）时认为：“正式的等级制组织随时都会很快消亡这一说法是很值得怀疑的。即使网络将来变得越来越重要，它们也会与正式的等级制组织共存。”“随着经济日益复杂化，这种情况需要通过等级制组织来进行协调。”[1]

既然社会呈现出一种分层的状态，那就势必意味着社会的各个阶层之间有高下之分，意味着社会分层结构包含着不平等的成分。“所谓不平等，指的就是人们在地位维度上的分布——即他们在权力或财富、教育或收入上的差异程度。社会地位表现为许多形式，不平等也同样表现为许多形式，因为地位的每一个分析维度也就是不平等的一个分析维度，尽管从经验上讲，各种地位分布常常是相关的。”[2]需要指出的是，并非所有的不平等都是不公正的，但是，确乎有许多不平等的现象属于不公正者，起着一种有损于社会的作用。“严重的经济不平等和社会不平等通常与社会地位的不平等是连结在一起的，而这种社会地位的不平等鼓励地位更低的人们将自己看作是下等人，也鼓励别人将他们看作是下等人。”[3]而有违公正原则的不平等现象，势必会对社会的安全运行和健康发展产生诸多的负面效应。“公认的社会学假设是：个体力求最大限度地扩大他们所得到的尊重，这暗示着那些处于价值低下的职位上的人感到，对他们的不尊重是一种惩罚。其结果在最大限度得到尊重的需要与分层制度的要求之间存在着固有的紧张（矛盾）。”[4]

为了保证社会分层结构的公正，为了防止、限制不公正社会分层结构

---

[1] 〔美〕弗朗西斯·福山：《大分裂：人类本性与社会秩序的重建》，刘榜离等译，中国社会科学出版社 2002 年版，第 258 页。
[2] 〔美〕彼特·布劳：《不平等和异质性》，王春光等译，中国社会科学出版社 1991 年版，第 69 页。
[3] 〔美〕约翰·罗尔斯：《作为公平的正义——正义新论》，姚大志译，上海三联书店 2002 年版，第 215 页。
[4] 〔美〕西摩·马丁·李普赛特：《一致与冲突》，张华青等译，上海人民出版社 1995 年版，第 23 页。

的出现，就必须进行相应的宏观层面上的制度安排和政策制定。而在设计和制定这些基本的社会制度和社会政策时，必须具有一定的价值取向。显然，制度安排和政策制定的价值取向应当是社会公正。罗尔斯指出："正义的主要问题是社会的基本结构，或更准确地说，是社会主要制度分配基本权利和义务，决定由社会合作产生的利益之划分的方式。所谓主要制度，我的理解是政治结构和主要的经济和社会安排。"[1]

二、社会分层中社会公正的基本规则

根据平等、自由和社会合作的理念依据，社会阶层界域中社会公正的基本规则应当包括相互开放和平等进入、各个阶层得到有所差别的并且是恰如其分的回报（分配）以及互惠互利这样三项基本的规则。

1. 相互开放和平等进入

相互开放和平等进入，是在现代社会分层中所应遵循的最为重要的社会公正规则，也是判断社会分层体系公正与否的最为重要的标准。

在传统社会，整个社会呈现出一种严格的等级制状态。在这样一种等级制社会当中，社会成员明显地分为"特权"阶级和"普通"民众阶级。对于大多数社会成员来说，没有平等权利可言。比如，中国封建社会的法律制度规定得很明确，贵族及官吏集团这些特权阶级不受司法机构及普通法律程序的约束。"许多时代的法律都规定司法机构不能擅自逮捕审问他们，除非得有皇帝的许可。""贵族官吏本身不仅获得法律上许多特权，且将这些特权扩大及于他们的家属，他们的官爵愈高，则扩延的范围愈广，而法律所给予的优待亦愈多。"[2] 更为重要的是，在传统社会，就总体而言，一个人处在何种社会位置，不是由其自致性的努力决定的，而是由先赋性的因素所决定的。在欧洲中世纪社会，封臣们普遍实行长子继承制。贵族的后代，在继承其先人地产或其他财产的同时，也继承了先人的贵族称号

[1] 〔美〕约翰·罗尔斯：《正义论》，何怀宏等译，中国社会科学出版社 1988 年版，第 5 页。
[2] 瞿同祖：《瞿同祖法学论著集》，中国政法大学出版社 2006 年版，第 229、239 ~ 240 页。

及一切特权。“任何非贵族出身的人，休想爬上贵族的地位。”[1]欧洲中世纪社会的底层等级——农奴则是这样一种状况，他们对于主人的人身依附性极强，一切都属于主人，“他们像家畜一样是领主自留地的一部分”[2]。他们可以被主人随意买卖或转让，而且其后代也必须承袭先人的农奴身份。正是从这个意义上讲，较高等级的社会成员与较低等级的社会成员之间，有着一道不可逾越的界限。

在现代社会中，作为公民的每一个社会成员都有平等的基本权利，即“每个人对与其他人所拥有的最广泛的基本自由体系相容的类似自由体系都应有一种平等的权利”[3]。基于这种平等的基本权利，任何阶层特别是具有较高社会位置的阶层都不应以任何理由人为地设置障碍，来排斥其他阶层的社会成员进入本阶层，以达到维护本阶层特有利益的目的。而且，一个人只要是具备了某种能力，就应当有机会按照自己的意愿得到相应的社会位置。

社会成员的平等权利和自由追求在很大程度上是通过社会流动机制来实现和保证的。虽然并非所有的社会流动都是具有公正意义的，但是，社会流动无疑会对社会分层中的社会公正状况产生不小的影响。社会流动的状况，在一定程度上反映了社会分层中社会公正的状况。从一定意义上讲，社会流动既是实现社会分层中的社会公正规则的一个重要前提，也是社会分层中社会公正问题的一项重要内容。社会流动的重要功能在于，可以为社会位置较低的弱势群体成员处境的改善提供平等的机会，同时，又可以为优秀者自致性的胜出提供有效的途径。就一般情况而言，一个社会的社会流动程度越高，就越意味着能够为社会成员提供更多的机会和希望。相反，一个社会的社会流动程度如果过低，社会各个阶层之间相互封闭，那么这个社会的不公正问题便会加重。“一个群体与其他群体的隔断增加了它受剥削的机会以及积极反抗剥削的机会。群体们的地理隔离，种族差别或信仰差异使它们与社区的其余部分分离。这样的群体更容易地受到统治权力的剥削，因为缺乏多数人与这些群体的认同会造成下述后果：它们的

[1] 〔美〕汤普逊：《中世纪经济社会史》（下册），耿淡如译，商务印书馆 1963 年版，第 335 页。
[2] 〔法〕P. 布瓦松纳：《中世纪欧洲生活和劳动》，潘源来译，商务印书馆 1985 年版，第 141 页。
[3] 〔美〕约翰·罗尔斯：《正义论》，何怀宏等译，中国社会科学出版社 1988 年版，第 56 页。

被剥削不会遭到普遍社会责难的阻止。”[1]

在现代社会中以及在由传统社会向现代社会转型的过程中，由于经济的迅速发展以及产业结构不断的升级换代，新的职业类型大量出现，这就使得向上的流动量同以往相比不断增加。“农业社会中占主导地位的流动类型是向下的。在工业社会中，向上流动量如此之大，以至于一般都可以达到平衡，并且在大多数情况下，向上流动超过了向下的流动。”[2]显然，在这样的情况下，使社会阶层之间保持一种相互开放和平等进入的公正状态，既符合历史发展的趋势，也有助于促成有益的社会流动。所以，一个社会应当通过必要的制度安排和政策制定，来保证社会阶层之间开放和平等进入的状况。从另一个角度来看，一个社会必须防止这样不公情况的出现，即位置较高的阶层通过制定对自身有利的制度和政策，对于其他阶层设置种种人为的障碍，以种种特权或身份等有所差别的条件，来阻止、限制和防范位置较低的阶层成员平等地进入位置较高的阶层。

2. 各个阶层应当得到有所差别的并且是恰如其分的回报

这是社会分层体系中所应遵循的另一项重要的社会公正规则。

如何实现资源的公正分配？这是社会各个阶层所面临的最为直接的问题。

这里首先涉及的问题是应当以什么为依据进行分配。就此而言，无非有三种可能的选择：按照人数实行绝对的平均分配，按照实际的需要进行分配，按照贡献进行分配。绝对的平均分配实际上是否认了人作为“经济人”具有合理的利益驱动的一面，也否认了人的差异性和多样性的特点。更为严重的是，这种做法不可避免地会否认不同的社会成员对于社会有着不同的贡献，从而使一部分人得以无偿地侵占另一部分人的合理利益。“具体的分配不能完全脱离个人的权利（资格）来加以判断，而这些权利（资格）是他们在这些分配得以产生的公平体系内挣得的。”[3]历史事实反复证明了这种“乌托邦”做法的荒谬。按照实际需要进行分配的做法倒是充分地考

[1]〔美〕彼德·布劳：《社会生活中的交换与权力》，孙非等译，华夏出版社1988年版，第267页。

[2]〔美〕格尔哈斯·伦斯基：《权力与特权：社会分层的理论》，关信平等译，浙江人民出版社1988年版，第429页。

[3]〔美〕约翰·罗尔斯：《作为公平的正义——正义新论》，姚大志译，上海三联书店2002年版，第81页。

虑到了人的差异性和多方面的需要，但是这种做法实际上隐含着一个前提条件，这就是社会可供分配的资源必须达到无穷多的地步。问题在于，这种前提条件并不存在，至少在一个极为漫长的历史过程中是不可能出现的。所以，按照实际需要进行分配的做法也是不能够成立的。显然，在现代社会的条件下，只能按照贡献进行分配。这里所说的“贡献”，不只限于人们在“经济效益”方面的贡献，而是包括人们对社会经济各个领域的贡献。

按照贡献进行分配的公正规则体现了对社会各个阶层直接性贡献的承认（间接性贡献由社会调剂来体现），体现了对阶层之间、行业之间正当的、合理的差异性的承认。应当看到，各个行业领域、各种职业分工的差别，对从业人员的劳动复杂程度、具体的工作技能以及工作的难度有着不同的要求，而且，市场对于不同的物品也有着不同程度的需求，不同行业领域的从业人员也因之对社会具有不同的贡献。比如，在可以比较的经济领域内，各个职业、行业中从业人员所创造的经济效益往往是差别很大的。所以，根据不同的贡献进行有所差别的分配是合理的。再者，程度不同的贡献往往与不同成本的投入、不同精力的投入具有一种正相关的关系。各个阶层和行业的从业人员在获得必要劳动技能的过程中，往往是付出了不同的经济成本以及精力投入，从这个意义上讲，保持成本与收益之间的平衡状态也是理所应当的。换言之，即便是从成本和收益关系的角度来看，也应当按照贡献进行分配。精力、成本投入的不同，理应得到有所差别的回报。“应该认可社会不平等和经济不平等，这些不平等在现代国家中对于工业经济运行是必需的或是能够极大提高效率的。这样的不平等用来支付培训和教育的费用、刺激机制和其他诸如此类的费用。”[1]

3. 社会各个阶层之间应当保持一种互惠互利关系

必须看到的是，社会是一个有机整体，是一个由各个阶层共同组成的社会有机体。随着现代化进程和市场经济进程的推进，社会的专业分工越来越复杂化，社会机体中的子单元如各种行业、各种职业日益增多，社会机体中各种性质不同的成分也日益增多。正是由于社会专业分工日益复杂

[1]〔美〕约翰·罗尔斯：《作为公平的正义——正义新论》，姚大志译，上海三联书店2002年版，第125页。

化，每一个阶层在整个社会机体中都扮演着重要的、不可缺少的角色，社会机体的各个阶层、群体之间具有一种高度的相互依赖性，任何一个阶层或群体如若脱离其他阶层或群体就无法独立存在。这些，便对社会的团结和社会整合程度的不断提高提出了客观的要求。社会专业分工（分化）程度越高，对社会团结和整合程度的要求也就越高。“对于社会合作，我们别无选择，否则，要么是互不情愿直至仇视抱怨，要么出现互相抵制直至内战。”[1]对一个团结、整合的社会整体来说，社会各个阶层之间保持一种合作、良性互动是十分必要的。唯有如此，社会机体的潜能才能够得以充分的并且是具有正向意义的释放。相反，一个社会中的各个阶层如果存在过多的摩擦和冲突，就说明这个社会存在较为严重的故障，社会机体的潜能便会被无端的耗费，社会本身甚至也会遭受程度不同的损伤。总之，社会的各个阶层应当通过合作以获得一种“共赢”而不是“共损”的状态。

而为了保证社会各个阶层之间的团结和整合，就必须在其相互之间实现互惠互利的社会公正规则。

社会阶层之间的互惠互利首先应当表现为：处在较高位置的阶层的利益增进不能以损伤处在较低位置的阶层的利益为必要的前提条件，而且在较高位置的阶层的利益增进的同时，较低位置阶层的处境应当随之得到改善。一种比较容易出现的现象是：由于位置较高的阶层在各种资源拥有方面具有明显的优势，这些阶层在同利益相关的制度设计、政策安排诸方面也就相应的拥有较大的影响力，进而就可能利用种种优势造成一种使位置较低的阶层受损而使自己获益的局面。一旦如此，那么对于合作的另一方亦即位置较低的阶层来说是十分不公的，必定会使位置较低的阶层产生诸如不满、抵触甚至是反抗的情形，以致造成社会各个阶层之间的恶性互动。这对有效的社会合作尤其是持续的合作将是十分不利的，甚至不利于社会的安全运行。为了避免此类情形的发生，就必须做到，“财富和收入方面的差别无论有多么大，人们无论多么情愿工作以在产品中为自己挣得更大的份额，现存的不平等必须确实有效地有利于最不利者的利益。否则这种不平等是不被允许的”[2]。

[1]〔美〕约翰·罗尔斯：《政治自由主义》，万俊人译，译林出版社2000年版，第320页。
[2]〔美〕约翰·罗尔斯：《作为公平的正义——正义新论》，姚大志译，上海三联书店2002年版，第103页。

社会阶层之间的互惠互利还应当表现为：处在相似位置的社会阶层之间应当保持一种协调的状态。不仅仅是位置较高的阶层和位置较低的阶层之间会产生抵触、摩擦和冲突，就是处于相似位置的社会阶层之间也会出现这种情形。比如，资源的有限性如工作机会的短缺等现象的存在，使得处在相似位置的低收入阶层之间的竞争性增强，因而容易产生摩擦和冲突。“在美国黑人问题调查过程中，昆那·默达尔指出，最强烈的阶级对立存在于‘相邻的’阶级之间，而不是存在于最高层阶级和最底层阶级之间。因此，在南方，对黑人的最深刻的情绪不满来自贫穷的白人，特别是来自那些过去曾经贫苦而现在已经飞黄腾达的白人，他们比过去任何时候都更加强调与低于他们的人拉开距离。”[1] 在中国城市，一些低收入群体成员对于外来务工人员尤其是农民工也具有某种相类似的抵触或排斥的心理，就是在不同的农民工群体之间，这种抵触、排斥的情形也时有发生。如是做法，其结果只能是两败俱伤。因此，必须制定和遵循一些相应的公正规则，通过一些组织机构进行协商和妥协，防止这种处于相似位置的阶层之间恶性竞争和冲突的出现。

社会阶层之间互惠互利的具体状况集中体现在社会各个阶层的资源占有结构是否公正，即社会各个阶层在资源占有方面的差距是否保持在一个合理的限度之内。一个健康的现代社会，应当是一个橄榄型的资源分配结构，即“两头小、中间大”，拥有较多资源的较高等级的阶层规模和拥有较少资源的较低等级的阶层两者的规模均比较小，而居于两者之间的社会中间阶层的规模最大，包括了绝大多数的社会成员。[2]

总之，社会阶层之间的上述三项公正规则是一个统一整体，缺一不可。社会阶层之间相互开放和平等进入的规则主要是解决社会各个阶层的平等起点和平等条件问题，各个阶层得到有所差别的并且是恰如其分的回报的规则主要是解决如何对待各个阶层的贡献问题，而互惠互利的规则主要是解决社会各个阶层如何进行有效的、持续的社会合作问题。只有在这三项公正规则基础之上，才谈得上建立起公正的社会阶层结构。

---

[1] 〔美〕丹尼尔·贝尔：《意识形态的终结》，张国清译，江苏人民出版社 2001 年版，第 119 页。
[2] 陆学艺主编：《当代中国社会阶层研究报告》，社会科学文献出版社 2002 年版，第 62 页。

三、妨碍社会分层中社会公正规则的主要因素

在现实社会中，往往存在着不少对于社会分层中的社会公正规则而言是不利的因素。这些不利的因素，或者是妨碍着社会公正规则的实施，或者是使之走形变样。

1．精英社会的误区

客观地讲，就能力和位势的影响而言，社会的各个阶层之间显然存在着差别。按照精英理论创始人帕累托的看法，全部社会成员分为两个阶层：下层阶层和上层阶层（精英阶级）。"在自己活动领域内拥有高分的人们形成一个阶级，并称之为'精英阶级'（精英）。"[1]精英阶级又可分为两个部分——"执政的精英阶级"和"不执政的精英阶级"，而前者对于社会的影响力显然要超过后者。

现代社会的基本发展趋势是社会机体的日益复杂化，社会的专业分工越来越细化，与之相适应，社会管理及技术层面上的人数必然会不断增加，社会对其专业能力、职业能力资格的要求也越来越高，以至于形成了一个特有的、具有一定规模的人群。比如，"公职的扩张有两个原因。第一个原因与对共同体的福祉至关重要的活动和就业的政治控制有关；第二个原因与'机会的公平平等'有关。……所有试图取得政治控制和机会平等的努力造成的不可避免化的趋势是强化和加强集中于中央的权力"[2]。这个人群对于整个社会拥有着广泛而重大的影响。在社会阶层体系当中，这个阶层居于较高的位置，拥有较高的声望。同时，还应看到的是，精英阶层就其具体构成和生存状态而言是一个相对封闭、同质性较强的人群圈子。"精英产生于一种狭窄的社会领域；他们的成员有着相类似的生活历程和生活经验；大多数受过大学教育，毕业于一些相同的大学和一些相同的专业；他们互相认识，在很多方面有一种共同的语言。"[3]

---

[1]〔意〕V．帕累托：《普通社会学纲要》，田时纲译，生活·读书·新知三联书店2001年版，第298页。
[2]〔美〕迈克尔·沃尔泽：《正义诸领域：为多元主义与平等一辩》，褚松燕译，译林出版社2002年版，第209页。
[3]〔英〕拉尔夫·达仁道夫：《现代社会冲突》，林荣远译，中国社会科学出版社2000年版，第74页。

应当承认，无论是从效率的角度还是从公正的角度来看，精英阶层对于一个社会来说均是不可缺少的。现代社会的复杂性以及多种不确定性因素的存在，需要有一个具有特殊专业技能的精英阶层来进行日常事务的管理、长远规划的设计以及政策的制定和落实。精英阶层还在很大程度上显示了这样一种状况，只要遵循机会平等的公正规则亦即“成就的原则”，位置较低的阶层成员通过努力也可以跻身于该阶层。

问题在于，如果将精英阶层的意义予以过分的夸大，如果使精英阶层成为左右社会基本面的力量，那么便会造成一系列的社会负面效应。其一，造成对社会阶层之间平等原则尤其是机会平等规则的扭曲。机会平等并不是唯一的社会公正规则。社会公正的规则是一个有机体系，机会平等的规则必须同人们基本权利的保证、按照贡献进行分配以及社会调剂等规则有机地结合在一起，方能有效地发挥其正向功能。假如脱离了人们基本权利保证以及社会调剂的社会公正规则，也就失去了机会平等的前提性条件即平等竞争的起点和环境，失去了使许多处在弱势状态的社会成员恢复自身能力的可能。可见，仅仅强调机会平等的社会公正规则，必定会失去机会平等规则的应有之义。“英才统治的社会结构遵循前途向才能开放的原则，用机会平等作为一种在追求经济繁荣和政治统治中释放人们精力的手段。那儿存在着一种显著的上层与下层阶级之间的不平等，表现在生活资料和组织当局的特权两个方面。”在这样的情况下，“机会的平等仅意味着一种使较不利者在个人对实力和社会地位的追求中落伍的平等机会”。[1] 其二，造成新的等级制。正如前面曾经提及的那样，为了有效、持续的社会合作，社会阶层之间应当遵循互惠互利的规则，应当避免差距过大情势的出现。但是，一个社会，如果精英阶层居于压倒优势，那么便会形成一种新的、阶层之间差距过大的等级制。正如吉登斯所指出的那样，“一个彻底的精英统治的社会将造成收入上的严重不平等，并因此而威胁社会的凝聚力”[2]。其三，精英阶层的膨胀。如果在社会当中精英阶层处在一种过度的强势状态之中，那么社会对其制约力便会严重减弱。在这样的情况下，

---

[1] 〔美〕约翰·罗尔斯：《正义论》，何怀宏等译，中国社会科学出版社 1988 年版，第 101 页。
[2] 〔英〕安东尼·吉登斯：《第三条道路——社会民主主义的复兴》，李惠斌等译，社会科学文献出版社 2000 年版，第 105 ~ 106 页。

精英阶层尤其是“执政的精英”阶层便会不可避免地膨胀起来，同时，其正向的积极作用也会随之相应减弱。“一个社会的精英愈多，每一个精英便愈是趋于丧失作为领导的功能和影响，因为他们相互抵消力量。在一个民主化的大众社会，尤其是在一个具有巨大社会流动的社会，没有一个群体能够成功地对整个社会给予深远的影响。”[1]其四，形成对其他阶层利益的侵占。精英阶层势力的过度膨胀，意味着对制度安排和政策制定拥有极大的影响力。在这样的条件之下，难免会出现“赢者通吃”的情形，即以公共政策的制定为借口，来保护甚至是扩张自己特有的阶层利益。如果这种状况不被遏制而随之充分发展，那么当它达到一定地步时，将会造成严重的后果：市场经济的正常秩序将被打乱，其他阶层的利益将会被侵占，整个社会将出现严重的社会不公现象，直至引发严重的社会冲突。

2. 较高位置阶层之间边界的模糊

与传统社会很不相同的是，在现代社会，社会阶层之间的边界不仅是开放的，而且是清晰的。这种情况是由现代社会中社会分工的特点所决定的。现代社会的职业分化程度越来越高，专业职责越来越明确，因而社会阶层之间的边界也越来越清晰，而复杂的职业分化以及社会阶层之间的各种边界是靠种种规则和制度予以支撑和保证的。现代社会中各个阶层之间边界的这种状况，既保证了一个社会的效率，同时也有效地防止了位置较高的阶层之间的利益互换以及血缘裙带关系的蔓延，从而在一个重要的方面保证了社会的公正，在很大程度上可以有效地防范某个或某些位置较高的阶层对于公众利益的侵害。

一旦处在较高社会位置的阶层之间的界限出现模糊的情形，就往往意味着公众的利益受到处在较高社会位置的阶层亦即一些特殊群体利益的侵占。就此而言，社会的公共管理领域是最容易受到侵害而且主要是来自公共管理阶层和“财富”阶层侵害的部位。从一定意义上讲，公共管理领域的外在表现是对公共物品的生产和分配。本来，公共管理阶层和“财富”阶层有着各自不同的分工。公共管理阶层的主要任务是负责公共物品的管

[1] 〔德〕卡尔·曼海姆：《重建时代的人与社会：现代社会结构的研究》，张旅平译，生活·读书·新知三联书店 2002 年版，第 74 页。

理以及相应规则的制定，负责公共服务的提供，以确保公共物品、公共服务对于全部社会成员效用的完整性和最大化。“财富”阶层则主要是从事生产和经营。但是必须看到，这两个阶层均有着自身程度不同的利益冲动。“公众的仆人在管制市场方面常常会有其自己的利益，从而自由的私人选择会被公共选择所遮蔽或取代。官僚们创造出各种专项制度，因为这样的制度赋予他们权力和影响。”与之相对应，“对于少数供应者来讲，获得政治干预的好处是巨大的”。[1]如果公共管理阶层和“财富”阶层都跨过特有的阶层、职业或行业边界进行联盟，就会不可避免地形成公共管理阶层借助公共资源的优势，以种种“寻租”的方式来扩张本阶层、本群体以及“自己人”利益的局面，形成“财富”阶层通过非市场化的、非竞争的方式使本阶层的资产迅速增值的局面，这两种局面共同组成“金钱政治”的情势。这种现象一方面使原本是负责公共管理的阶层失去了“公共”性，另一方面使“财富”阶层失去了真正的“市场”性。这种“金钱政治”情势的严重程度是同这两大阶层之间边界的模糊程度呈正相关的。

处在较高社会位置的阶层之间的界限模糊的情形对于社会阶层之间的社会公正规则几乎构成了全方位的危害。这一现象必然会使社会公共物品和公共服务趋于萎缩，从而使社会成员特别是弱势群体成员基本权利的保证以及基本平等条件的提供受到严重的削弱；使社会阶层之间按照贡献进行分配的社会公正规则无法有效地予以实施，加重以不公正甚至是非法手段获取利益的情形；使社会阶层之间互惠互利的社会公正规则无法兑现，使社会调剂所需的公共资源或者是处在萎缩的状态，或者是程度不同地被诸多的强势群体联手侵占，以至于有可能形成一种一方阶层的获益是建立在另一方阶层受损的基础之上。在中国的现阶段，出现了一个孤立无助、封闭的“底层社会”。[2]究其原因，很重要的一点可能便在于此。问题的严重性还在于，“由于违背公平交换规范而产生的剥夺会产生对违叛者的报复”[3]，因此，处在较高社会位置的阶层之间界限模糊的情形必将加剧社会的不稳定性。

[1] 〔德〕柯武刚、史漫飞：《制度经济学：社会秩序与公共政策》，韩朝华译，商务印书馆2000年版，第355、354页。

[2] 孙立平：《资源重新积聚背景下的底层社会形成》，《战略与管理》2002年第1期。

[3] 〔美〕乔纳森·H. 特纳：《社会学理论的结构》，吴曲辉等译，浙江人民出版社1987年版，第320页。

3. 水平分化与垂直分化之间的不平衡

随着现代化进程和市场经济进程的推进，社会分化是一种必然的历史趋势。社会分化包括两种类型，即水平分化和垂直分化。

水平分化所反映的是社会结构以及社会构成因子的一种复杂性、多样性，也反映了人（群体和个体人）的取向的多样性。水平分化是同现代社会相适应的。“只有在物质的各个部分扩展成各种不同力量的情况下，才会产生异质状态，只有在各个部分分守着不同领域的情况下，才会产生更强的异质性。社会也是如此。”[1]总的来说，一个社会的现代化程度越高，其水平分化的程度也就越高。就经济层面而言，水平分化所带来的是效率的提高；就社会层面而言，水平分化所带来的是社会交往和社会整合程度的提升。对于水平分化来说，社会无论是从效率的角度还是从公正的角度来看，都不存在对之进行限制的问题。

同水平分化相比，垂直分化问题要复杂一些。所谓垂直分化（也被许多人称作“不平等”），“指的就是人们在地位维度上的分布——即他们在权力或财富、教育或收入上的差异程度”[2]。不平等包括合理的、符合公正规则的不平等和不合理的、不符合公正规则的不平等两种类型。值得注意的是，许多种分化都有可能会造成新的不平等，职业分化更是如此。比如，同新兴产业相关的新职业往往包含着一种新技能，因而往往会成为稀缺性资源，而这种新职业和新技能相对来说更容易获得较高的收益。特别是在产业结构大规模升级换代的时期，在结构性社会流动成为社会流动主流的时期，前述情形会成为一种比较突出的社会现象。在这样的情形下，如果相应的社会调剂没有跟上，那就极有可能造成较大面积的不符合社会公正规则的不平等现象。

垂直分化一旦过度，势必会造成水平分化和垂直分化之间的不平衡情状。在一个“常态”的现代社会中，水平分化和垂直分化理应处在一种相对平衡的状态之中，从而使这个社会的分化就总体而言保持一种适度的状态。但是，垂直分化的程度一旦过高亦即造成了一种不公正的不平等现象，

---

[1] 〔法〕埃米尔·涂尔干：《社会分工论》，渠东译，生活·读书·新知三联书店2000年版，第220页。
[2] 同上书，第69页。

那么便会对水平分化进而对社会总的分化状况产生诸多负面的影响。本来，水平分化使得社会整合和社会团结成为社会各个阶层的必需。正如马克思所指出的那样，“社会分工使商品所有者的劳动成为单方面的，又使他的需要成为多方面的”[1]。这种“多方面的”需要必须通过社会合作才能够实现，而有效的社会合作又有赖于社会整合和社会团结。可见，水平分化程度的不断提高，使得社会阶层之间互惠互利的公正规则越来越重要。然而，过度的垂直分化对于社会阶层之间平等条件的保证以及互惠互利的公正规则必定会形成十分不利的影响。不公正的不平等现象如过大的贫富差距不仅会严重压抑社会主要阶层潜能的开发，还会使社会的各个阶层之间产生种种隔阂、抵触甚至是冲突的情形，从而程度不同地降低社会的整合性。“一个极度不平等的社会，由于未能使其公民最充分地发挥天赋和能力而损害了社会自身。此外，不平等还能威胁到社会凝聚力，并能够造成其他的一些社会所不愿看到的后果（例如刺激了高犯罪率）。”[2]有鉴于此，必须通过社会调剂的方式，对垂直分化进行必要的、有力度的限制。

---

[1] 马克思：《资本论》（第一卷），人民出版社1975年版，第124页。
[2] 〔英〕安东尼·吉登斯：《第三条道路——社会民主主义的复兴》，李惠斌等译，社会科学文献出版社2000年版，第45页。

第八讲

自　由

现代意义上的自由这一重要理念，随着启蒙思潮的出现而逐渐形成，随着现代化和市场经济进程的推进以及世俗化和大众时代的到来而逐渐成为社会成员普遍认同的行为取向。自由这一重要理念和行为取向是人类现代文明的重要内容和重要标志，更是现代意义上的社会公正的重要支撑理念。社会发展的基本宗旨在于使每一个社会成员获得自由和全面的发展。同时，自由对于现代社会也有着广泛而深远的影响，是推动现代社会向前发展的重要动力。自由如此之重要，以至于马克思认为："人的类特性恰恰就是自由的自觉的活动。"[1]"自由确实是人所固有的东西，连自由的反对者在反对实现自由的同时也实现着自由。""没有人反对自由，如果有的话，最多也只是反对别人的自由。可见，各种自由向来就是存在的，不过有时表现为特权，有时表现为普遍权利而已。"[2]马克思断言，人类理想的社会"将是这样一个联合体，在那里，每个人的自由发展是一切人的自由发展的条件"[3]。

---

[1] 《马克思恩格斯全集》（第 42 卷），人民出版社 1979 年版，第 96 页。

[2] 《马克思恩格斯全集》（第 1 卷），人民出版社 1956 年版，第 63 页。

[3] 《马克思恩格斯全集》（第 39 卷），人民出版社 1974 年版，第 189 页。

一、自由的界定及特征

1. 自由的界定

所谓自由，主要是指在合理法律的规定范围中，社会成员能够免于他人的限制和强制、做自己想做的事情。洛克认为，自由即是指社会成员“在他所受约束的法律许可范围内，随其所欲地处置或安排他的人身、行动、财富和他的全部财产的那种自由”[1]。孟德斯鸠指出：“自由是做法律所许可的一切事情的权利。”[2]

具体之，自由的含义还可以作进一步细化的理解。其一，从个体人行为的角度看，自由的含义是：“第一，个人的行动只要不涉及自身以外什么人的利害，个人就不必向社会负责交代”；“第二，关于对他人利益有害的行动，个人则应当负责交代，并且还应当承受或是社会的或是法律的惩罚，假如社会的意见认为需要用这种或那种惩罚来保护它自己的话”。[3]其二，从社会基本制度安排的角度看，自由是指“一些人对另一些人所施以的强制，在社会中被减至最小可能之限度”[4]。

2. 自由的特征

第一，个体性。

自由的行为主体是个体人，个体人是自由行为的基本出发点。弄清这一问题十分重要。因为在这一问题上，传统社会同现代社会有着重大的差别。在传统社会当中，整个社会或者是以神为本，或者是以君主、以家族为本，绝大多数社会成员只能作为从属性的部件而存在，社会成员谈不上具有独立的个体人意识，只能以神的意志为意志，以君主或是家族的意志为意志，一句话，当时只能是以神为本或者是以社会整体为本。在这样的情形下，个体人必然会淹没在神的世界或是社会整体当中，相应的，自由

[1] 〔英〕洛克：《政府论》（下篇），叶启芳等译，商务印书馆 1964 年版，第 36 页。
[2] 〔法〕孟德斯鸠：《论法的精神》（上册），张雁深译，商务印书馆 1961 年版，第 154 页。
[3] 〔英〕约翰·密尔：《论自由》，程崇华译，商务印书馆 1959 年版，第 102 页。
[4] 〔英〕弗里德里希·冯·哈耶克：《自由秩序原理》（上），邓正来译，生活·读书·新知三联书店 1997 年版，第 3 页。

也就不可能作为人们一种普遍行为出现。而在现代社会，随着人们生产能力以及认识水准的提高，社会成员的自主意识在逐渐觉醒。尤其是在市场经济条件下，每个社会成员都是平等竞争的自然人，因而个体人意识必然会普遍形成并不断增强。无数个具有自我意识的个体人构成了现代社会。国家、集体等等之所以十分重要，关键在于它们能够为每一个个体人的基本权利进行保护。正是从这个意义上讲，现代社会是以无数个具有平等权利的个体人为本的社会。在社会成员普遍具有独立的个体人意识的情形下，在以无数个个体人为本的现代社会当中，以往那种“臣民”、“子民”意识就必然会消失，而自由作为一种普遍的现象就必然会出现。

第二，自主性。

自主性主要是指个体人对于自己行为选择的一种主体性和独立性。这一特征是自由个体性特征合乎逻辑的进一步延伸。传统社会是一种等级制社会，地位低下的大多数人对于占统治地位的少数人表现出一种明显的依附性，而无权决定自己的行为。在中国传统社会当中，大多数社会成员同样呈现出一种明显的人身依附性，他们或者以臣民的身份无条件地接受皇帝的指令，或者以晚辈的身份无条件地接受长辈的指令。而在现代社会当中，由于社会成员个体独立意识的增强，每一个社会成员都是其自身的主人。“每个人是其自身健康的适当监护者，不论是身体的健康，或者是智力的健康，或者是精神的健康。”[1]也正因为如此，每一个社会成员都有权决定自己在法律允许范围内的行为。

第三，理性。

自由不同于随心所欲，自由应以理性为重要准则。人的自由应当是有节制的，故而需要理性予以指导，自由理应是理性化的自由。需要注意的是，在现代社会当中，由于人们更多地按照个人意志独立地进行行为选择，而人们的意志又是多种多样的，因此有必要制定一系列规则来确定人们的行为边界，以避免相互间不必要的行为抵触和冲突。这一系列规则体系的制度化便是法律制度。由此可见，理性化自由必然要求建设一个法治的社会。

第四，多样性。

[1]〔英〕约翰·密尔：《论自由》，程崇华译，商务印书馆1959年版，第13页。

既然以个体人为本、尊重个体人的选择、强调理性，那么自由理念必然会尊重和包容社会成员所具有的顺乎自然而形成的种种差异。在传统社会当中，强调思想观念、行为方式、生活方式的整齐划一，对于社会非主流者，往往采取限制、强行改变、打压、取缔的方式予以解决。而现代社会当中的做法则是，强调对社会成员多样化行为方式以及多样化价值观念的包容。同平等理念相比，自由的侧重点在于承认“人人生而不同”，并进而包容社会成员的种种合理差异。应当承认，差异是人本身与生俱来的一种重要特性，是人性化的一个重要表现。可以这样说，社会成员在价值观念、意愿要求、行为方式、生活方式等方面如果没有了差异，那么也就没有了社会活力，也就没有了和而不同、丰富多彩的现代社会。“如果忽视人与人之间差异的重要性，那么自由的重要性就会丧失，个人价值的理念也就更不重要了。”[1]另外，自由理念尊重个体人在社会位置和经济位置方面的一些合理差异。由于种种先天性的因素，个体人在诸如禀赋、能力等自然条件方面以及社会生活环境、机遇等社会条件方面不可避免地存在着种种差异，因而个体人各自的发展机会和发展潜力很不相同。这也导致个体人在以后各自发展的结果如财富、声望、地位等方面的种种差别。在合理的范围之内，自由理念是认同这些差异的。

第五，合意性。

合意性是人的本性的必然表现。这属于个人、私人领域内的事情，是属于自主选择的事情，因而是自由理念的应有之义。从人的本性角度看，社会成员的需求、性格、具体环境以及人的生活方式是千差万别的。与之相适应，社会成员在此基础之上所形成的具体目标、兴趣所在、期望值、满意程度以及衡量尺度等等也必定是千差万别的。而且，社会的现代化程度和市场化程度越高，社会成员的本性就越能自然流露、释放出来，社会成员的这些差别因之也就越大。这一切使得社会成员在多个具体选项方面的差别自然会很大，因而对于合意性的要求会越来越高。显然，对于社会成员进行整齐划一的统一安排，是让人们难以适应的事情，是违背人的本性的事情，也是不符合历史发展趋势的。合意性的选择在他人看来或许不

[1] 〔英〕弗里德里希·冯·哈耶克：《自由秩序原理》（上），邓正来译，生活·读书·新知三联书店1997年版，第17页。

是问题很大的事情，但具体到某个社会成员来说，可能就是十分重要的事情。

自由的多样性特征更多的是从社会的角度来强调人与人之间应有的包容，而合意性特征更多的是从个人的角度来强调社会成员自身应有的恰当选择。合意性可以说是自由的重要内容之一，也是自由的重要尺度之一。这一点如被忽略，则自由不能说是完整和具体的。

二、自由的功能

对于现代社会来说，自由这一重要的理念和行为取向具有十分重大的意义。这主要表现在以下几个方面：

1. 对思想观念、科学技术的创新和发展的重要推动作用

在万物生灵当中，作为人的最主要的特征就是具有思想。尽管一个社会拥有怎样的思想观念和科学技术，最终取决于这个社会的物质经济基础，但不能否认的是，思想观念和科学技术并非完全被动之物，它们对于社会经济的基本状况有着十分重要的影响。思想观念的高度与丰富性如何，科学技术水准如何，在很大程度上决定着人类想象力及创造力的强弱，决定着文明的高度，决定着一个社会、一个国家创新能力的状况。而思想观念有着怎样的高度和怎样的丰富状况以及科学技术的具体状况，则在很大程度上取决于思想的自由状况。思想自由能够为思想观念和科学技术的发展提供不竭的动力和巨大的空间。自由的“核心是懂得进步不是一个机械装置问题，而是解放活的精神力量问题。好的机制必须能提供渠道，让这种力量通行无阻，不被它自己丰富的产品阻塞，使社会结构生气勃勃，加强头脑的生命力，并使之崇高尊贵”[1]。

第一，思想解放是思想观念和科学技术发展的必要前提。

在权力本位的社会当中，必定会将权力的影响延至思想领域，强调思想对于权力的绝对依附性，强调思想观念的绝对一致性，强调权力对社会成员思想观念的高压性。为此，对社会成员的思想观念和科学技术的发展

[1] 〔英〕霍布豪斯：《自由主义》，朱曾汶译，商务印书馆1996年版，第69页。

设置了种种限制，规定了种种框框，从而窒息了思想观念和科学技术发展的活力。伯林指出："没有什么东西比这种信念更有害：某些个体或群体认为，只有他、或她或他们惟一拥有真理，特别是那些关于怎样生活、成为什么与做什么的真理；而与他们不同的人，不仅是错误的，而且是邪恶与疯狂的，因此需要抑制与镇压。"[1]需要看到的是，思想观念和科学技术的重要特性是独立性和多样性。所以，一个社会如果想在思想观念和科学技术方面有所发展，首先必须进行思想上的解放，破除盲从，破除不可变更的思想迷信和神话，破除原有思想上的种种框框。只有如此，才能为思想观念和科学技术的发展提供巨大的空间。同时还应看到，思想解放尽管十分重要，但毕竟不是思想自由的全部，而只是思想自由的一个必要前提。

第二，思想自由能够为思想观念和科学技术的发展提供大量的、必不可少的参照物。

思想观念和科学技术的发展有赖于众多思想观念的常态存在，有赖于各种思想观念和科学技术之间的相互启发和相互促进。而思想的自由，则会使整个社会出现大量的思想观念，为社会成员的思想发展和科学技术提供大量的参照系统和经验，从而使整个社会的思想观念和科学技术得到长足的发展。人类文明发展史说明，凡是思想观念和科学技术出现重大发展的时期，几乎都是当时的社会为之提供了一个思想自由的基本环境。一个社会一旦缺少了思想的自由，就意味着这个社会的思想观念和科学技术的发展缺少了一个基本的生态条件，因而这个社会的思想观念和科学技术就会呈现出一种难以发展甚至是窒息的状况。密尔认为："人类不是不可能错误的；人类的真理大部分只是半真理；意见的统一，除非是对立诸意见经过最充分和最自由的较量的结果，是无可取的。"[2]

第三，思想的自由可以为深刻、有生命力的思想或观念的形成提供众多的甚至是必需的尝试和试错机会。

从思想观念和科学技术发展史上看，有一个规律性的东西，即一种深刻的思想或观念，一种重要的科学技术，特别是有生命力的思想体系，总是在经历了众多的尝试、试错，通过不断的修正、矫正之后才得以形成的。

[1] 〔英〕以赛亚·伯林：《自由论》，胡传胜译，译林出版社 2003 年版，第 393 页。
[2] 〔英〕约翰·密尔：《论自由》，程崇华译，商务印书馆 1959 年版，第 60 页。

而思想自由的一个重要功能就在于，能够为思想观念和科学技术的发展提供大量的尝试和试错机会，使之能够被“证实”或“证伪”。如果没有大量的、由自由的思想环境所提供的尝试或试错的机会，许许多多有价值甚至是有重大价值的思想观念和科学技术将不会形成，社会也会由此遭受重大损失。

2. 对民众常态的世俗化生活方式的深远影响

第一，自由对于形成现实的、世俗化的生活方式或者叫做符合人性化的生活样式有着十分重要的影响。

在缺少自由的传统社会及其他一些类型的社会当中，人们往往将看重世俗化、看重现实生活视为不正当的事情，常常倡导不符合人性的禁欲主义生活方式，往往是将人们的幸福放到了彼岸的宗教天国当中或者是遥远的未来。而真正意义上的现代社会则完全不同。自由强调人的现实化、理性化的生活方式，强调现实利益的重要性，强调合乎人的本性的、合意的、正常的生活样式和生存状态。自由的理念和基本行为取向有助于社会成员个性意识的觉醒，同时又有助于人们看重经济利益问题，于是，这就造就了一种普遍的现实感，使社会成员注重现实的日常生活，注重现实生活的质量问题，将世俗化的生活方式看做一件正当的事情，并相应地摈弃禁欲主义以及过于理想化如乌托邦式的行为取向。

第二，自由必定会促成民众生活方式的多样化。

从一定意义上讲，生活方式属于社会成员比较纯粹化私人领域内的事情。从人本性的角度看，社会成员的意愿、观念、追求、性格及偏好是千差万别的，所以在这种基础之上形成的生活方式也必定是千差万别、丰富多彩的。而自由宽容的现代社会尊重社会成员对于自己生活方式的选择，甚至尊重并保护属于社会成员生活方式领域当中的种种个人隐私。在这种自由宽松的社会环境当中，只要满足了两个必要条件——不损害他人自由、不损害他人利益，绝大多数属于个人领域的行为均会得到最大限度的包容。这是现代社会不同于传统社会的一个明显特征，也是现代社会具有生命力、充满活力之原因所在。

第三，自由对于培养和完善人的个性有着重要的影响。

就总体而言，传统社会实行的是专制统治，大多数社会成员处于从属、依附的位置，因而也就谈不上独立人格，相应的，也就谈不上个性问题。与传统社会不同的是，在现代社会和市场经济条件下，社会成员有着自己独立的人格，而这种独立人格往往表现在健全和完善的个性方面。需要注意的是，人的个性并非孤立的事情，一个社会当中社会成员所普遍具有的个性具体状况在一定程度上决定着这个社会的整体文明水准。正是从这个意义上讲，个性甚至可以说是现代社会的重要基础之一。“共同利益包括每一个人。它建立在个性上，要求让社会每一成员有充分发展个性的机会。这不仅是法律面前权利平等的基础，而且也是所谓机会均等的基础。”[1]这样看来，培养和完善人的个性也是现代社会建设的一项重要内容。就培养和完善人的个性而言，自由是一项必不可少的条件。洪堡曾指出：“人的真正目的——不是变换无定的喜好，而是永恒不变的理智为他规定的目的——是把他的力量最充分地和最均匀地培养为一个整体。为进行这种培养，自由是首要的和不可或缺的条件。”[2]只有在自由的环境中，人的个性才能得以没有人为约束的、顺乎自然的、健康的发展。对此，密尔作了一个恰当的比喻：“人性不是一架机器，不能按照一个模型铸造出来，又开动它毫厘不爽地去做替它规定好了的工作；它毋宁象一棵树，需要生长并且从各方面发展起来，需要按照那使它成为活东西的内在力量的趋向生长和发展起来。”[3]显然，一旦缺少了自由环境，人的个性是不可能得以正常形成和完善的。

3. 对经济发展的重要推动作用

第一，自由有助于实现高效率的经济发展。

对此，至少可以从三个方面来理解。其一，自由能够将社会成员的意愿和努力同其自身利益尤其是经济利益有机地结合在一起。在现实的社会生活中，对于绝大多数社会成员来说，利益尤其是经济利益至关重要。“人们奋斗所争取的一切，都同他们的利益有关。”[4]“每一既定社会的经济关

[1]〔英〕霍布豪斯：《自由主义》，朱曾汶译，商务印书馆1996年版，第65页。
[2]〔德〕威廉·冯·洪堡：《论国家的作用》，林荣远等译，中国社会科学出版社1998年版，第30页。
[3]〔英〕约翰·密尔：《论自由》，程崇华译，商务印书馆1959年版，第63页。
[4]《马克思恩格斯全集》（第1卷），人民出版社1956年版，第82页。

系首先表现为利益。”[1]对绝大多数社会成员而言，利益追求是一项必不可少的、常态化的行为。而自由的一项重要功能就在于能够为社会成员破除种种人为的限制，将追求利益视为一种正当的行为，以独立、平等的个体人身份追求自身的合理利益，按照自己的意愿自由择业、自由创业。这就使社会成员在经济方面的能量得到了极大的释放，形成一种广泛而持久的经济驱动力量，进而为经济发展提供一种强劲的推动力。其二，可以起到一种十分有效的资源配置的作用。在资源有限的条件下，如何把经济活动中的各种资源合理地分配于各种不同的用途，是一个社会在经济现代化建设中所要考虑的关键性问题。计划经济体制之所以效率低下、浪费巨大，其重要原因之一就是没有解决好这一问题。相比之下，与自由相适应的市场经济体制则能够比较有效地解决这一问题。市场的价格体系能够比较准确地反映出商品的社会供应与需求的情况，这非常有利于生产者决定自己的产品类型、生产规模。并且，市场经济体制中的利润最大化的原则，促使生产者想方设法地降低产品的生产成本，以增强产品的竞争力。这样做的过程，实际上就是合理配置资源的过程。[2]其三，能够将社会成员对于经济利益的追求同行为规则有机地结合在一起。自由并非随心所欲。真正的自由包含着对人的独立性和平等性的普遍认同。在市场经济条件下，这种独立性和平等性具体表现为人与人之间所订立的契约。“一个健全的成年人的自由……意味着他有权缔结最符合他本身利益的契约，并且有权利也有义务自己来决定自己的生活方式。”[3]通过契约，社会可以有效规范和约制人们的不良行为，从而将社会成员的种种自由整合成为某种有序的行为。总之，自由能够促进经济有序的高效率。托克维尔指出：“专制制度使人民贫穷的主要原因，是它妨碍人民发展生产，而不是它夺取人民的生产成果。它使财源枯竭，却始终重视既得的财产。自由与此相反，它生产出来的财富比它所毁灭的多千百倍。了解自由好处的国家，其财源总比税收增长迅速。”[4]事实也是如此。无论从历史还是现实的角度看，一般来说，自由程度较高的条件下的经济效率要高于自由程度较低的经济效率。比如，自由

[1] 《马克思恩格斯选集》（第3卷），人民出版社1995年版，第209页。
[2] 吴忠民：《市场经济体制对中国现代社会的锻造》，《文史哲》1993年第5期。
[3] 〔英〕霍布豪斯：《自由主义》，朱曾汶译，商务印书馆1996年版，第16页。
[4] 〔法〕托克维尔：《论美国的民主》（上卷），董果良译，商务印书馆1988年版，第237页。

程度较高的市场经济的效率就远远高于缺少自由的计划经济的效率。再比如，在中国现阶段，自由程度较高的私营企业，其经济效率也是远远高于自由程度相对较低的国有企业。

第二，自由能够为经济发展提供广阔的创新空间。

从一定意义上讲，同以往经济相比，现代经济是一种不断创新的经济。而经济创新同自由是密不可分的。在市场经济条件下，社会成员极为看重经济利益，这就意味着人们在获取经济利益方面容易投入极大的热情。并且，迄今为止，在任何一个社会当中的所有从业者当中，经济领域以及相关领域的从业者人数是最多的。巨大的经济热情和众多的人数，一旦置身于自由创造的空间，就必然会使整个社会创造财富的智慧得到最大限度的汇聚和释放。在自由创造的环境中，人们通过多样化的努力、多样化的方法以及多样化的途径，想方设法地进行种种经济创新活动。比如，像是各种公司组织形式、种种现代金融工具、发明专利保护制度、按揭消费方式、社会保险制度以及新型劳资政策等等便是现代经济的重要创新成果，而这些创新成果对于现代经济的发展起了巨大的推动作用。正是通过不断的创新，现代经济方能保持一种可持续发展的情形。有学者对西方国家的经济发展进行了总结，认为“西方经济增长的根源在于，广泛进行技术和组织管理方面的试验，以利用各种资源来满足人们的需求。这个体系的关键因素包括具备试验所必需的各种资源；决策权的高度分散；不存在政治和宗教对试验的限制；赏罚结合的激励机制，对成功的试验给予丰厚的经济回报，对失败的试验则予以严厉惩罚”[1]。

第三，自由对于现代经济的重要拉动力量——消费内需有着重要的影响。

当一个社会具备了现代工业生产体系，其产能往往是巨大的，甚至是过剩的。这时，拥有怎样的消费需求就显得十分重要了。“消费者行为的最重要决定因素之一是他的嗜好或偏好。”“显而易见，消费者嗜好上的差异引致他们在购买商品的决策方面存在着重要的差别。”[2]而一个社会具备怎样的自由状况对这个社会总的消费状况会产生不小的影响。这是因

---

[1] 〔美〕内森·罗森堡等：《西方现代社会的经济变迁》，曾刚译，中信出版社2009年版，第26页。
[2] 〔美〕曼斯费尔德：《微观经济学》（第9版），黄险峰等译，中国人民大学出版社1999年版，第48页。

为，一个社会如果拥有了较大面积、较高程度的自由，就意味着这个社会的人性化程度较高；而人性化程度较高，就意味着各式各样生活方式的常态存在，意味着这个社会的民众在消费方式、消费需求的方面有着较大的选择余地和选择范围，意味着这个社会更倾向于追求个性化、多样化的生活方式和发展的样式。这种人性化、个性化、多样化的生活方式，必定会导致多样化的消费需求：从消费种类上看，既包括物质层面如衣食住行等方面的多种消费需求，也包括文化层面如闲暇、旅游、文化教育等方面的多种消费需求；从消费水平上看，既包括低水准层面的消费需求，也包括中高层面的需求。重要的是，自由还能够不断地创造新的消费需求。凡此种种，就能够为经济发展提供大量订单，换言之，就能够有效地拉动经济发展。相比之下，一个社会如果缺少自由，那么这个社会民众的生活方式必定是单一、简单的，相应的，由之所产生的消费内需拉动也必定是偏弱的。在这方面，前苏联和计划经济体制时代的中国都明白无误地印证了这一点。

4. 对形成合理的社会局面的重要影响

第一，自由有助于社会成员自致性行为取向的形成。

一般来说，传统社会是一个等级社会。在传统社会当中，社会成员对于不同等级位置的获得，往往并不是取决于自身的能力和后天的努力，而是依据先天性的身份因素。这是一种“先赋性”行为取向。按照帕森斯的解释，先赋性行为取向，是指根据限定人们投入某种社会关系的特殊身份或特征来对待他们的意思。比如，家庭成员受到不同于其他人的对待，只是因为他们有家庭中的成员的身份。[1] 同传统社会完全不同的是，现代社会当中则是一种强调后天努力的“自致性”行为取向。自致性行为取向强调社会成员对于每种社会位置的获得应当依据自身的能力和后天的努力。而自致性行为取向同自由是密不可分的。自由强调个人的独立性和自主性，自己必须对自己的行为选择负责，同时，社会对于个人的自身努力状况应当予以承认。依据自由的理念，必须消除先赋性行为取向，因为这种行为取向“把某些职位、某些职业、受教育的权利或至少是受教育的机会保留

[1]〔美〕D.P. 约翰逊：《社会学理论》，南开大学社会学系译，国际文化出版公司 1988 年版，第 515 页。

给某个阶层或阶级的人。就其极端形式来说，这是一个种姓制度，其限制既是社会的，又是宗教的或法律的。”自由为自致性行为取向提供的依据是，“身份不应依靠任何继承资格，也不应为获得这种身份设置任何人为困难，‘人为’一词指的是任何非该职业本身所固有的，而是为了独占而故意设置的困难”[1]。这种以消除家庭血缘特权、财富特权为基本宗旨的自致性行为取向是公正合理的。同时，对于大部分社会成员来说，由于是按照自己的意愿和努力去做事情，是一件“合意”的事情，因而相对来说更容易寻找到适合于发挥自身潜能的职业位置。从专业化分工的角度看，如是做法能够充分开发社会成员的潜能，从而有效地推动社会进步。

第二，自由能够有效地促进社会流动。

在现代社会，职业化分工的日益强化以及市场经济生产要素的合理配置成为一种必然的趋势。这就要求社会成员之间、社会阶层之间必须实现公正、畅通、合理、有效的流动。同传统社会相比，现代社会的社会流动（包括垂直流动、水平流动以及结构性流动）程度得到了大幅度的提高。“农业社会中占主导地位的流动类型是向下的。在工业社会中，向上流动量如此之大，以至于一般都可以达到平衡，并且在大多数情况下，向上流动超过了向下的流动。”[2]公正、畅通、合理、有效的社会流动，是一个社会实现机会平等价值取向、社会成员寻求自由发展以及改善自身处境的前提条件。同时，整个社会通过社会流动能够实现合理的人力资源配置，从而提升社会活力、提高发展效率。社会流动“将在客观上推动社会化生产的发展，形成经济结构变动与社会结构变动相互促进的良性循环。这样的社会，就叫做开放性社会”[3]。而现代社会和市场经济中自由理念和自由环境的存在，则直接促进了社会流动。自由迁徙、自由择业、自由创业、开放是自由理念当中的应有之义。一个现代社会，基于自由、开放的理念和要求，就必须消除有碍社会流动的一切有害因素，如城乡户籍壁垒、行业垄断、所有制歧视、财富歧视、性别歧视、区域市场分割等人为阻隔社会流动的现象，以最大限度地达到社会流动的无障碍状态。

---

[1] 〔英〕霍布豪斯：《自由主义》，朱曾汶译，商务印书馆 1996 年版，第 14 ～ 15 页。
[2] 〔美〕格尔哈斯·伦斯基：《权力与特权：社会分层的理论》，关信平等译，浙江人民出版社 1988 年版，第 429 页。
[3] 陆学艺主编：《当代中国社会流动》，社会科学文献出版社 2004 年版，第 2 页。

第三，自由有助于形成有所差异的并且是公正合理的社会和经济地位格局。

在现代社会当中，社会成员的社会位置和经济位置是存在差异的。这些差异符合自由理念的本意，符合现代社会和市场经济条件下社会成员自主选择和多样化存在样式的要求。这些差异的存在是必然的。造成这些差异的原因大致有这样几项：其一，社会的分工越来越专业化、细化和职业化，而由分工所造成的各种不同的职业有着不同的专业、知识、技能的“职业门槛”，并非任何社会成员都能进入任何职业领域。其二，不同的社会成员有着不同意愿和能力，“这些差别不仅存在于相同种类才能的种种差异（在体力、想象力或其他方面的种种差异）之中，也存在于不同种类才能的种种差异之中”[1]。其三，不同的社会成员的投入成本及投入精力不尽相同，因而最终也自然会取得不同的成就。从这个意义上讲，“应该认可社会不平等和经济不平等，这些不平等在现代国家中对于工业经济运行是必需的或是能够极大提高效率的。这样的不平等用来支付培训和教育的费用、刺激机制和其他诸如此类的费用”[2]。其四，不同的社会成员有着不同的贡献，由此所获得的回报自然也有差异。正如罗尔斯所说的那样，“具体的分配不能完全脱离个人的权利（资格）来加以判断，而这些权利（资格）是他们在这些分配得以产生的公平体系内挣得的”[3]。凡此种种，必然会造成社会成员有所差异的社会位置和经济位置。这种有所差异的社会位置和经济位置格局不仅是必然的，也是公正合理的。之所以说是公正合理的，一方面正如前面所提及的，这符合自由的本意，另一方面则在于这些差异是以消除种种人为障碍包括平均主义障碍为前提、以社会成员的具体能力和具体贡献为依据而形成的。

5. 对现代政治文明的重要推动作用

以宪政和民主化为主要内容的现代政治文明，是一种必然的历史潮流，无论哪个国家皆要卷入这个潮流当中。马克思指出：“民主制是一切形式

[1] 〔美〕约翰·罗尔斯:《作为公平的正义——正义新论》, 姚大志译, 上海三联书店2002年版, 第122页。
[2] 同上书, 第125页。
[3] 同上书, 第81页。

的国家制度的已经解开的谜。在这里，国家制度不仅自在地，不仅就其本质来说，而且就其存在、就其现实性来说，也在不断地被引回到自己的现实的基础、现实的人、现实的人民，并被设定为人民自己的作品。国家制度在这里表现出它的本来面目，即人的自由产物。”[1]

现代意义上的自由理念同现代政治文明有着天然的联系。自由是现代政治文明的基本理念依据之一。自由能够为现代政治文明建设进程的推进消除一些重大的障碍和隐患。

第一，自由有助于消除、防止封建专制主义和极权主义的影响和抬头。

现代政治文明首先要结束的就是封建专制主义。封建专制主义强调少数人对多数人命运的独断，强调以意志而不是法律来行使权力。从本质上讲，封建专制主义是反人性、反自由、反平等的。马克思指出：“专制制度必然具有兽性，并且和人性是不相容的。兽的关系只能靠兽性来维持。”[2]专制统治者的权力没有任何限制，可以任意地延至任一领域，可以任意剥夺任何社会成员的利益甚至是生命。这种权力的运作甚至不具有确定性，其政策往往按照专制者的意志而随意改变。“在中世纪的著者看来，当国君攫取臣民的财产或潜入臣民的家庭时，他们就变成了暴君。在政治生活中——但又远不止在政治生活中——对物品的控制导致对人们的控治。”[3]极权主义也有类似的表现。极权主义是现代化初期阶段所出现的一种历史回流。正如阿伦特所指出的那样，极权主义“拆除人与人之间的法律栅栏——就像暴政所做的那样——意味着剥夺人的自由，摧毁作为一种生动政治现实的自由”[4]。而现代政治文明则是与专制主义和极权主义完全不同的。以自由理念为基本依据之一的现代政治文明，其宗旨就是要消除封建专制主义的影响以及极权主义抬头的可能性，建立一个自由、平等、公正的现代社会。自由理念强调现代社会是一个以人为本的社会，是一个以无数个个体人为本的社会。在这样一个社会当中，每一个社会成员都是自由、平等的，都有着基本的平等权利。这种自由、平等和基本权利是通

[1] 《马克思恩格斯全集》（第3卷），人民出版社1995年版，第39页。
[2] 《马克思恩格斯全集》（第1卷），人民出版社1956年版，第414页。
[3] 〔美〕迈克尔·沃尔泽：《正义诸领域——为多元主义与平等一辩》，褚松燕译，译林出版社2009年版，第23页。
[4] 转引自徐大同主编：《西方政治思想史》（第五卷），天津人民出版社2005年版，第31页。

过宪政体制、民主制度和法治社会予以切实保证的。

第二，自由有助于消除现代政治文明建设的另一个重大隐患——“多数人的暴政”。

民主的始初本意是消除少数人对大多数人命运上的独断的专制主义做法。但是如果将之简单地绝对化，就会引发另一方面的严重问题，这就是托克维尔等人对美国民主制度进行观察时最早所发现的“多数人的暴政”。托克维尔指出：“民主政府的本质，在于多数对政府的统治是绝对的，”“在美国，一些特殊的环境条件中还存在促使多数的力量不仅居于压倒一切的地位，而且促使它成为不可抗拒的力量。”“这是给暴政播下了种子。”[1]“多数人的暴政”的症结在于，背离了自由以个体人为本以及社会成员存在状态多样化的要求。正是由于背离了自由这一基本理念的要求，因而“多数人的暴政”越过了每一个个体人基本权利的必需边界，实际上对每一个社会成员的基本权利都构成了直接和间接、现实和可能的损害。这一现象至少造成或可能造成两个方面极为严重的后果。一方面，最终会损害大多数社会成员的合理利益。理由很简单：少数人的合理权利如果得不到应有的保障，那就往往意味着，从长远角度看，多数人的合理权利都不会有着稳定的边界，都不会具有安全的保证，都不会具有一种确定性。正是从这个角度上讲，对于少数人的合理权利如果进行了有效的保护，就意味着所有社会成员的合理权利都会得到长远的、制度化的、常态化的、根本性的保护。另一方面，其社会危害力度有时是空前的。少数人一旦与多数人形成对立，从一定意义上讲，也就意味着少数人与整个社会对立起来。设想一下，对某个人来说，当左邻右舍、原来的亲戚朋友都成为监督者、告密者，那么这种社会性的压迫和心理压抑几乎是无孔不入，这个人将陷入一种极度的“社会恐惧”当中。显而易见的是，为了确保现代政治文明进程的健康推进，就必须强调自由理念所强调的个体人自身权利的不可侵犯性以及人的存在和发展样式的多样化。

第二，自由有助于防止公权的不恰当扩张。

作为以维护和促进公共利益为己任的公共权力群体，特定的职业要求

[1]〔法〕托克维尔：《论美国的民主》（上卷），董果良译，商务印书馆1988年版，第282、283、289页。

使得这一群体具有独特的公共性特征，同时具有其他群体所不具备的、由国家所赋予的实现目标的强制性能力。就一般意义上讲，公权特别是行政权具有一种扩张的本能。“行政权是一种权力，而权力就意味着一定的支配和控制力，它可以使他人的意志服从自己的意志，从而影响和控制他人，并且这种影响和控制根本无须事先征得他人的同意。这就使得行政权具有一种内在的扩张性。”[1]这里，就难免出现一个悖论：作为职业化的公共利益维护者的公共权力群体在现实社会当中有时却有可能出现高于公众的位置和损害公众利益的情形。于是，这又进一步引申出一个十分重要的问题：对于公共权力群体的活动边界必须有明确的界定，以防止公共群体权力可能的膨胀，从而不利于公众利益现象的出现。这个活动边界就是：通过一系列政策法律，将其活动严格地限定在公共事务的范围之内。一旦突破了这个活动边界，公共权力群体将会利用公共权力的明显优势严重损害公众的利益，以扩张自身的利益。如是，不但会造成社会经济结构的畸形化，而且会严重阻碍现代政治文明进程的推进。而自由是防止这一现象的重要屏障。自由强调每一个社会成员自身合理权利的无可争辩性，强调公共权力应当是为所有人服务，而不是相反。马克思指出：“自由就在于把国家由一个高踞社会之上的机关变成完全服从这个社会的机关；而且就在今天，各种国家形式比较自由或比较不自由，也取决于这些国家形式把‘国家的自由’限制到什么程度。”[2]可见，根据自由的基本理念，以保护每一个社会成员的合理利益为准则，就能够制定出一系列有效防范公共权力扩张的制度。

三、自由的必要条件

真正、合理的自由是否存在取决于一些必要条件是否存在，这些必要条件实际上规定了自由的特有边界。这些必要条件一旦缺失，就意味着自由缺少起码的门槛或越过了应有的合理边界，而出现不足、过度或变形走样等不合理的情形。

[1] 胡建淼主编：《公权力研究——立法权·行政权·司法权》，浙江大学出版社2005年版，第294页。
[2] 《马克思恩格斯选集》（第3卷），人民出版社1995年版，第313页。

至少有三个方面的条件对于自由来说是必不可少的。换言之，自由至少有三个基本的或曰起码的门槛。

1. **较高的社会经济发展水准和必需的市场经济条件**

只有在较高的社会经济发展水准和市场经济的条件下，社会成员才有可能形成普遍的自由意识。当社会经济发展水准极为低下的时候，社会成员往往是靠天吃饭生存，大多数人基本生存还是问题，其动物本能比较明显，带有某种群居动物的色彩。在这样的情形下，人类的自我意识不可能形成，人的个体意识和平等意识也不可能形成，因而根本谈不上个体人的自由意识问题。少数的“先知先觉者”比如某些思想家可能会具有某些自由的意识和思想，但对于大多数社会成员来说，所能接受的往往是带有非人性化色彩的专制体制。这种现象虽不人道，却是一种历史的必然。密尔指出：“在对付野蛮人时，专制政府正是一个合法的型式，只要目的是为着使他们有所改善，而所用手段又因这个目的之得以实现而显为正当。自由，作为一条原则来说，在人类还未达到能够借自由的和对等的讨论而获得改善的阶段以前的任何状态中，是无所适用的。”[1] 现代化和市场经济改变了这种情形。现代化使得人类具有巨大的创造能力，进而开始形成一种真正的自我意识，从总体上摆脱了以往的某种意义上的动物本能；而市场经济条件下以自然人为基本单元进行独立选择、每一个社会成员要为自己负责的行为取向，以及平等的利益交换的常态行为，必然会使社会成员普遍形成一种“个体”的意识，并进一步形成一种“自由”的意识。迄今为止的人类发展历史说明，社会成员普遍的自由意识只有在现代社会和市场经济当中才能出现。

只有在较高的社会经济发展水准和市场经济的条件下，社会成员才有可能拥有符合人性化的、基本的自由选项。自由实际上隐含着一个重要的前提，这就是应当存在多个选项。当一个社会处在十分落后、极度贫困的境地时，人们疲于奔命为的是基本生存问题，其想象力必然十分有限，社会也不可能提供多少参照，不存在或几乎不存在多个选项，因而社会成员

[1] 〔英〕约翰·密尔：《论自由》，程崇华译，商务印书馆1959年版，第10～11页。

不可能拥自由的基本选项。比如，在原始社会，食物采集者的活动只能局限在进行狩猎活动的方圆数英里内，原始耕作者的活动只能局限在自己所在的村落及周围的田野和牧场上。[1]生存空间如此之狭小，而且人们对于这个狭小的空间又如此之依赖，因而人们不可能拥有越出这个狭窄范围的选择，甚至就连选择的想象力都十分有限。再比如，在中国古代社会，受社会经济发展条件的限制，人们对于自然环境表现出一种高度的依赖性，因而也只能认同适应与某种自然环境相适应的专制极权统治形式，而谈不上其他方面的选择。正如黄仁宇所指出的那样，“易于耕种的纤细黄土、能带来丰沛雨量的季候风，和时而润泽大地、时而泛滥成灾的黄河，是影响中国命运的三大因素。它们直接或间接地促使中国要采取中央极权式的、农业形态的官僚体系”[2]。而现代生产的巨大进步，使得人们的基本生存已经不成问题，使得人们的生活方式出现一种多样化的状态，于是，人们对于生活方式就有了很多的参照和很大的选择余地。同时，现代生产的发展和市场经济的形成，使得社会流动程度大幅度提高，社会成员的活动空间半径大幅度扩展，这就为社会成员各种活动的自由选择提供了巨大的余地。

只有较高发展水准的社会经济和市场经济，才能为自由的实现提供必要的条件。作为一种现实的自由，它的实现需要一定的物质基础，需要现代生产力的支撑。当生产力发展水准十分低下落后的时候，作为少数人的思想自由或许可以出现，但作为一种社会相对普遍意义上的自由是不可能实现的。“如果一个人太穷、太无知或太软弱以致无法运用他的合法权利，那么这些权利所赋予他的自由对于他就等于是无。”“自由是一回事，自由的实现条件则是另一回事。”[3]只有较高水准的社会经济和市场经济，才能将自由变成现实。马克思指出：“当人们还不能使自己的吃喝住穿在质和量方面得到充分供应的时候，人们就根本不能获得解放。”“‘解放’是由历史的关系，是由工业状况、商业状况、农业状况、交往关系的状况促成的……”[4]当生产力达到一定水准也就是现代生产力形成之后，当市

[1] 〔美〕L.S. 斯塔夫里阿诺斯：《全球通史——1500 年以前的世界》，吴象婴等译，上海社会科学院出版社 1992 年版，第 53 页。
[2] 黄仁宇：《中国大历史》，生活·读书·新知三联书店 1997 年版，第 21 页。
[3] 〔英〕以赛亚·伯林：《自由论》，胡传胜译，译林出版社 2003 年版，第 51 页。
[4] 《马克思恩格斯全集》（第 42 卷），人民出版社 1979 年版，第 368 页。

场经济出现以后，在此基础之上，大多数社会成员才有可能解决基本的生存问题，才有可能具有进行自由选择的基本平台。同时还应看到的是，自由实际上也分为不同的、由低到高的发展阶段，而这些不同的发展阶段也是由不同的现代生产力水准和市场经济水准所决定的。由此也可以看到，脱离现代生产力发展和市场经济的实际状况谈论“完全意义上的自由”是不现实的，也是有害的。

2. 必要的平等

自由与平等这两个理念密切相关，难以分割。人们往往是把“自由、平等、博爱”这三个词联为一个固定用语而普遍使用。没有平等的自由，就像没有自由的平等一样，是不能想象的。正如皮埃尔·勒鲁所说：“相信自由，这是因为我相信平等；我之所以设想一个人人自由，并像兄弟一般相处的政治社会，则是由于我设想了一个由人类平等的信条所统治着的社会。事实上，如果人们不能平等相处，又怎么能宣布人人自由呢？”[1]如果说两者还有差别的话，那就是，平等侧重于对个体人基本种属的肯定和保护，而自由则是侧重对个体人所具有的个体差异的尊重和保护。[2]

平等对于自由来说之所以至关重要，就在于它能够为社会成员的自由提供基本的、底线的保障，亦即确立“自由的最大公约数”。平等实际上是每一个社会成员拥有的基本权利。凭借着这种基本权利，社会成员不但能够得到自己应当具有的一些东西，而且，更为重要的是，可以防止别的社会成员或群体对于自己合理利益可能的伤害，可以防止别人以自由为借口来损害自己的自由。正是从这个意义上讲，斯宾塞所说的“同等自由法则”有一定道理。斯宾塞指出：“每个人的自由必然受到所有人的相似自由的限制。”[3]应当看到，社会成员所拥有的能力、资源以及地位是不同的。在这样的情形下，如果社会成员缺少平等的保护，而任由人们施展自己的自由行为，那么社会成员所拥有的自由就往往会变成一部分人对于另一部分合理利益的损害。伯林在其《自由论》中引用的一句谚语十分形象：“狼

---

[1] 〔法〕皮埃尔·勒鲁：《论平等》，王允道译，商务印书馆 1988 年版，第 16 页。
[2] 吴忠民：《公正新论》，《中国社会科学》2000 年第 4 期。
[3] 〔英〕赫伯特·斯宾塞：《社会静力学》，张雄武译，商务印书馆 1996 年版，第 33 页。

的自由就是羊的末日。”[1]

显然，“一个人只应拥有正义所允许的最大限度的自由，不得超过”[2]。如果超出了这个边界，便会妨碍他人的自由和平等。按照密尔的说法，自由本身没有错，“只要我们不试图剥夺他人的这种自由，不试图阻碍他们取得这种自由的努力”[3]。问题在于，一旦突破了平等界限，极端的自由者只是按照自己的意愿、自己的利益冲动去行事，而不顾及他人，那就不可避免地会损害他人的自由和平等，侵占他人的合理利益。假如一个社会缺乏规则体系，假如强调绝对自由的人数不是个别人而是一批人（并且这些人处在社会强势位置），那么就会造成比较严重的弱肉强食的社会负面效应，即强者恒强，弱者恒弱。于是，整个社会就很有可能出现排斥、抵触、冲突乃至动荡的情形。

3. 必要的社会合作

对每一个个体人来说，社会合作是必不可少的。社会合作是自由的必要条件。社会共同体尽管是由无数个个体人所组成的，个体人是社会构成的基本单元，但需要看到的是，社会职业化和专业化分工的客观需要、社会成员融入共同社会生活的需要、社会成员共同应对社会风险的需要以及个体人自身全面发展的需要，使得个体人必须通过社会共同体这种基本的形式才能生存和发展。个体人是无法离开社会整体的，因而对于每一个社会成员来说，社会合作是必需的。社会成员“多方面的”需要必须通过社会合作才能够实现，社会成员对于种种风险因素的抵御也必须通过社会共同体才能实现。马克思指出：“只有在共同体中、个人才能获得全面发展其才能的手段，也就是说，只有在共同体中才可能有个人自由。”[4]社会也因之具有某种对每个个体人来说都必不可少的、都能够分享的，同时又不能等同于个人利益的社会共同利益。也正因为如此，每一个个体人还必须对社会负有一定的义务和责任。联合国大会通过并颁布的《世界人权宣言》指出：“人人对社会负有义务，因为只有在社会中他的个性才可能得

[1] 〔英〕以赛亚·伯林：《自由论》，胡传胜译，译林出版社 2003 年版，第 192 页。
[2] 〔美〕艾德勒：《六大观念》，郗庆华译，生活·读书·新知三联书店 1998 版，第 167 ~ 168 页。
[3] 〔英〕约翰·密尔：《论自由》，程崇华译，商务印书馆 1959 年版，第 13 页。
[4] 《马克思恩格斯选集》（第 1 卷），人民出版社 1995 年版，第 119 页。

到自由和充分的发展。”[1]

可见，自由有一个必要的条件，这就是不能损害必要的社会合作，不能损害合理的公共利益。否则，从长远的角度看，就会损害每个人的自由发展空间。

一旦失去了必要的社会合作条件，自由就会成为一种极端化的个人自由行为，并造成负面的社会影响。这无论对社会整体还是对每一个社会成员来说，都是十分不利的。极端化的个人自由只是单方面地强调个体人的权利，强调个体人凌驾于社会共同体之上，却轻视个体人对于社会共同体所应当负有的义务和责任；强调社会共同体对个体人自身所应当提供的种种保护和便利，却轻视与每一个社会成员切身利益都有关系的社会公共利益，忽视自己对社会共同体所必须做的贡献。极端化的个人自由一旦成为一种不是个别的，而是在某种范围内流行的现象，便会不可避免地损害社会成员对于社会共同体的认同感和归属感，降低社会共同体的社会整合和社会团结的程度，削弱社会的活力，从而对社会的安全运行和健康发展造成十分有害的负面影响。同时还应看到，社会成员都生活在相互合作的社会环境当中，所以整个社会合作环境的不利，最终会对每一个社会成员的正常生存和发展产生有害的影响。极端化的个人自由行为流行的范围越大，其负面效应也就越严重。

[1] 联合国：《世界人权宣言》，载冯林主编：《中国公民人权读本》，经济日报出版社 1998 年版。

第九讲

平　等

现代意义上的、公正合理的平等[1]，是一个同平均主义、民粹主义完全不同的概念，是一个与自由相辅相成的理念。随着现代化进程和市场经济进程的推进，随着以人为本理念的深入人心，平等这一理念逐渐成为社会成员的重要努力目标和重要行为取向，并对现代社会起着不可替代的重要作用。同时应当看到，由于平等这一理念的相对独立性、人们对平等尊严的迫切需要以及平等外观上的直观性，人们对平等这一理念的理解有时容易产生某些歧义。重要的是，这些歧义的进一步延伸，有可能会越过平等自身合理、必要的边界，使平等在某些情形下背离其本义，从而成为有损于自由并进而有损于整个社会健康发展和安全运行的事情。有鉴于此，弄清平等的主要功能、主要特征、基本边界以及畸形平等的类型，对于有效地改善社会平等状况，是一件十分必要的事情。

一、平等的含义及时代性

1. 平等的含义

平等是现代社会当中一项（并非唯一）十分重要的理念和基本价值取向。所谓平等，主要是指这样一种普遍的期待和取向：社会成员应当拥有

[1] 平等是一个容易产生多种歧义的概念。本文所说的平等是指现代意义上的、公正合理的并且能够与自由相适应的平等。

相同的基本权利，社会成员的基本尊严应当得到一视同仁的保护，社会成员在融入社会生活以及寻求自身发展时应当得到无差别的基本平台。

时至今日，平等对于人类社会的影响越来越大。平等的影响范围越来越大，平等的种类越来越多，已经从原初的政治平等领域，延伸至经济平等、社会平等、文化平等、性别平等、教育平等、代际平等、民族平等、种族平等、宗教平等、国家平等以及机会平等诸领域和类型。即便是在同一领域当中，平等所影响的人数也是越来越多。比如，在发达国家当中，公民选举权已经逐步废除了始初在财产、性别、种族、年龄、教育程度等方面的限制，而扩至年满 18 岁以上的所有社会成员。显然，平等已经成为现代社会全体社会成员日常生活当中一个必不可少的有机组成部分。

2. 平等的时代性

现代意义上的平等与以往偶然出现的“平等”现象两者之间，至少存在着这样几个明显的区别：

第一，是否与自由相联。

现代意义上的平等与自由是一个有机整体，谁都无法离开对方，但两者并非等量齐观的。现代意义上的平等，尽管具有一定的相对独立性，但从根本上看，平等以独立的个体人为归属，从属于自由，以自由为目的。而以往的平等现象，则是笼统强调以社会整体为本，不认可个体人的存在价值，因而必然会排斥或轻视自由。

第二，是否承认人与人之间的差异。

正是由于现代意义上的平等在很大程度上从属于自由，而自由的重要特征是强调人的多样化存在状态，因此，与以往的平等现象不同，现代意义上的平等，一是强调社会成员生存和发展起点的平等，而非最终结果的相似；二是强调对于社会异质性的包容，强调人的多样化存在的必然性。

第三，是否具有普遍性和可持续性。

不能否认，有时出于偶然的因素，以往的一些思想家如古希腊的柏拉图、亚里士多德等人以其非凡的想象力，先知先觉地提出了一些平等的思想，为后人留下了十分宝贵的思想遗产。但需要注意的是，由于缺乏现实的社会经济基础，这些古代思想家所提出的平等理念和相关思想的影响，只能局限于当时的平民阶层或统治者内部，而不可能覆盖到包括奴隶阶层在内的全体社会成员，不可能成为整个社会普遍一致的共识，不可能体现在基本的制度安排方面，因而不可能对现实社会产生很大的影响。并且，即便是有一些有限的现实影响，也是短暂、随机的，而不可能具有可持续性。现代意义上的平等理念则不然。由于以现代的社会经济基础作为支撑，现代意义上的平等理念被社会和民众广泛认同和接受，具有一种普遍性，并成为基本制度安排的重要依据之一，进而对整个现实社会产生了巨大的、稳定的、可持续的重大影响。

二、平等的主要功能

平等，不仅仅是现代文明的重要标志，同时对于现代社会也具有十分重大的积极影响。平等如此之重要，以至于现代社会无法离开平等而存在。

1. 平等可以为自由提供有效的保障

自由和平等两者是一个有机整体，互为前提，缺一不可，谁都离不开谁。没有离开自由的平等，也没有离开平等的自由。两者共同生长、相互促进，共同推动人类文明的进步和社会经济的发展。

就自由和平等两者的具体关系而言，自由更加重要，平等在很大程度上是从属于自由的。如果没有自由，也就根本谈不上现代意义上的平等。其一，从一定意义上讲，自由是目的，平等是实现自由的手段，平等是为自由服务的。显然，自由是人的本质特征，这是就人与其他动物之区别而言的。马克思指出：“人的类特性恰恰就是自由的自觉的活动。”[1] 为了实现自由，需要由平等为之提供保障和持续不断的推动力量。没有平等作为基本的保障，自由便不可能得以充分实现，至少多数人的自由难以充分实现。既然一部分人的自由难以实现，那么这些人在社会当中也就失去了最为基本的尊严。正是从这个意义上讲，如果说自由是人的本质特征，那么平等就是事关人的基本尊严的事情。人的本质特征是靠人的基本尊严予

[1] 《马克思恩格斯全集》（第 42 卷），人民出版社 1979 年版，第 96 页。

以保证的。其二，平等的前提是独立个体人的存在。从历史及逻辑顺序上看，是先有个体自由人的存在，尔后才有了个体自由人对于对等交换交往的要求和行为，进而才有了社会成员对于平等的普遍要求。正如萨托利所指出的那样，“从时间上和事实上来讲，自由应当先于平等而实现。自由首先到来，是根据这个简单的认识：如果没有自由，人们甚至无法提出平等的要求”[1]。其三，平等的发展在很大程度上有赖于自由的支撑。现代意义上的平等发展到何种程度，在很大程度上取决于自由的具体进展、具体要求和支撑。而平等是否能够得到健康的发展，更是在很大程度上取决于它是否遵循了自由的基本属性。自由具有一些基本的属性，如个体性、自主性、理性以及多样性等等。这些基本属性一旦被损害，在此基础之上的平等必定会走形变样，从而给社会留下很大的隐患。

尽管自由比平等更加重要，但同时应当看到的是，平等能够为自由提供必不可少的保障，因而自由同样也离不开平等。正是从这个意义上讲，平等实际上是自由合理范围的底线和边界，是自由的“最大公约数”，亦即自由底线的“最大公约数”。斯宾塞所说的“同等自由法则”有一定道理。斯宾塞指出：“每个人的自由必然受到所有人的相似自由的限制。”[2]这种自由的平等底线的“最大公约数”，对于自由分别有着“争取”、“帮助”和“保护”的意义。从“争取”的角度看，平等有助于消除专制力量对于社会成员的统治，有助于消除种种特权的不平等现象，从而使全体社会成员获得人的基本尊严以及自由发展的基本平台。从“帮助”的角度看，平等有助于自由能力不够的社会成员达到一个社会的自由基准线。应当承认，由于自然的和社会不合理现象造成了一些弱势群体。弱势群体当中的不少成员，其教育程度低下、劳动技能匮乏、发展能力低下，因而必然会对其基本生存状况以及其后代的基本生存状况产生十分不利的影响。对于这部分人来说，难有自由可言。平等的一个重要功能就是为弱势群体提供必要的社会保障、义务教育、公共卫生以及就业等多方面的帮助，使之基本生存和发展状态能够达自由的基准线，从而提升整个社会的自由程度。从“保护”的角度看，平等可以有效防止一部分人的自由损害另一部分人自由现

[1] 〔美〕乔·萨托利：《民主新论》，冯克利等译，东方出版社 1998 年版，第 403 页。
[2] 〔英〕赫伯特·斯宾塞：《社会静力学》，张雄武译，商务印书馆 1996 年版，第 33 页。

象的出现及蔓延。平等实际上是每一个社会成员拥有的基本权利。凭借着这种平等的基本权利，社会成员不但能够得到自己应当具有的一些东西，而且，更为重要的是，可以防止别的社会成员或群体对于自己合理利益可能的伤害，可以防止别人以自由为借口来损害自己的自由。应当看到，在现实社会当中，社会成员所拥有的能力、资源以及地位是不同的。在这样的情形下，如果社会成员缺少平等的保护，而任由人们施展自己的自由行为，那么社会成员所拥有的自由就往往会变成一部分人对于另一部分人合理利益的损害。有一些人"不仅要求无限制的自由，而且还随时都想得到无限制的自由，哪怕那样做会造成无法挽回的不平等状态，致使社会上某些人，其实往往是大多数人，严重地失去自由，他们也在所不惜"[1]。

2. 平等有助于发展动力的形成和社会活力的激发

一个社会一旦具有与自由相适应的平等，那么这个社会便会形成巨大的发展动力，并有效地激发社会自身的活力。

平等有助于社会资源的大面积开发。对于社会资源（包括人力资源、文化资源等等）进行有效的动员、组织、利用与开发，是推动这个社会进行发展的基本动力之一。基于不同的理念和不同的社会环境条件进行不同的开发，社会资源最终产生出来的动能的具体情形便有可能大不一样。在一个缺乏平等的社会，由于大多数社会成员处在一种不公正的环境当中，社会成员相互之间不可能进行平等、有效的社会合作，因而社会资源不可能得到大面积的有效开发。只有在现代社会和市场经济条件下，只有基于平等的理念而且是与自由相适应的理念，才能为绝大多数社会成员的生存和发展提供大面积的平台，才能最大限度地、有效地开发社会资源，从而形成巨大的发展动力，有效地激发社会活力。拥有平等的基本权利，对于"大众"层面上的社会成员来说，是其能够形成基本的生存能力和发展能力的必要前提。就大多数社会成员基本生存能力和发展能力的潜质而言，其差别并不很大。只要社会能够基于平等的理念，为之提供起码的义务教育和基本的职业培训，绝大多数社会成员都会具有基本的文化素质和职业能力，

[1] 〔美〕艾德勒：《六大观念》，郗庆华译，生活·读书·新知三联书店 1991 年版，第 169 页。

能够具备基本的生存能力和发展能力。同时，以平等为交往准则，社会成员之间就能够进行有效的社会合作。需要注意的是，由于这种生存能力、发展能力和社会合作是来自大众层面的，涉及一个社会当中的大多数人，实际上这是对社会资源的大面积开发，由此所形成的发展动力是巨大的并具有可持续性，社会整体也由此而形成了巨大的竞争能力。

平等有助于将社会内耗降至最低限度。这里所说的社会内耗是指由于不同社会群体之间难以达成共识、不同社会群体之间的行为取向呈反向状态，因而难以形成有效的社会合作。社会内耗程度常常取决于两个关键环节，这就是社会群体之间在大目标方面能否形成共识，社会群体之间在行为取向方面能否保持相向的状态。平等则能够有效地解决这两个关键方面的问题，从而将社会内耗降至最低限度。在一个不平等现象盛行的社会，社会各个群体之间是难以形成共识的。反之，如果平等成为一种普遍的社会经济现象，那么，由于各自社会经济基础的大致相似，社会各个群体之间就容易在大的目标方面形成共识。同理，在平等的社会经济条件下，社会群体之间的行为取向能够呈现出一种互惠互利、相向而行的状态，即便是竞争，也是平等有益、合作性的良性竞争，而不会是有害无益的恶性竞争。比如，通过实施平等的税收和社会转移支付政策，就可以形成这样一种局面：富裕群体在不断发展的同时，弱势群体的生活处境也在不断地得以改善，于是，富裕人群、中等收入人群和弱势群体之间的发展呈现出一种同步化的状态。

3. 平等有助于社会的安全运行

社会能否实现安全的运行，取决于多个方面的因素，但最为主要的是取决于来自利益层面上的问题。在现代社会和市场经济条件下，社会成员最看重的是利益，根源于利益层面不平等问题所产生的社会纠纷、矛盾和冲突最为普遍、持久和危险，因而成为影响社会安全运行的最为主要的不利因素。

不平等现象必然会造成社会的不安全。不平等现象会使遭受不平等对待的社会成员产生一种剥夺感，进而引起对社会的不满心理和抗争行为。“财产分配的不平等和权力的不平等，引起了种种混乱。这些混乱状态，使得文明国家十分之九的居民发出了合理的抱怨。因为他们的贫困、痛苦、屈辱和受奴役，就是由此产生的。”[1]重要的是，这种不平等现象如果比较严重的话，比如直接影响到一部分社会成员基本生存问题，特别是如果涉及的社会成员过多，涉及社会主要群体的话，那么由此所引发的反抗力度就会大幅度增强。另外还有一种现象需要注意，随着现代化进程的推进，社会文明程度在提高，由严重不平等现象所引发的社会成员的生存性危机的可能性在减小，颠覆性的社会冲突的可能性在降低，但同时却会出现这样一种现象：社会成员有关平等要求的范围在延伸、扩大，经济利益越来越变为更加广泛的权益问题。所以，即便是在发展程度比较高的阶段，社会纠纷和矛盾的力度在降低，但是就所涉及的“面”来看，社会成员之间的纠纷和矛盾倒有可能不减反增。在这样的背景下，平等仍然是影响社会能否实现安全运行的重要变数。

显然，提升一个社会的平等程度，可以从一个重要的角度消除社会不稳定的隐患，从而确保社会的安全运行。就此而言，至少有三种常见的事关平等的做法行之有效。其一，建立公正、平等、有效的利益协调机制，从制度的层面确保民众的基本权益，确保民众基本的生存和发展的底线。这种利益协调机制的主要内容包括：利益诉求表达机制、利益协商机制、利益保障机制、利益调节机制。其二，优化社会阶层当中的“社会经济位置”结构。公正而和谐的社会阶层结构，既不应是一个平均主义的状况，也不应是一个社会经济位置差距过大的状况，而应当是一个“两头小、中间大”的、以中等收入者人群为主的橄榄型社会阶层结构。这样的一种社会阶层结构是公正的：能够反映出一个社会的普遍受益、共享社会发展成果的具体状况；能够反映出以绝大多数社会成员为基点（数学上的大数原则）的制度设计的公正性和社会政策实施的力度；能够反映出社会成员的实际能力与收入状况之间的合理对应，因为在一个社会中能力强者和能力低者均占少数，而能力居中者占多数。同时，这样的一种社会阶层结构也是和谐而稳定的。其三，制定和实施系统的社会政策。社会政策是社会公正和平等理念的具体体现。社会政策主要是指同社会成员的基本权利和社会福利息息相关的政策（法令、条例等）。对于现代社会和市场经济社会来说，社会政策是至关重要的。社会政策对于确保社会成员的基本民生问题，协调社会群体

---

[1] 〔法〕菲·邦纳罗蒂：《为平等而密谋》（上卷），陈叔平译，商务印书馆 1989 年版，第 20 页。

之间的利益关系，保证社会的安全，促进社会的整体化发展，提升社会的质量，实现社会的良性运行和健康发展，均有着不可替代的作用。

三、平等的主要特征

平等这一理念以及人们对于平等的追求过程，往往会表现出这样一些主要的特征：

1. 平等往往包含着过多的理想化成分

同自由相比，平等本身以及人们对于平等的追求，往往是容纳了大量理想化的甚至是激情化的成分，动力强劲。萨托利认为，平等“是我们所有理想中最不知足的一个理想。其他种种努力都有可能达到一个饱和点，但是追求平等的历程几乎没有终点，这尤其是因为，在某个方面实现的平等会在其他方面产生明显的不平等。因此，如果说存在着一个使人踏上无尽历程的理想，那就是平等”[1]。

平等之所以会容纳如此之多的理想化成分，大致原因在于：其一，平等这一名词十分宽泛，可以包容很多的意思。这就为不同利益诉求的社会成员留下了多种多样而且是很大的解释空间和发挥余地。它既可以是指公正的平等（与自由相适应的平等），也可以是指与自由脱节的均等、平均主义、民粹主义等等。不同的社会成员往往基于自己的具体境况、按照自己的特有要求，依据自己的近期目标和长远期望，对平等的不同含义各取所需，进行任意发挥，恣意想象。于是，以平等这一名词为载体，便容纳了各种各样的、目标迥异的、相互间甚至是抵触的理想和期望。其二，人们对于平等的追求在不小的程度脱离社会的实际状况。平等理念同现实的制度设计和政策安排在很大程度上是容易脱节的。人们在谈论平等问题时，不需要亲力亲为地去建设同平等相关的制度，往往只是从“应当”的角度进行，或者只是从批判、抨击、抗争种种不平等现象的角度来表达自己对于不平等现象的愤恨，对于平等目标的理解以及对于平等理想的追求。与

[1] 〔美〕乔·萨托利：《民主新论》，冯克利等译，东方出版社 1998 年版，第 380 页。

之相适应，人们对于事关平等的制度设计、建设“如何去做”以及“能不能做到”这类可行性的事情则往往不予考虑，而将之视为别人尤其是当政者的事情。正因为如此，平等便承载了大量脱离现实的理想化的成分。有人发现，“论述平等问题的作者们在发布陈情书抨击不平等的罪恶时，都是雄辩滔滔、循循善诱的。但是他们在处理如何实现平等的理想这一问题时，其论据却日渐空洞和缺乏说服力”[1]。

过多理想化成分这一特征，使得平等处在一种十分复杂的境地。一个社会不能没有理想。而在种种理想当中，平等是一个十分重要的理想。恰当的理想是推动社会前进的不竭动力。但是，如果平等的理想超出了合理的限度，则会给社会造成十分不利的影响。过多的理想成分，意味着人们赋予平等过多的而且往往是差别很大的要求和期望。由于缺乏基本的现实性、可行性和可操作性，这些目标要求几乎不可能同时被满足，更不可能持续被满足。进一步的问题是，这些要求和期望一旦得不到满足，人们就会程度不同地产生一种相对挫折感，进而对社会产生某种不满情绪，同时，这种不满情绪反过来很有可能会强化人们对于平等理想目标更为强劲的追求。于是，对平等理想的追求同相对挫折感的不断累积这两者形成了一种难以拆解的循环圈。

2. 平等拥有广泛而深厚的民众基础

比起自由来说，平等有着更为广泛和强大的民众基础。而且，随着现代化进程的推进，这种广泛而强大的民众基础很有可能是不减反增。显然，同自由相比，平等对民众更有吸引力。托克维尔很早就看到了这一点，指出“人们习惯于爱平等甚于爱自由”[2]。

至于平等拥有广泛而深厚民众基础的原因，一些学者进行了分析。托克维尔指出，其原因在于：一是平等已经成为现今时代最基本的特点；二是人们相信平等必定永远长存；三是极端平等所造成的灾难只能慢慢地显示出来，平等带来的好处却是立竿见影的。[3]

[1] 〔美〕乔·萨托利：《民主新论》，冯克利等译，东方出版社 1998 年版，第 380 页。
[2] 〔法〕托克维尔：《论美国的民主》（下卷），董果良译，商务印书馆 1988 年版，第 622 页。
[3] 同上书，第 621 ~ 622 页。

实际上，平等之所以会拥有广泛而深厚的民众基础，除了上述学者所说的原因，还有这样几个原因值得人们注意。其一，在常态的现代社会当中，大多数人都会看重平等问题。在现代社会条件下，对于处境不好的人如弱势群体成员来说，是依靠平等的社会保障制度来确保生存的底线，因而他们自然极为看重平等问题。而对于人数众多的中等收入者来说，则是担心落入低收入者行列，因而也需要以平等来作为必要的防护屏障。这两部分人加在一起，就占到社会成员的大部分，从而使得平等拥有了广泛的民众基础。其二，转型社会中的大多数社会成员更是极为看重平等问题。在社会转型时期，由于制度的不完善以及发展不平衡等原因，社会难免出现贫富差距迅速拉大的现象，不少社会成员在一定时期会沦为贫困者（绝对贫困者），并且，在这样一个时期还会出现较为明显的相对贫困现象，使得相对贫困者同样无法享受到至少是无法充分享受到整个社会发展的成果。值得注意的是，相对贫困与相对剥夺感之间有着高度的相关性。在相对贫困的基础之上势必会产生相对剥夺感，而相对剥夺感则会强化人们对于相对贫困的感受，具有相对剥夺感的人数往往超过了实际的相对贫困人数，相对剥夺感表现出一种晕轮效应。显然，无论是贫困者还是相对贫困者，都必定会十分看重平等问题，都指望能够通过平等的政策来改变自身的困境。另外，除贫困者以及相对贫困者十分看重平等问题外，从更大的范围来看，大多数社会成员实际上都十分看重平等问题。原因很简单。社会的转型，意味着社会的整体利益结构要进行全方位的调整，换言之，大量社会成员的经济与社会位置要进行重新洗牌。人们对于社会的未来前景一时不会有十分的把握，人们无法预料自己将来的具体处境，对于未来不可预期。在这种情形下，大多数社会成员特别希冀能够有一个保证自己基本生存底线和基本发展平台亦即平等底线的社会保障制度。其三，现代社会当中的公共管理群体与民众在平等方面相对来说更容易达成共识。现代社会当中公共管理群体的职能定位就是维护公正正义、改善民生。而平等是社会公正以及民生当中一项十分重要的内容，所以在常态情形下，公共管理群体必然会将改善平等和民生状况当成自己的重要任务来看待。而且，即便是从赢取民心、巩固自己执政地位的角度看，当政者也必须强调平等。于是，在一定条件下，民众同当政者会合力共同推进平等进程。这样看来，民众同当政者在平等方面相向而行的一些行为，从一个重要的侧面使得平等的民众基础更加具有一种合理性和正当性，进而使得平等的民众基础更加广泛而深厚。

平等拥有着广泛而深厚的民众基础这一特征，给平等进程以及整个社会的发展进程带来了多种可能性，造成了十分复杂的影响。如果平等进程同自由进程两者能够实现平衡推进，就会造成一种相对比较理想的状态：既能保证平等进程的顺利推进，又能保证自由进程的顺利推进，两者相辅相成、相互促进。问题的复杂性在于，平等和自由两者的平衡推进有着不小的难度，平等有时会脱离自由进程而单独推进。这样一来，就带来了很多变数，就有可能对平等本身以及整个社会造成不利的影响。由于平等强调民众性，而民众又往往十分看重相似性和一致性，于是，人们有时难免轻视了差异的极端重要性，进而忽略了自由的最大公约数亦即自由的底线，从而使平等脱离健康发展的轨道。这样，就必然会使平等进程变形走样。而且，需要注意的是，片面的、走形变样的平等往往是脱离了自由的底线要求，强调多数人原则而轻视个体人的极端重要性。在这样的情形下，对于大量的社会成员来说，有时不一定知道自己应当干什么事情，却知道不允许别人干什么事情。人们更容易按照社会大群体的原则来划定是与非、认同与不认同的界限，进行某种不公正、不合理的制度安排，从而造成以多数人左右少数人的目标取向，甚至造成了现实的有害局面。像是平均主义社会、计划经济以及“多数人的暴政”等有害现象在很大程度上均是按照这种逻辑生成的。重要的是，由于平等的民众基础的广泛和深厚，其内在能量极大，因此，平等一旦走偏、失控，其破坏力巨大。正如萨托利所指出的那样，“平等不仅可以贯彻自由，而且还能毁坏自由”[1]。

3. 平等需要支付更多更高的社会成本

一般而言，社会对改善平等状况所支付的成本要明显高于对改善自由状况所支付的成本。自由的成本相对较低。从某种意义上讲，社会对于自由成本的支付往往只需出台相关的制度和政策、划定某些不能逾越的界

[1] 〔美〕乔·萨托利：《民主新论》，冯克利等译，东方出版社 1998 年版，第 403 页。

限、成立相关的保护机构就大致可以，而在协调社会群体之间的关系以及公共资金方面的投入成本相对较小。平等则不然。社会对平等所支付的成本往往不仅包括在制度或政策层面上的大动作，还要包括大量的人力、物力以及公共资金方面的投入，用于诸如社会保障、义务教育、公共卫生以及住房保障等方面的建设，成本较高，在某个特定的时期甚至可以说是成本高昂。从技术角度看，社会对平等所支付的成本还包括配套措施的跟进。这是因为平等是一件十分复杂的事情，事关平等的种种制度和政策往往是相互抵触、矛盾的，有些制度或政策之间甚至永远是抵触和矛盾的。比如，"法律面前人人平等与物质的平等不仅不同，而且还彼此相冲突；我们只能实现其中的一种平等，而不能同时兼得二者。自由所要求的法律面前的人人平等会导向物质的不平等"[1]。这就需要化很大的人力、物力，进行必要的法律法规修订和各种协调，以期将种种平等的政策予以配套，将其中抵触和矛盾所产生的不利影响降至最低限度。以中国现阶段的农民工现象为例，我们可以清晰地看到社会对于平等支付的成本要远远高于对自由支付的成本。让农民工获得自由是一件相对来说比较容易做到的事情，只需出台一些允许农民工自由流动、解除以往的不公正限制的政策就行。但是，要想让农民工真正地享有自由，就必须让农民工享有平等的对待，这就需要相关平等的制度和政策跟进，而且是高成本的平等制度和政策。于是，这就涉及户籍制度、劳资政策、社会保障制度、子女就学、特别是住房保障等方面一视同仁的制度和政策，成本极高。

对于平等需要支付更多更高的社会成本这一现象的原因是不难理解的。自由对社会所需要支付的成本相对较小，却需要社会成员个人本身支付相对较高的成本。比如，当必要的政策已经具备的情形下，是否迁徙流动、能否如愿顺利就业等等，在很大程度上便成为个人需要下决心并努力争取的事情。相比之下，社会成员个人对平等所支付的成本较小，主要限于呼吁、争取等行动。平等主要是一件需要社会支付其成本的事情。再者，社会成员对于平等的期望值与社会能够使之满意的能力相比，两者之间的差距往往较大。社会成员对于平等往往难以满足，期望值却很容易持续提高：没有的需要争取

[1] 〔英〕弗里德里希·冯·哈耶克：《自由秩序原理》（上），邓正来译，生活·读书·新知三联书店1997年版，第104～105页。

有，已有的则要争取更多。这就必然会导致平等所需社会成本的迅速攀升。

平等需要更多更高的社会成本这一特征，对社会产生了深远的影响。平等是历史的必然趋势，社会固然应当为平等这一重要的理念追求付出必要的成本，但同时应当看到的是，平等需要相对较高而且是相对越来越高的社会成本，容易使一个国家产生一种两难的现象。一方面，过高的平等成本使得一个国家需要不断进行大量的公共资金投入，而越来越大的公共资金投入往往使得国家力不胜任，造成财政紧张，进而挤占了本应用于发展科学技术、增强经济竞争力等方面的公共资金，从而削弱社会活力；另一方面，当一个国家试图减轻这方面的压力，将用于平等方面的公共资金予以必要的削减时，就很有可能会引发民众的不满，甚至会引发社会骚乱，造成社会的不稳定现象。

四、畸形化平等

尤其应当引起注意的是，平等有着合理的边界，越过了这个边界，就成为过度的、不合理的平等。平等合理边界的底线在于对人的差异性的认可和包容，在于同自由的相互适应。如果这个边界被突破，平等就会成为一种过度的平等，甚至会成为一种畸形化的平等，就会不可避免地损害自由。“平等既可以成为自由的最佳补充，也可以成为它的最凶恶的敌人。平等与自由的关系是一种既爱又憎的关系，这取决于我们所要求的是与差异相适应的平等，还是在每一项差异中找出不平等来的平等。平等越是等于相同，被如此理解的平等就越能煽动起对多样化、自主精神、杰出人物，归根到底也是对自由的厌恶。”[1]

过度的平等对于自由的损害会相继引发一系列严重的后果：抹杀社会差异，损害社会成员的自由个性，侵害社会成员极为重要的财产权，否定社会成员生活方式的多样化，压抑整个社会的创造力和社会的活力，在实际上走向以人为本的反面，逆现代化和市场经济的历史潮流而动。重要的是，一旦平等严重地突破了合理的边界，平等自身所存在的诸如包含着过

---

[1] 〔美〕乔·萨托利：《民主新论》，冯克利等译，东方出版社 1998 年版，第 383 页。

多的理想化成分、拥有广泛而深厚的民众基础以及需要支付更多更高的社会成本的主要特征，对于过度的平等所可能产生的负面效应就会起着推波助澜的作用，进而使过度的平等成为一种畸形化的、极端化的平等。

一般来说，一个社会，无论是传统社会还是现代社会，总会或多或少地夹杂着平均主义一类的过度平等的成分，但一般性的平均主义成分毕竟成不了社会的主流，左右不了一个社会的大局面。但是，在种种因素的作用之下，一旦过度的平等演化成极端的、能够左右社会局面的畸形化平等，那么将会对整个社会造成极大的破坏作用。就此而言，最主要、最为突出的畸形化平等有以下三种类型：

1. 体制化的平均主义

体制化的平均主义，是通过上下结合，并与制度安排结合在一起而实现的。虽然这是一种畸形的平等，但整个社会毕竟没有失控，仍有着特定的秩序，社会经济还在运行（尽管是不规则的运行），延续的时间相对较长。改革开放以前的中国、前苏联以及前东欧国家就属于这样一种类型。其中，改革开放以前的中国更具典型意义，因为当时中国的计划经济体制拥有更为广泛的群众基础，而前苏联以及前东欧国家的官僚系统及其特权要比中国大得多，绝对平等化的成分因之相对少了许多。

改革开放以前中国体制化的平均主义的基本特征是，实施资源的全方位垄断，进行思想和非公有制两个方面的重点打压，配以高强度的社会动员，予以反复强化，最终形成了一个强固的平均主义计划经济体制。其一，实施资源的全方位垄断。当时，国家对于所有社会成员赖以生存、工作、生活和发展的全部资源进行了全方位的垄断，每一个社会成员都表现出一种人身依附性。任何一个人，离开了单位、组织和国家，就根本没有生存和发展的可能性，根本谈不上自由、自主选择的可能性。在当时，社会成员在涉及职业选择、迁徙甚至包括生活方式等人生的各个重要方面，几乎都不存在自由选择的可能性。其二，进行思想和私有财产两个方面的重点打压。当时将思想自由视为异端邪说的温床，将思想领域的控制视为重中之重，强调整个社会在思想观念方面的绝对一元化，强调全部社会成员在思想上必须高度一致，对一切与社会不认同的思想观念冠以“异端邪说”

而予以全面打压和封杀。在历次政治运动当中，以强调思想创新为己任的大学及知识领域之所以在劫难逃，症结就在于此。同时，当时将私有财产视为万恶之源，几乎将所有私有经济一律取缔，公有制经济压倒一切。其三，配以高强度的社会动员。社会动员的核心是强调民众广泛而深入的参与社会事务。这种社会动员的高强度既表现在力度空前方面，也表现在时间上的连绵不断方面。重要的是，当时的社会动员，就其趋势而言，逐渐与以阶级斗争为纲一类的政治运动合流。社会动员同以阶级斗争为纲的政治运动互感、互诱，社会动员被滥用，常常用于思想改造和清除异己，以至于最终几乎失去了控制，两者共同酿成了“文化大革命”运动。在前述时代条件的作用下，当时的中国形成了十分典型的体制化平均主义。

始初，体制化平均主义客观上产生了一定的积极作用。比如，中国和前苏联的体制化平均主义曾经在结束以往十分不平等的社会，建立民族重工业和军事体系，推动大众教育、女性解放等方面作出了不小的历史贡献。但是，随着时间的推移，体制化平均主义对于社会所造成的危害逐渐加重，最终会成为社会发展的巨大障碍，从而走向了真正意义上的平等的反面。其一，造成了严重的人身依附性和隶属性。在体制化平均主义条件下，国家对社会经济资源进行全方位的控制，公权因之几乎得到了无休止的扩张，个体人必须依附于某个单位或公社，而不可能拥有自我选择的空间，甚至不具有自主流动的权利。而且，在涉及国家、集体同个人的关系问题时，毫无疑问是前者对于后者的绝对优先位置，为了前者的利益哪怕是最小化的利益，也可以牺牲后者最大化的利益。其二，形成了新的身份等级制。在前苏联，形成了国家管理干部为一极、群众为另一极的两大等级，前者拥有多种多样的特权。改革开放以前的中国，则是通过严格的户籍制度，将城市居民和农村居民分为两个在生活及工作待遇上有明显差别的、十分不平等的身份系列；通过个人的政治成分和“家庭出身”，将所有的社会成员划分政治信任度、社会地位有重要差别的不同的政治等级系列。其三，社会成员的私人领域程度不同地被控制和侵害。在体制化平均主义条件下，没有个人的基本权利可言，没有个人隐私可言，甚至没有社会成员作为个体人的基本尊严，就连个人的生活方式也被严格限制、整齐划一，社会所倡导的是禁欲主义。其四，窒息了社会创造活力。人身依附性、新的等级制以及私人领域的消失，使得大多数社会成员丧失了个人的生活希望和发展前途。社会是由无数个个人组成的，大多数社会成员个人希望和发展前景的丧失，必然同时意味着整个社会的创造活力的丧失。无论是前苏联、前东欧国家还是改革开放以前的中国，均完全一致地呈现出一种社会创造活力日益递减、经济发展效率日益走低、民众精神状态日益萎靡不振的情状。

2.“多数人的暴政”

“多数人的暴政”主要是指，当平等膨胀到极端地步时，就容易形成一种多数人依据人数的优势而不是公正的原则来左右少数人行为甚至是命运的局面。这又分为两种类型。一种类型是，在社会相对常态运行亦即社会还没有失序的情形下，一些重要的政策和行为依据人数的多少或多数人民意的如何来制定和选择。一些发展中国家民主化进程的民意滥用以及现在网络上的一些大众暴力现象就大致属于这种类型。另一种类型是，在社会相对失序的情形下，多数人对于少数人命运的草率决定。后一种类型的“多数人的暴政”最为典型，危害也最大，更应当引起人们的重视和警惕。

社会失序时期的“多数人的暴政”是一种自下而上的畸形平等。这种畸形平等呈现出自发性、非理性、无序和无政府的状态，持续的时间一般相对较短，但在单位时间内所造成的破坏性更大，其危害更加深远。

从某种意义上讲，“多数人的暴政”的危害甚至并不亚于“少数人的专制”。平等原本就有着理想化的成分和广泛而深厚的民众基础，而畸形平等更是由于有强烈的激情和强大的民众基础作为巨大支撑力量，动能更加强劲。托克维尔在谈论法国大革命时，对当时革命的动能作了这样一番描述：“有一种激情渊源更远更深，这就是对不平等的猛烈而无法遏制的仇恨。这种仇恨的产生和滋长的原因是存在不平等，很久以来，它就以一种持续而无法抵御的力量促使法国人去彻底摧毁中世纪遗留的一切制度，扫清场地后，去建立一个人道所允许的人人彼此相像、地位平等的社会。”[1]“多数人的暴政”有可能会达到极端地步。在以强烈的激情和强

---

[1]〔法〕托克维尔：《旧制度与大革命》，冯棠译，商务印书馆1992年版，第238～239页。

大的民众基础为支撑的强劲动能的推动下，人们为了一种极端化的理想目标，很有可能会形成丧失理智的残暴行为，"'造就爱的王国需要血流成河'，罗伯斯庇尔如是说"[1]。"多数人的暴政"一旦达到极端，社会控制系统就会失效，而由"多数人"来代行其职。在这样的情形下，整个社会没有任何规则和法律可言，社会必然陷入混乱状态，出现以多数人的意志左右整个社会的局面。这时的多数人意志会呈现出一种随意、多变和狂热的特征。并且，这种多数人的意志往往缺乏最基本的责任感，甚至比不上少数人的专制，因为即便是少数人的专制还有个少数人责任心的问题，还有可能从"家天下"的角度考虑如何将社会长久维持下去的问题，因而还要保持社会秩序，不敢让社会混乱。

极端的"多数人的暴政"对于自由以至于整个社会将造成巨大的灾难。在极端的"多数人的暴政"情形下，社会成员所面临的已经不是一个能否保持自由选择的问题，而是基本权利能否得到起码保障的问题：个人财产可以被随时剥夺，就连个人生命也显得微不足道、随时可能被剥夺。而且，看似多数人决定少数人的命运，实际上是人人自危，这是因为在如此的背景之下，多数人当中任何一个人的未来命运都是不确定的。再者，极端的"多数人的暴政"使得整个社会陷入全面内乱和严重危机的状态，经济、社会基本不可能保持正常运行局面，社会将为此付出巨大的代价。

3．"社会暴虐"

在极端的体制化平均主义以及极端化的"多数人的暴政"的基础上，有可能会造成一种如密尔所说的"社会暴虐"现象。"社会暴虐"是指多数人通过人伦、社会习俗以及社会舆论对少数人所形成的社会性控制和压迫。这也是应当引起人们高度警惕和防范的另一种极端的畸形化平等现象。

在"社会暴虐"的状态中，社会成员显得孤立无援：本来所能依靠的最为基本的人伦基础已经靠不住，家庭、亲戚等基础性的群体相互间已经丧失信任感和依赖感；法律的缺失使得人们也不可能指望依靠法律而获得支持；人们不能超出社会所规定的范围去思想，谈不上独立思考，否则便

---

[1] 〔英〕以赛亚·伯林：《自由论》，胡传胜译，译林出版社2003年版，第393页。

是危险的“异端邪说”，为整个社会所排斥；人们的行为被巨大的、无形的、几乎是无孔不入的社会力量全方位限制、监控，精神受到空前的折磨；社会成员时刻面临着各种威胁，基本的生活缺少起码的可预期性。在这样的情形下，对于许多社会成员来说，已经不仅仅是个人有没有前途和希望的问题，而是在现实社会当中还要面临种种恐惧。比如，在缺乏法律保障的前苏联斯大林时期，先后进行过五次全国性的大清洗，“领导十月革命的 24 名中央委员中，除 2 人被反动派杀害、7 人自然死亡、1 人失事遇难，其余 14 人皆受到不公正对待或被非法处死。1919 年至 1935 年的 31 名政治局委员中，竟有 20 人遇害。1937 年莫洛托夫为主席的人民委员会的 21 名委员中，幸存的只有莫洛托夫等 5 人（1 人被撤职），其余的全部被处决，其中包括 4 名副主席。这使党和国家最高领导层都缺乏安全感，造成了人人自危的非正常气氛”[1]。

“社会暴虐”对于自由形成了最为直接的损害，甚至是毁坏。人是社会关系的总和，社会性是人最为基本的特征之一。显而易见的是，自由在很大程度上是指社会成员在社会环境中的自由。而“社会暴虐”从社会环境层面上直接损害了自由。这种损害极为严重，从一定意义上讲，比自然灾害对社会成员所造成的损害还要严重。因为当自然灾害来临时，人们还有可能躲藏到别的地方，但是面临“社会暴虐”，人们无处躲藏。人是社会动物，总不能走到社会以外，而只要在社会当中，人们就找不到能够躲藏“社会暴虐”的地方。同样，从一定意义上讲，“社会暴虐”比政治压迫还严重。因为受到政治压迫的往往是某个群体，这个群体的成员相互之间还可以照应和安慰。但是，当社会成员面临“社会暴虐”时，情况就要严重得多。正如密尔所指出的那样，“这种社会暴虐比许多种类的政治压迫还可怕，因为它虽不常以极端性的刑罚为后盾，却使人们有更少的逃避办法，这是由于它透入生活细节更深得多，由于它奴役到灵魂本身”[2]。“社会暴虐”对于自由的损害，意味着损害了社会活力的根基。在这样的情形下，社会不可能保持正常发展的局面。

---

[1] 黄苇町：《苏共亡党十年祭》，江西高校出版社 2003 年版，第 38 页。

[2] 〔英〕约翰·密尔：《论自由》，程崇华译，商务印书馆 1959 年版，第 4 页。

第十讲

中国60年间自由和平等的演进

自由和平等是现代社会当中最为重要的价值理念或价值观，同时也是现代意义上的社会公正的基本理念依据。如果说两者还有差别的话，那就是平等侧重于对社会成员基本种属的肯定和保护，而自由则是侧重对社会成员所具有的个体差异的尊重和保护。自由和平等对于现代社会的几乎所有重要方面均有着巨大的、至关重要的影响。

正因为自由和平等如此之重要，所以，自由和平等可以成为人们分析中国社会发展基本状况、基本脉络以及基本特征的一个重要视角。而这一点，常常被许多研究者所忽略。具体到新中国 60 年的发展进程来看，通过对新中国 60 年间自由和平等的生长、演变、彼此消长具体状况的分析，通过对改革开放前后不同历史阶段特有的自由和平等的畸轻畸重现象的分析，可以在很大程度上揭示改革开放前后不同历史阶段社会发展的基本脉络和基本特征，并为把握中国社会未来的发展提供许多可资借鉴的经验和教训。

一、中国改革开放以前30年的自由和平等

改革开放以前 30 年自由和平等的基本状况，一言以蔽之，那就是“平等相对有余而自由明显不足”。这里所说的“平等相对有余”，一是指同以往各个历史时期相比，改革开放以前 30 年间是中国社会成员所拥有的平等空前多的一个时期；二是指同真正现代意义上的平等相比，这一时期

的平等还有非常大的差距，人们在这一时期所拥有的平等只能说是一种十分初级的、带有很大局限性的平等。“自由明显不足”则是指，本来自由和平等是一个有机整体，两者互为前提、相互促进，谁都离不开谁，但是这一时期的自由和平等却出现了一种明显分离的情形，即中国民众在初步、大面积获得平等的同时，却在很大程度上失去了自由。

在改革开放以前的 30 年间，在种种历史条件的作用下，整个社会总体而言出现了一种畸重的平等。始初，畸重的平等对消除以往中国社会的不平等现象起了决定性的作用，极大地解放了社会生产力，激发了民众的创业热情和工作积极性。但是，由于对自由的忽略，畸重的平等随着时间的推移逐渐演变成一种十分有害的极端平均主义，对中国社会经济的发展形成了大面积的、几乎是全方位的负面影响。

1. 平等的巨大进展

在改革开放以前的 30 年，中国社会通过计划经济体制、高纯度的公有制以及高强度的社会动员等多种十分有效的方式，通过国家全面垄断社会经济资源并直接实施初次分配和再分配，通过彻底的社会改造，实现了初步的、但却是大面积的平等。[1] 当时的平等主要表现在以下几个方面：

第一，消灭了以往阶级之间严重的不平等现象。

在新中国成立之初，最为重要的事情恐怕就是完成了土地改革。通过土地改革，解放了中国社会当中的大多数成员——农民，使之获得了前所未有的平等地位。

在工业社会之前，是农业社会。在农业社会，土地对于绝大多数社会成员亦即农民来说至关重要。是否拥有一块土地，意味着一个农民家庭是否拥有固定的劳动职位（类似于如今的“正规就业”岗位），是否拥有一个稳定的收入来源，是否拥有一定的自我保障能力，是否拥有一个简单的基本生活状况，是否能够正常地融入社会当中。问题在于，在东方国家和地区的农业社会，是以封建地主土地所有制为主的土地制度。在这样的土地制度之下，大部分农民没有土地，或者只有很少的土地，大部分农民必

[1] 吴忠民：《中国社会主要群体弱势化趋向问题研究》，《东岳论丛》2006 年第 2 期。

须租赁地主的土地，按照一定的比例向地主交纳地租，剩余者方为自己的劳动所得。所以，农民的基本生活必定是困苦的，并且经不起种种自然和社会风险的打击，也不可能拥有平等的社会地位。对于东方国家和地区来说，要想走向平等的现代社会，要想解放社会生产力，就必须进行土地改革，实现耕者有其田。土地改革是一项绕不过去的重大时代课题。在东方，凡是现代化取得成功的国家或地区，比如日本和中国的台湾地区，均曾进行过成功的土地改革。

对于中国社会来说，土地改革尤为重要。1949 年以前，“中国农村租佃制度上的剥削关系，是封建式的剥削关系。……中国农村中也存在着资本主义的剥削。不过这种剥削的范围和封建剥削比较起来，真是微乎其微”[1]。从全国来看，占农村人口 10% 左右的地主富农，占有土地的 70% 以上；占农村人口 90%的贫农、中农等，只占有 30% 的土地。[2] 这种不平等的土地所有制直接导致了中国农民贫苦的生活和低下的社会地位。比如，1934 年至 1935 年，中国农村各类农户中负债户的百分率平均为 71%。[3] 新中国成立之初，土地改革在全国范围内全面展开。1950 年，中央人民政府颁布了《中华人民共和国土地改革法》，规定废除地主阶级封建剥削的土地所有制，实行耕者有其田的土地所有制。到 1953 年春，全国除新疆、西藏等少数民族地区以及台湾地区外，基本上完成了土地改革任务。由此，中国农民获得了解放，成为土地的主人，实现了耕者有其田的千年梦想，同时农民也获得了中国历史上前所未有的平等的社会地位。

同时，在城市通过对资本主义工商业的改造，结束了中国工人以往“工作时间长和劳动强度大”、“极低的工资和悲惨的生活”、“恶劣的劳动条件和惊人的劳动灾害”的悲惨状况，工人获得了平等的社会地位，并进而成为社会的主导力量。

第二，占人口 1/2 的女性获得了解放。

在中国长期的封建社会中，女性的地位极其低下，生活极为悲惨。新中国成立后，陆续颁布了《宪法》、《婚姻法》、《选举法》、《继承法》、《刑

[1] 吴黎平：《中国的土地问题》，载高军编：《中国社会性质问题论战》，人民出版社 1984 年版，第 245、253 页。

[2] 赵德馨主编：《中华人民共和国经济史 1949—1966》，河南人民出版社 1989 年版，第 23 页。

[3] 严中平等编：《中国近代经济史统计资料选辑》，科学出版社 1955 年版，第 342 页。

法》、《民法》等多部法律和法规，明确规定了对于女性权益的全方位保护。更为重要的是，中国女性的解放并不是仅仅停留在形式上的法律层面，而是落实到了现实的社会生活当中，这就使得中国女性的解放成为一种现实。在众多的后发国家中，中国在女性解放方面的成就居于明显的领先位置。[1]

第三，民族之间实现了平等。

新中国成立后，国家在民族平等方面做了大量的事情：

其一，将民族平等以法律的形式固定下来。新中国成立前夕颁布的具有临时宪法性质的《中国人民政治协商会议共同纲领》规定："中华人民共和国境内各民族一律平等，实行团结互助，反对帝国主义和各民族内部的人民公敌，使中华人民共和国成为各民族友爱合作的大家庭。反对大民族主义和狭隘民族主义，禁止民族间的歧视、压迫和分裂各民族团结的行为。"[2]1954 年颁布的第一部《中华人民共和国宪法》第三条也明确规定："各民族一律平等。禁止对任何民族的歧视和压迫，禁止破坏各民族团结的行为。"[3]

其二，实行民族区域自治政策。《中国人民政治协商会议共同纲领》规定："各少数民族聚居的地区，应实行民族的区域自治，按照民族聚居的人口多少和区域大小，分别建立各种民族自治机关。"1952 年，中央人民政府颁布施行《民族区域自治实施纲要》，1954 年的《中华人民共和国宪法》进一步完善了民族区域自治制度。中国的民族区域自治政策，是不同于苏联等国的、具有中国特色的并且是行之有效的解决民族问题的一种基本政策。

其三，进行必要的民主改革。中华人民共和国成立后，根据大多数少数民族地区人民的意愿，中国政府采取不同方法先后在少数民族地区逐步实行民主改革，并在 20 世纪 50 年代末完成。这场改革废除了领主、贵族、头人等特权者的一切特权，消灭了人剥削人、人压迫人的旧制度，使千百万

[1] 详见吴忠民：《从平均到公正：中国社会政策的演变》，《社会学研究》2004 年第 1 期。
[2] 《中国人民政治协商会议共同纲领》（一九四九年九月二十九日中国人民政治协商会议第一届全体会议通过），载中共中央文献研究室编：《建国以来重要文献选编》（第 1 册），中央文献出版社 1992 年版，第 12 页。
[3] 《中华人民共和国宪法》（1954 年 9 月 20 日第一届全国人民代表大会第一次会议通过，1954 年 9 月 20 日中华人民共和国第一届全国人民代表大会第一次会议主席团公布），中共中央文献研究室编：《建国以来重要文献选编》（第 5 册），中央文献出版社 1993 年版，第 522 页。

少数民族群众翻身解放，获得人身自由，成为国家和自己命运的主人。[1]

其四，制定并实施种种确保少数民族平等权利的具体政策。比如，中央人民政府于1951年发布了《关于处理带有歧视或侮辱少数民族性质的称谓、地名、碑碣、匾联的指示》，废除了带有侮辱性的称谓、地名等。[2]再比如，1952年中央人民政府作出《关于保障一切散杂居的少数民族成份享有民族平等权利的决定》，规定：一切散杂居的少数民族成分的人民，均与当地汉族人民同样享有共同纲领规定的各种权利，任何人不得加以歧视。[3]另外，国家还特别采取种种具体的政策，确保少数民族的代表有足够的机会参政议政。

在国家一系列强有力民族平等政策的推动下，中国的少数民族获得了前所未有的平等地位，其经济、政治、民生状况得到了空前的发展。

第四，大众教育得到了普及和大幅度的发展。

1949年以前，中国的教育十分落后。全国人口中80%以上的人是文盲，学龄儿童入学率只有20%左右，劳动者很少能进入学校学习。新中国成立后，国家制定和实施了许多相关的政策，促进了大众教育的兴起和飞跃发展。1949年，中等学校的在校学生为126.8万人，1976年上升至5905.5万人；1949年，小学在校学生为2439.1万人，1976年上升至15005.5万人。[4]1965年，中国的小学入学率为89%，而世界低收入国家平均为73%，中下等收入国家平均为78%；1965年，中国的中学入学率为24%，而世界低收入国家平均为20%，中下等收入国家平均为26%。[5]

第五，社会救助政策、劳动保险及福利政策开始得以制定并实施[6]。

新中国成立后，十分重视社会救助问题。在城市，社会救助政策的基本方针是“生产自救，群众互助，辅之以政府必要的救济”[7]。1952年至1958年，在全国范围内制定了职工生活困难补助政策，补助的形式是补助

[1] 中华人民共和国国务院新闻办公室：《中国的少数民族政策及其实践》（一九九九年九月—北京），中央政府门户网站，2005年5月26日。
[2] 《政务院关于处理带有歧视或侮辱少数民族性质的称谓、地名、碑碣、匾联的指示》，新华网，2010年8月30日。
[3] 《中央人民政府政务院关于保障一切散居的少数民族成分享有民族平等权利的决定》，新华网，2010年8月30日。
[4] 国家统计局编：《奋进的四十年》，中国统计出版社1989年版，第435、436页。
[5] [6] 详见吴忠民：《从平均到公正：中国社会政策的演变》，《社会学研究》2004年第1期。
[7] 孟昭华、王明寰：《中国民政史》，黑龙江人民出版社1986年版，第293页。

现金和实物相结合。另外，在这一时期，国家还举办了许多福利机构，以收养无依无靠的孤老残幼。截至 1965 年底，办有综合性的社会福利院和专业性的儿童福利院、精神病人福利院等 819 个。[1] 在农村，社会救助政策是围绕着“五保”内容而展开的，主要采取了集体供养并辅之以国家必要救济的方式。

这一时期的劳动保险和福利政策主要是在城镇实行的。政务院于 1951 年正式公布了《中华人民共和国劳动保险条例》，1953 年又修改重新公布实施了该条例。这一条例是新中国第一部有关社会保险的法规文件，具有极为重要的意义。全国国营、公私合营、私营企业职工总数的 94% 享受到了这一保险。[2] 国家机关、事业单位的各种劳动保险制度也陆续地建立起来。

2. 平等的巨大历史意义

新中国的成立，对于中国社会来说，是翻天覆地的变化，表现出一种完全不同于以往历史时期的新气象。民众（原来的“劳苦大众”）获得了前所未有平等地位这一现象，对于 20 世纪 50 年代和 60 年代前期的中国社会产生了广泛而深远的巨大的积极影响。

第一，形成了巨大的社会凝聚力，使整个社会的精神面貌焕然一新。

新中国的成立和社会的重构，意味着中国以往一百多年屈辱局面的结束，意味着劳动人民成为社会的主人，意味着中国民众广泛认同并强烈支持新社会。在这样的历史背景之下，中国社会的主要阶层形成了巨大的向心力。对于农民来说，由于“实行更公平的税制、减租、最后是分配土地（另外还给最积极的人分配领导职务），这些大大地有助于农民群众相信党的事业的正义性”，因此，“农民现在可以满怀信心地支持新制度”。[3] 对于翻身得解放的工人来说，也是如此。

广泛、大面积社会凝聚力向心力的形成，使得当时中国社会的精神面貌焕然一新。毛泽东主席满怀豪情地说：“社会主义到处都在胜利地前进，把一切绊脚石抛在自己的后头。社会就是这样地每天在前进，人们的思想

[1] 孟昭华、王明寰：《中国民政史》，黑龙江人民出版社 1986 年版，第 295、301 页。
[2] 冯兰瑞等：《中国社会保障制度重构》，经济科学出版社 1997 年版，第 59 页。
[3] 〔美〕J.R. 麦克法夸尔、费正清编：《剑桥中华人民共和国史》，谢亮生等译，中国社会科学出版社 1990 年版，第 89 页。

在被改造着，特别是在革命高涨的时候是这样。”[1]

第二，激发了整个社会的巨大创业热情。

在20世纪50年代，由于民众刚刚获得了平等，十分新鲜，进入了一种十分兴奋甚至是亢奋的状态；人们普遍认为，既然是社会的主人，那么幸福的生活就只有通过我们自己的辛勤劳动、用我们自己的双手才能够创造出来；另外，由于社会共识的高度一致，由于民众目标的一致和简洁，因而本民族原有的某些隔阂和离心因素程度不同地减弱。这些，使得整个社会、全体民众充满了高昂的劳动激情，使整个社会充满了高昂的创业热情。用当时的语言描述就是，“广大的工人、农民、解放军指战员投入到了火热的社会主义建设运动当中”。大家只讲奉献，不讲回报。那是一个“火红的年代”，那是一个充满理想主义的年代。“改天换地”、“乘风破浪”、“创造人间奇迹”、“人定胜天”一类的话语成为当时的流行语。

纵观20世纪50年代和60前期这一历史阶段，在社会主义事业建设活动中，中国民众一是诚心实意地投入，二是热情地投入，三是过度地甚至是透支性地投入。在这样的情形下，社会的整体力量和潜能几乎是得到了极限化的释放和开发。大批的共和国创业者为此作出了巨大的牺牲，将自己的精力、体力甚至是整个命运都无偿、无怨、无悔地交给了国家。像“铁人”王进喜、劳动模范陈永贵和时传祥等等就是这批人当中的典型代表。

第三，初步奠定了共和国的物质经济基础。

中国民众平等地位的获得，直接激发了中国民众前所未有的创业热情，进而又初步奠定了共和国的物质经济基础。

首先是工业体系的初步建立。新中国成立之前，中国的工业规模小，几乎谈不上结构的体系化。1947年，中国的工业总产值只有140亿元；[2]在工农业总产值中，中国的机器大工业仅占17%，根本谈不上门类齐全的现代工业体系。[3]经过中国民众艰苦卓绝的创业，工业体系终于初步得以形成。1976年，中国的工业总产值为3278亿元。[4]中国工业的门类基本齐全，

[1] 毛泽东：《中国农村的社会主义高潮》的按语，载《毛泽东选集》（第5卷），人民出版社1977年版，第233页。

[2] 国家统计局：《奋进的四十年》，中国统计出版社1989年版，第375页。

[3] 汪海波主编：《新中国工业经济史》，经济管理出版社1986年版，第26、20页。

[4] 国家统计局：《奋进的四十年》，中国统计出版社1989年版，第375页。

工业体系已经初步建立。除了钢铁、煤炭、石油、纺织等工业部门外，中国还建立了机械制造、石油化工、汽车、飞机、核工业、电子等现代工业部门。

其次是科学技术基础的初步奠定。新中国成立之初，科学技术基础十分薄弱。1952年，全民所有制单位自然科学技术人员的人数只有42.5万人，平均每万职工拥有自然科学技术人员数仅为269人；新中国成立之初，中国在许多重要的科学技术研究领域尚处在空白的地带。经过近30年的努力，中国的科学技术事业获得了长足的发展，已初具规模。1978年，全民所有制单位科学技术人员的人数已达434.5万人，平均每万职工拥有自然科学技术人员数为593.3人；[1] 建立和发展了原子能、电子学、半导体、自动化、计算技术、喷气和火箭技术等新兴科学技术领域。

历史是具有延续性的，不应被人为割断。在1949年到1976年期间特别是1949年至1966年期间，尽管中国的现代化建设走了许多弯路，整个社会为此付出了巨大的成本和牺牲，但是，必须清醒地看到，中国这一时期的现代化建设毕竟取得了重大的进展，构成了中国整个现代化进程中一个不可缺少的阶段，并为下一个阶段的现代化建设（或者说是现在的改革开放）奠定了一个初具规模的物质经济基础。

3. 这一时期平等的局限性

需要看到的是，这一时期的平等并不是在正常的现代社会和市场经济条件下形成的，相反，是在以阶级斗争为纲和计划经济体制逐渐成型这样特定历史条件下形成的，因而带有很大的局限性。并且，伴随着以阶级斗争为纲和计划经济体制的成型和逐渐加重，平等的局限性也随之日益加重和凸显。这些局限性主要表现在以下两个方面：

第一，社会成员缺乏相对独立性和自主性。

在改革开放以前的中国社会，由于意识形态的绝对化，由于对国家、组织和集体的极度强调，个体人的极端重要性被忽略，个人已经不具有相对独立性和自主性，个人完全从属于社会整体，社会成员作为个体人的意

---

[1] 国家统计局科技统计司：《中国科学技术四十年》，中国统计出版社1990年版，第191、202页。

义基本消失。于是，个人微不足道，不具有每一个社会成员所应当具有的基本权利，个人完全成为社会整体当中的一个被动部件。这种情况推到了极端，便是“文化大革命”时期所倡导“集体的事再小也是最大的事，个人的事再大也是最小的事”、“狠斗私字一闪念”一类的偏执观念和偏执行为。在这样的情形下，个人的合理利益和基本权利可以随时随地地被一部分人以组织和集体的名义而予以牺牲。

第二，逐渐演化成为极端的平均主义。

纵观改革开放以前30年间平等的演化轨迹，人们可以发现，在20世纪50年代的前期和中期，平等的合理成分相对来说还比较多一些，但是，随着政治运动的逐渐升温，平等越来越从属于“以阶级斗争为纲”的时代主题（尽管是人为的时代主题），相应的，平等越来越变形走样，其合理成分逐渐丧失，平等逐渐陷入了片面、极端的情状。在“文化大革命”时期，最终演化成为一种比较典型的极端平均主义。

与“以阶级斗争为纲”相适应，平等逐渐变为一种极端的平均主义。这种极端的平均主义具有如是明显特征：其一，极端意识形态化。平均主义逐渐成为当时意识形态的核心内容。之所以说这种意识形态是极端化的，是因为它唯我独尊，有着十足的排他性，凡是与之不相同的思想或观点都被视为是反动的，至少是不健康的思想或观点，因而应当被清除和消灭。于是，极端的平均主义便成为当时消灭合理差异、打击异己力量的重要理论依据。其二，体制化。当时中国实行的是计划经济体制。这一体制不仅直接左右着经济利益、社会生活领域，而且在很大程度上影响着政治领域和文化教育领域。虽然不能说极端的平均主义是计划经济体制的唯一依据，但至少可以说是其最为重要的依据，换言之，极端的平均主义在很大程度上已经被体制化了。正是从这个意义上讲，极端的平均主义成为当时整个社会的分配原则，成为当时社会成员日常生活行为的指南。

4．自由明显缺失

如果说中国社会在20世纪50年代前期还存在一定的自由的话，那么自20世纪50年代后期开始，情况就发生了很大的变化。在“以阶级斗争为纲”的政治运动日益升级、计划经济体制日益强化的时代背景条件下，尤其是在平等日益走形变样而变为极端的平均主义的条件下，当时中国的自由不可能有发展的空间，甚至不可能有生存的空间，而必然呈现出明显不足的情形，而且随着时间的推移，这种不足越来越严重。

第一，思想自由的缺失。

当时，由于意识形态的绝对化，由于意识形态在全部社会生活中政治生活有着无可争辩的压倒性位置，因此，全体社会成员只能遵循一种思想、一种观念，除此之外的思想和观念便是应当被批判和消灭的资产阶级、封建主义、修正主义等反动思想和异端邪说。出于维护政治路线“纯正性”的考虑，只有对思想领域保持着一种高压的态势，阻止思想的自由，阻止不同观点、不同声音的出现，才能防患于未然，才能防止异己力量尤其是政治异己力量的出现。改革开放以前30年间的历次政治运动，几乎都是起源于思想文化领域，这一事实本身就足以说明整个社会对于思想文化领域的极度敏感和防范。

对于知识分子群体的防范和改造，自然也就成为历次政治运动当中的重中之重。大致地看，当时防范和改造知识分子的途径主要包括：其一，对其思想活动进行严格的管制。这种管制既包括本部门党组织的监督，也包括同事相互间的监督和揭发。其二，最大限度地消除思想自由表达所需要的场所。对于思想自由表达所需要的常规场所，如课堂、刊物、报纸等等，设置了种种禁区和纪律，用以防止可能的“异端邪说”的出现和扩散。其三，增大思想自由和独立思考的成本。一旦发现某人思想出现了“越轨”的情形，与时下所提倡的思想观点不符，便予以程度不同的惩处。惩处措施包括检讨、警告、批斗、开除、劳动改造直至判刑，等等。以此让思想越轨者为自己的行为付出难以承受的成本，让其本人留下深刻的记忆，同时也给别人以警示。比如，仅仅是在1957年的“反右运动”当中，就将几十万人的知识分子打成“右派”，使这些“右派”分子几乎是付出了一生的代价。这种成本不仅限于对思想越轨者的惩处，还包括连带性的惩处，这就是对其亲属的“株连”。思想越轨者的亲属在就业、参军、入党、提干甚至在择偶等重要事项方面，都会受到程度不同的不利影响。其四，对知识分子进行不间断的思想改造。当时，社会实际上认定知识分子群体是思想上的原罪者，是政治上的不可靠者，因而需要对其在灵魂深处进行革命和改造。

这种改造包括种种思想汇报会、思想检讨会、思想批斗会，还包括定期到农村、工厂和“五七干校”进行劳动锻炼和思想改造。显然，在前述种种“行之有效”的措施之下，整个社会在方方面面构筑了严防思想自由的严密屏障，知识分子的思想自由、独立思考的活动已经成为不可能之事。

第二，择业和创业自由的缺失。

当时实行的是计划经济体制，而计划经济体制意味着国家对全体社会成员赖以生存、生活、工作、发展的所有资源进行全方位的垄断，任何一个人离开了单位、离开了国家、离开了组织和集体，就没法生存。在这样的时代条件下，社会成员根本谈不上自由选择的可能性。

社会成员自由选择职业的可能性是不存在的。一个农民要想变成国家干部，是完全不可能的；一个农民要想变成工人，几乎是永远不可能的；一个工人要想变成干部，也是几乎不可能的；甚至一个大集体工厂的工人要想变成国有企业的工人，难度也很大。

社会成员更不可能具有自我创业的自由。且不说私营企业的存在是根本不可能的事情，就连一些数量极为有限的个体性商业摊点的审批也是极为严格的事情。而且国家严格控制着所有商品的价格，对于数量可怜的个体商业摊点所售商品的价格也是严加限制，使之不可能拥有稍大的利润空间。“严厉打击投机倒把”、“割资产阶级的尾巴”一类的运动时常出现。社会成员所有经济活动都是在国家的指令下进行的。就连农民上工、收工也是在队长的指令下进行；具体到农民养几只鸡、几头猪等等也有明确规定，而不能超出，这种事情几乎是千古奇闻。显然，在前述种种情形下，社会成员根本不可能拥有自我创业的自由。

第三，迁徙和流动自由的缺失。

同计划经济体制相适应，中国自1958年起就实行了严格的户籍制度；而同严格的政治管理相适应，新中国成立后不久就开始实行了严格的档案管理制度。在户籍管理制度和档案管理制度下，社会成员形成了严重的人身依附性和隶属性，整个社会形成了新的不公正等级序列：城乡居民身份等级序列和政治身份等级序列。就总体而言，一个社会正常运行所必需的起码的社会流动已不复存在，社会成员不可能按照自己意愿进行横向的诸如跨地区、跨城乡的水平型流动，也难以进行向上的发展型流动。

社会成员向上流动亦即“升迁”或发展的机会很少，而且呈现出先赋性取向。其一，向上流动的机会很少。在绝对化意识形态的影响下，社会的导向是革命化，提倡民众要关心国家大事和世界大事，不重视甚至是反对社会成员的个人发展。干部的升级、上调工资只有屈指可数的几次机会，而且涉及的人数不多。至于农民的向上流动更是不可能之事。就总体而言，中国农民的经济状况和社会地位基本上可谓是二十年如一日。其二，先赋性色彩明显。当时一个重要的特征就是，在有限的升迁机会当中，社会成员的政治出身十分重要。在当时，形成了以个人的政治成分和“家庭出身”为依据的先赋性的阶级身份系列。这种阶级身份系列将所有的社会成员都包括进去，并以特定的政治档案管理相配套，从而直接影响着每位社会成员的发展前途。

第四，生活自由的缺失。

当时，对于社会成员的生活方式来说，受绝对化意识形态的影响，整个社会倡导的是艰苦朴素的生活方式，强调的是人人应当胸怀祖国、放眼世界的远大理想，高扬的是集体主义精神，而且要求每一个社会成员都要做到这一点。实际上这是在实行一种道德化、政治化的生活方式，到了极端的时期亦即“文化大革命”时期，便最终变成了一种禁欲主义的非人性化的生活方式。在这样的时代背景之下，社会肯定不会重视民众的日常生活。社会成员一旦考虑自己的正常生活、个人或家庭的合理利益问题，就往往被视为“自私自利”的个人主义。如是，社会成员的生活自由也就成为不可能的事情。

当时社会成员生活自由的缺失主要表现在两个方面。其一，社会成员没有选择生活方式的自由。政治和道德逐渐干预民众的日常生活，干预个人和家庭的生活，个人已经没有个人隐私可言。家庭生活逐渐被政治化和不切实际的道德化，而不是人性化。比如，就连结婚或离婚这一纯属个人领域的事情，也必须经由单位党组织批准后才能到政府办理相关手续。其二，社会成员几乎没有选择生活方式的余地。任何一种自由选择都需要较为充分的可供选择的空间和参照系，而当时社会成员对生活方式选择的空间十分狭小，参照系十分匮乏。比如，到了 20 世纪 70 年代，全国舞台上的戏曲主要就是八个样板戏。“后人称之为：八个样板戏被八亿人看了八年。”这八个样板戏中的“男主角都没有老婆，女主角都不见丈夫”。[1]

第五，“平等相对有余而自由明显不足”的危害。

随着人们对平等的新鲜感和热情的逐渐消失，随着20世纪50年代少许存在的自由空间的逐渐消失，随着社会对自由打压和防范的逐步加重，随着政治运动的逐渐高涨，随着计划经济体制的日益强化，由平等所激发的社会活力到了20世纪60年代期开始明显消退，到了70年代则完全消失。重要的是，由平等逐渐演变而成的绝对平均主义，对整个中国社会造成了大面积的危害。

其一，思想创造力的丧失。

对于思想自由大面积、大力度的禁锢和封杀，直接导致的后果是文化知识领域的一片凋零，是整个民族思想创造力的丧失。一位在历次政治运动中历经磨难的学者深有体会：“在当时那种情况下，那种气氛中，每个人，不管他是哪一个山头，哪一个派别，都像喝了迷魂汤一样，异化为非人。”[2]经过多年的打压、批判和改造，到了20世纪60年代至70年代，中国已经几乎看不到知识分子提出的富有创意的思想或观点，看不到知识分子对于社会经济的引领性作用，看不到民智得以启迪，更看不到国家发展的前景。

其二，经济发展动力的匮乏。

纵观当时的社会，民众与经济活动在两个方面出现了严重脱节的情形。一是由于民众没有择业的自由，又不允许民众自主进行创业，社会成员只能是按照国家的各种行政指令被动地从事经济活动，因而社会成员的经济活动同自己活动的意愿没有捆绑在一起，两者间出现了严重脱节的情形。“计划经济忽视创业精神，强制实行统一一致的做法，使企业的僵化作风充斥到整个经济发展中。”“在计划体系条件下，行政命令控制着销售量和销售方向，生产者既没有机会发挥自己的创造性来扩大销售，也不会面临竞争对手超越自己的威胁。”[3]正因为如此，生产者不可能具有创业的积极性，也不可能具有工作的积极性，于是，经济发展不可能具有可持续的动力。

---

[1] 陈煜：《中国生活记忆——建国60年民生往事》，中国轻工业出版社2009年版，第120页。
[2] 季羡林：《牛棚杂忆》，《自序》，中共中央党校出版社1998年版。
[3]〔美〕劳伦·勃兰特：《伟大的中国经济转型》，方颖等译，格致出版社、上海人民出版社2009年版，第6页。

二是由于意识形态的绝对化使社会成员禁谈利益问题，因而社会成员所从事的经济活动同自己的切身利益没有紧密结合在一起，两者间出现了完全脱节的情形。当时整个社会的收入分配是人均一份的平均主义分配方式。这种平均主义分配方式是削高平低，多劳者并不多得，十分不公正。这种绝对的平均主义，“给城市社会造成了均质化影响，使整个城市的人们具有相似的生活经历和社会期待”[1]。其危害在于，严重了损害或剥夺了能力强者和贡献相对较大者的合理利益，严重削弱了社会成员生产的积极性，进而窒息了整个社会的活力。

其三，社会结构的畸形化。

现代社会结构主要是适应现代化和市场经济的社会分工需要而形成的。随着现代化和市场经济进程的推进，职业化分工必然会越来越细致，专业化程度必然会越来越高，社会机体必然会越来越复杂。社会机体原有的由少数单元所承担的功能必然会改由多个单元去承担。于是，各种行业、各种职业日益增多，除了原有的工人阶层、农民阶层、管理人员阶层，各种职业化的知识分子阶层、企业家阶层、中介组织阶层、非政府组织阶层等等必然会出现并扮演越来越重要的角色，而且这些阶层或群体相互之间的依赖性在不断增强。从这个意义上讲，现代社会结构是一种异质性的社会结构，既具有高度分化的特征，又具有高度整合的特征。

反观改革开放以前 30 年间的中国社会阶层结构，则是一种十分畸形化的情状。当时，是按照绝对平均主义的取向，人为地塑造了一种消除职业差异以及其他多方面差异的同质性社会结构。这样的一种畸形化的社会阶层结构显然同复杂的职业化分工的现代社会阶层结构不搭界。我们可以看到，在当时畸形化的社会阶层结构当中，有些重要的职业群体如企业家阶层作为反动的阶级给打倒、消灭了，知识分子阶层作为一个危险的群体，处在一个被全面防范、打压和改造的状态。从职业化分工的角度看，当时既没有职业化的企业家阶层来引领经济发展，也没有专业化的知识分子阶层来引领知识的创新和传播，而工人和农民这样两个基础劳动阶层也在忙于政治运动和社会管理这样一些他们并不擅长的事务。在当时，整个社会

---

[1]〔美〕玛莉·E. 加拉格尔:《全球化与中国劳工政治》，郁建兴等译，浙江人民出版社 2010 年版，第 80 页。

的构成成分单一、整齐划一，缺乏职业化的社会分工，社会依靠行政指令予以安排和运行。这样的一种同质性社会结构，生硬简单，缺乏包容性，排斥社会成员的独立性和创造性。这样一个畸形化的、整齐划一的社会阶层结构不可能适应千变万化的社会经济环境，不可能产生起码的社会活力，不可能支撑中国社会经济持续健康的发展，而只能起着反向的作用。

其四，民生改善的基本停滞。

"平等相对有余而自由明显不足"，必定意味着当时社会重视、鼓励民众将平等追求转为政治热情，用以支撑连绵不断的政治运动，用以防止"资本主义的复辟"；提倡道德高于物质生活的行为取向，鄙视社会成员对于现实经济利益的追求，鄙视社会成员对个人或家庭财富的追求。在这样的时代背景之下，社会不可能重视基本民生的改善。

改革开放以前30年间，中国的基本民生状况远远没有得到应有的改善。通过两组数字的对比，可以印证这一点。第一组数字是，按照当年价格计算，1952年，中国的国内生产总值为679.0亿元，1978年增至3624.1亿元；按照可比价格计算，国内生产总值指数以1952年为100，1978年分别为471.4。[1]这个发展数字应当说是非常高的。但与之形成鲜明对比的，却是居民生活水准的低下。我们来看第二组数字。全部职工平均工资的指数以1952年为100，到1978年，实际工资指数只有110.3。[2]1978年，全国城镇人均储蓄存款余额只有89.8元，农村人均储蓄存款余额仅有7元；全国人均储蓄存款余额为22元。[3]1978年，城镇居民家庭平均每人的恩格尔系数为57.5%；农村居民家庭平均每人的恩格尔系数高达67.7%。[4]

二、中国改革开放以后30年的自由和平等

与改革开放以前30年"平等相对有余而自由明显不足"明显不同的是，对改革开放以来30年间自由和平等的具体状况，如果也用一句话来概括

[1] 中华人民共和国国家统计局:《新中国五十五年统计资料汇编》,中国统计出版社2005年版,第9、12页。

[2] 国家统计局:《中国劳动工资统计资料1949—1985》,中国统计出版社1987年版,第151页。

[3] 国家统计局社会统计司:《中国社会统计资料》,中国统计出版社1985年版,第92页;中华人民共和国国家统计局:《新中国五十五年统计资料汇编》,中国统计出版社2005年版,第35页。

[4] 中华人民共和国国家统计局:《新中国五十五年统计资料汇编》,中国统计出版社2005年版,第34、35页。

的话，那就是“自由相对有余而平等相对不足”。“自由相对有余”有两层意思。第一层意思是，同以往各个历史时期相比，中国民众现在具有前所未有的自由。这种自由推动了中国社会经济的巨大进步。就连美国国务院也承认：“中国的现代化快速提高了国内几亿人民的生活水平，扩大了社会流动性和公民的自由权利范围，这些意味着旅行、就业、教育文化、职业、居住、信息等各方面更大的自由。”[1]“自由相对有余”的第二层意思是，这一时期的自由只是一种初级的自由，是一种在较大程度上同平等相脱节的自由，离真正意义上的、制度化的自由还有较大的差距。“平等相对不足”是指，这一时期社会成员所拥有的平等相比自由来说，则显现出一种发育明显不足和明显滞后的情形，并对中国的发展产生了不小的消极影响。

1. 自由的巨大进步

改革开放以后，随着计划经济体制的迅速解体和市场经济体制的逐渐形成，人们赖以生存、工作、发展的资源不是哪一级组织和单位能够控制得了的，而是扩散到了整个社会；随着“以阶级斗争为纲”、政治压倒一切局面的结束，以人为本的基本理念逐渐形成并深入人心。在这样的时代背景下，中国民众取得了初步的但却是大面积的自由。

第一，思想的自由。

从改革开放以后30年间自由的进展来看，思想自由是最为重要的时代标志。思想自由对于整个中国社会自由的进步来说，不但是最先迈出的一步，而且对于其他领域自由的进步具有直接的推动作用。

其一，思想的解放。思想是行动的指导，思想解放是社会变革的先导。解放思想，是一个国家一个民族得以前进的必要前提。改革开放以后中国发展的每一个重大历史时期，几乎都是以思想解放为开端的。20世纪70年代末期和80年代初期，进行了第一次重大的思想解放，这就是“实践是检验真理的唯一标准”的大讨论，从而解决了“党的思想路线”问题。20世纪90年代初期，通过“姓资姓社”的讨论，使广大干部和群众从“姓

[1]〔美〕战略与国际研究中心等：《账簿中国——美国智库透视中国崛起》，隆国强等译，中国发展出版社2008年版，第72页。

资姓社”的束缚中解放出来，启动了以建立市场经济体制为目标模式的新一轮改革。[1]

需要注意的是，思想解放的重要成果，不仅表现在国家方针大政层面上务实求实精神的形成，而且还表现在民众思想观念层面上“泛政治化”现象的消除。通过思想解放，泛政治化现象已经基本被消除，中国社会最为基础的限制大致被消除，这就为思想自由提供了必要的前提条件。由此，社会成员在思想自由方面向前迈出了踏实的一大步。时至今日，中国的思想解放、思想自由已经成为历史的趋势，已经很难倒退。

其二，独立意识的增强。一个显而易见的事实是，伴随着思想的解放，伴随着现代化进程和市场经济进程的推进，社会成员的独立意识在普遍增强。2006 年全国综合社会调查数据显示，在个人成功影响因素重要性调查中，被调查者认为个人因素最为重要，位列第一，家庭因素、社会因素、先天因素位列其后；而在个人因素的调查中，被调查者认为对于个人成功来说，“有进取心／有事业心”、“努力工作”是最重要的，有 31.2% 的被调查者认为是有决定性作用，有 46.9% 的被调查者认为是非常重要的。[2]

其三，宽容意识的增强。在改革开放以后的中国社会，社会成员的宽容意识也在迅速增强，即社会成员自己可能不愿去做某件事情，但是对于去做这件事情的人，只要他们的行为不妨碍他人的自由，不损害他人的利益，社会成员一般不会予以干预或者是指责。这突出表现在人们对于隐私权的尊重。例如，有关“对待他人未关闭的电子信箱的态度”的调查显示，在给出的“顺手关掉”、“打开看看”、“来下恶作剧”和“其他”四个选项中，网民选择“顺手关掉”的居首位，占 82.02%。这说明，多数网民十分尊重他人的隐私。[3]

其四，知识分子的思想自由有了很大的空间。知识分子是以知识创新和知识传播为职业的，所以，知识分子是否具有自由，是一个社会是否具有自由的重要晴雨表。应当承认，改革开放以后，中国在这方面有了巨大

---

[1] 沈宝祥：《新时期解放思想的历程》，《上海党史与党建》2008 年第 2 期。

[2] 中国人民大学中国调查与数据中心等：《中国综合社会调查报告（2003—2008）》，中国社会出版社 2009 年版，第 222、221 页。

[3] 吴潜寿等：《当代中国公民道德调查》，人民出版社 2010 年版，第 197 页。

的进步。这一时期，知识分子一些重要的、有创意的思想和言论对于中国的发展起了至关重要、不可替代的作用。比如，知识分子对于农村联产承包制、小城镇、三农问题、市场经济理论、经济发展模式、特区理论、金融问题、依法治国、国际战略、社会发展、现代化理论、社会建设、社会公正、社会问题、社会安全、基层民主、执政党理论、价值观以及传统文化等重大问题的研究，直接推动了中国社会经济的发展。可以这样说，没有知识分子的自由，就没有前述重大研究成果的出现，也就没有中国繁荣的今天。

第二，创造财富的自由。

在改革开放以前30年间，中国社会对于经济的轻视、对于财富的蔑视、对于自由自主创业的限制，使得中国最终完全丧失了活力，社会经济的发展难以为继，民众吃尽苦头。改革开放以后的30年间，中国社会的一个突出特征就是想方设法鼓励、帮助一部分社会成员率先致富，同时消除了以往实际上的"财富原罪"以及私有财产是万恶之源的有害观念。在这样的时代背景下，中国民众获得了空前的创造财富的自由。

其一，私有财产拥有了权威的法律依据。私有财产权是社会成员的一项基本权利，财产权是与生命权、自由权并列的公民三大基本权利之一。私有财产包括个人的生活资料和生产资料。私有财产是社会成员基本生计的必要条件，是防范个人和家庭风险的必要屏障，也是其融入社会和自由发展的必要基础。私有财产如果不具有合法性，那么社会成员也不可能具有创造财富的热情，市场经济和现代化建设就无从谈起。2004年，"公民的合法的私有财产不受侵犯"的条款被正式列入宪法，由此，私有财产具有宪法地位；2007年，《中华人民共和国物权法》颁布并实施，社会成员的私有财产得到了较为细致的界定和较为周全的法律保护。这些，是改革开放以来中国社会经济生活当中十分重大的事情。在这样的情形下，社会成员可以合法地、以多样化的所有制方式，并且是在国家提供的法律保护的条件下来追求和积累自己的财富。

其二，社会成员原有的种种身份束缚被消除。改革开放以后的30年，社会成员的自主择业成为一种趋势，社会成员原来的种种人身依附性和隶属性逐渐消失，社会成员的自致性努力逐渐成为现实，社会流动程度大幅度提高。

其三，非公有制经济得到了国家前所未有的大力支持。一个社会只要进行真正的现代化建设，就离不开市场经济，自然也就离不开私营经济以及私营企业主。改革开放以后，随着市场经济的发展，作为市场经济重要组成部分的私营企业主群体以及私营经济，其“合法性”地位逐渐被国家和社会确认。改革开放以来尤其是20世纪90年代初期以来，国家几乎在所有重要的有关经济体制改革的重要文献当中，都将鼓励和扶持私营经济的发展作为重要的组成部分。在国家的支持下，中国的私营经济获得了空前的巨大发展。民营经济（指国有和国有控股企业以外的其他所有制经济）在中国经济生活中已经逐渐具有举足轻重的影响力。民营经济在国家GDP当中所占的比重，2005年已经达到了65%；民营经济占全社会第二、第三产业的就业比重于2000年、2001年、2002年、2003年、2004年和2005年，分别达到了77.5%、79.1%、80.6%、81.9%、83.2%和84.1%；民营企业的税收收入占全部税收的比重于2000年、2001年、2002年、2003年、2004年和2005年，分别为54.7%、62.9%、66.3%、68.9%、71.3%和75.7%。[1]显然，以私营经济为核心内容的民营经济为整个中国社会财富的创造和积累做出了巨大的贡献。

第三，民众生活的自由。

改革开放以后，随着经济的发展，民众的生活自由具有一定的物质基础，而随着以人为本基本理念影响的逐渐扩散，民众越来越看重自身现实的生活。这一切，终结了以往禁欲主义式的生活方式，取而代之的是常态的世俗化生活。

其一，民众的生活水准得到大幅度提升。在计划经济时代，消费物品十分匮乏。作为没有办法的办法，政府只好对居民进行基本消费商品的配给，比如，每一个城市居民定期领取一定数量的票证如粮票、油票、肉票、蛋票等等，然后再凭票去购买生活必需品。现在看来，那样一个“票证时代”已经成为一种回忆，一去不复返了。通过改革开放前后的对比可以发现，中国民众的生活水准发生了翻天覆地的变化。1978年城镇居民家庭

---

[1] 黄孟复、胡德平主编：《中国民营经济发展报告No.3(2005—2006)》，社会科学文献出版社2006年版，第4、21、25页。

人均可支配收入为343.4元，农村居民家庭人均纯收入为133.6元，2008年分别增至15780.8元和4760.6元；1978年城镇居民家庭的恩格尔系数为57.5%，农村居民家庭的恩格尔系数高达67.7%，2008年则分别降至37.9%和43.7%；1978年城市人均住宅建筑面积为6.3平方米，2006年增至27.1平方米；1978年农村人均住房面积为8.1平方米，2008年增至32.4平方米。[1]

其二，民众生活方式呈现出多样化、丰富化的状况。民众生活的自由，意味着社会成员越来越重视现实生活，对于生活方式选择的自主性增强，选择余地增大，这就使得社会成员的日常生活方式表现出一种多样化、丰富化的特征。一是消费支出方式的多样化。就消费支出方式来看，如今的社会成员已经不仅仅是“量入为出”，一些社会成员开始进行借贷消费。二是用于家庭服务的支出明显增加。2008年城镇居民家庭服务性消费为2919元，占消费性支出的比重为26.0%，比1978年的10.2%上升15.8个百分点。[2]三是用于旅游和文化娱乐的支出明显增加。20世纪90年代以来，由于经济收入的增加和闲暇时间的增多，民众将更多的消费支出用于旅游和文化娱乐。人们用于旅游的支出逐年增长，旅游人次数不断攀升。

2. 自由对中国发展的巨大推动

改革开放以来，中国民众对自由的获得，极大地推动了中国的发展。

第一，推动了中国经济的巨大发展。

自由成为这一时期中国发展最为重要的动力。温家宝指出：“中国所有这些进步，都得益于改革开放，归根到底来自于中国人民基于自由的创造。”[3]就连一些外国政治家也看到了这一点。美国前总统乔治·布什认为，“中国为何能够发生如此巨大的变化”，“自由——一种全新的政治开明、经济自由的制度，才是亚洲飞速发展的真正内涵”。[4]自由实际上是对于社会成员发展活力、发展潜力所面临的条条框框的破除。对社会成员以往种种身

[1] 中华人民共和国国家统计局：《中国统计年鉴2009》，中国统计出版社2009年版，第317、351页。

[2] 国家统计局：《城乡居民生活从贫困向全面小康迈进》，中华人民共和国国家统计局网站，2009年9月10日。

[3] 记者李红旗等：《以平等包容的精神寻找共同点》，《新华每日电讯》2003年12月12日。

[4] 中新社博鳌4月23日电：《乔治·布什自问是否真实理解亚洲飞速变化》，中国新闻网，2004年4月25日。

份束缚的破除，对社会成员以往身份依附性和隶属性的消解，极大地解放了生产力，极大地释放了中国社会所蕴藏的巨大潜能。而经济发展同个人的经济利益实现了有机的结合，对于劳动者和企业家来说，这就意味着形成了巨大的利益驱动力，并且是按照自己的意愿去做事情，其热情、智慧以及潜力都是巨大的，进而会形成巨大的经济推动力和经济创造力。另外，生活自由表明这个社会十分重视人本身的生活，或者说世俗化程度比较高，社会成员越来越重视自身生活水准的提升，这就能够为经济发展提供了巨量的订单和广阔的市场，使经济发展获得了一种巨大的消费内需拉动力。

第二，推动了现代社会阶层结构的形成。

社会结构是社会机体的骨骼。以社会阶层结构为主要内容的社会结构对于社会经济发展的整体来说，具有基础性的意义。社会结构的具体状况，决定着一个社会是否拥有合理的社会分工状况，决定着能够为这个社会的发展和运行提供怎样的社会资源和人力资源（社会力量配置结构）的支撑，决定着一个社会消费需求量的大小，决定着社会团结和社会整合的程度，同时也决定着社会问题和社会风险的可能空间。改革开放以前，中国的社会经济发展之所以不正常、不具有可持续性，从经济层面上看，其症结在于缺少一个市场经济体制；而从社会层面上看，其症结则是缺少一个现代、合理的社会结构。

改革开放以后，自由的大面积生长和自由程度的大幅度提高，直接推动了中国现代社会结构的形成。现代社会和市场经济形成的一个基本要求，就是生产要素包括劳动要素必须能够进行自由流动和合理配置。随着计划经济体制的瓦解，随着市场经济体制的逐渐建立，社会经济资源垄断的局面明显松动，社会中的自由流动资源出现并增多，社会成员的自由流动空间迅速扩展。[1]更为重要的是，改革开放以后，社会成员以往种种诸如政治、户籍等身份限制的消除，使大量的社会成员能够进行自由和较为畅通的流动，这就为现代社会阶层结构的正常发育提供了起码的必要条件。而社会成员自致性的增强以及对于增加自身利益和创造财富的需求，使得社会成员希望进行流动。在这样的情形下，同改革开放以前那种人为强制安排的

[1] 孙立平等：《改革以来中国社会结构的变迁》，《中国社会科学》1994 年第 2 期。

社会阶层结构相比，改革开放以后的社会阶层结构得到了正常的发育和发展。特别需要指出的是，企业家阶层和知识分子阶层这两个以前受到严重打压的阶层得以恢复并得到了长足的发展，从而弥补了以往社会阶层结构的严重缺陷。如果没有这两个阶层的存在和发展，现代性的社会阶层结构将是不完整的，是不可能形成和发展的。到了 21 世纪初期，现代的社会阶层结构大致得以初步形成，现代化建设和市场经济运行所必需的社会阶层哪一个都没有缺少。“目前来看，中国社会阶层结构有十大阶层组成，他们是国家和社会管理者阶层、私营企业主阶层、经理人员阶层、科技专业人员阶层、办事人员阶层、个体工商户阶层、商业服务业从业人员阶层、产业工人阶层、农业劳动者阶层和无业失业半失业人员阶层。”[1]

第三，确立了中国民众人性化生活的正当性与合理内涵。

民众生活实际上是一种目的性的事情。民众生活既不是政治的手段和工具，也不是经济的手段和工具；相反，从根本的意义上讲，政治发展和经济发展应当是为民众生活服务的手段、工具和途径。经济尽管极为重要，是改善民众生活的基础，但毕竟只是改善民众生活的基本途径，是属于手段范围内的事情。同理，政治也是如此。

自由确立了民众日常生活的正当性。自由强调人的现实化、理性化的生活方式，强调民众现实利益的重要性，强调合乎人的本性的、合意的、正常的生活样式和生存状态。自由的理念和基本行为取向有助于社会成员个性意识的觉醒，同时有助于人们看重自身的经济利益问题，于是，这就造就了一种普遍的现实感，使社会成员注重现实的日常生活，注重现实生活的质量问题，将世俗化的生活方式看做一件正当的事情。

自由也规定了民众生活的多种内涵。从自由的角度看，民众自主和合意的生活最为重要，任何他人都很难合意地代表本人，所以，不能用按照某个方面的硬性标准如道德的或是政治的标准去规定安排民众的具体生活。只要社会成员所选择的某种生活方式不损害和妨碍他人正常的生活，不损害他人的合理利益，就是不应被禁止的。“凡在不以本人自己的性格却以他人的传统或习俗为行为的准则的地方那里就缺少着人类幸福的主要

[1]　陆学艺主编：《当代中国社会结构》，社会科学文献出版社 2010 年版，第 22 ~ 23 页。

因素之一，而所缺少的这个因素同时也是个人进步和社会进步中一个颇为主要的因素。”[1] 再者，从自由的角度看，人本身的需要、爱好和意愿是千差万别的，所以，现代社会理应强调多样化生活方式。民众生活有着多个方面的内容，不仅包括物质生活的需求，而且包括精神生活的需求。

显然，自由对民众生活正当性的确立以及对民众生活内容的规定，根本地改变了改革开放以前的那种社会轻视、漠视民众生活的片面取向，使得民众生活回归人性，成为发展宗旨范围内的事情。从长远的角度看，这对于保证中国人性化和健康的发展具有十分重要的意义，同时通过物质和精神文化等多方面消费需求的增加，对于经济的发展也会提供持续的拉动力量。

3. 改革开放以后自由和平等的主要特征和局限

应当看到的是，与改革开放以前“平等相对有余而自由明显不足”的情形相比，改革开放以后的自由和平等则呈现出一种“自由相对有余而平等相对不足”的情形。这一时期的自由是在中国社会急剧转型的特定背景之下发生的，因而有着明显的特征和局限性，同时，这一时期的平等也明显表现出一种发育相对不足的情形。

第一，这一时期的自由往往是一种缺乏规则的自由。

目前中国正处在由传统社会向现代社会、由计划经济体制向市场经济体制的社会急剧转型时期。这样的一个时期是不可避免的。在中国社会的急剧转型时期，有一个明显的特征，这就是：旧的规则体系不是很管用了，而能够同现代社会和市场经济相适应的新的规则体系还没有系统地建立起来。中国目前正处在规则体系的重建时期，或者说，从一定意义上讲，中国社会目前处在规则的真空时期，社会经济领域往往缺乏正常的秩序和健全的规则体系，规范的社会利益协调机制呈现出一种缺失的状态。正是从这个意义上讲，在这样一个缺乏规则体系背景之下所出现的自由，必然是一种缺乏规则的自由。

大致看来，中国改革开放以后30年间规则的缺乏主要表现在这样几个方面：一是制度不健全。改革开放以后的30年间，制度建设明显呈现

---

[1] 〔英〕约翰·密尔：《论自由》，程崇华译，商务印书馆1959年版，第60页。

出不全面和不匹配的情形。经济领域当中制度建设的进展相对较快，而社会领域和政治领域当中的制度建设相对迟滞一些，社会领域和政治领域的制度建设明显滞后于经济领域的制度建设。二是对于已有的制度往往是有法不依，执法不严。应当承认，改革开放以后的 30 年间，适应着社会经济的变化，中国制定了大量法律法规。但问题在于，许多法律法规在现实生活当中缺乏权威性，有时难以得到有效执行，而流于一纸空文。比如，2007 年国家通过发布了《中华人民共和国反垄断法》，并于 2008 年 8 月 1 日起施行。但如今的实际情况是，部门垄断、行业垄断现象有增无减，并没有出现收敛的迹象。三是缺少规则意识。有调查显示，在问及“现代人‘缺德’主要缺的方面”时，被调查者认为，现在社会最缺少的是“诚信”，其比例高达50.37%，位列第一。57.29%的被调查者非常赞同或基本赞同“当前诚实守信的人往往吃亏”的判断。[1] 相比之下，缺少规则意识这一现象实际上所造成的负面影响恐怕更为严重。因为，在一个缺乏规则意识的社会，无论规则制定得多么规范和详尽，都难以得到有效的实施。

不能否认，在改革开放初期，当时最主要的时代任务是破除一切束缚社会成员发展的制度规则。“破旧”是时代之亟需，是解放生产力、释放社会潜能、推动社会经济发展的必要条件。客观地看，中国改革初期所出现的自由空间并非市场经济所提供的，而是社会成员解除了束缚之后、没有限制的社会环境所造成的，或者说是某种规则真空所造成的。从某种意义上讲，在改革初期，中国发展进程的迅速推进，与其说是得益于新体制的建立，倒不如说是得益于旧体制的瓦解，换个角度讲，也就是得益于某种“无序”状态的形成。[2] 但是，当“破旧”的任务基本完成以后，后续的事情应当是启动“立新”的事宜，即建立新的规则制度体系。而恰恰在“立新”事宜方面，目前做得远远不够。这样，已经释放出来的巨大社会能量极有可能由于缺乏必要的整合而变成一种影响较大的负面力量。

第二，这一时期的自由往往是同过于强烈的经济利益冲动结合在一起的。

随着人性化生活取向的形成，这一时期中国民众对自己健康的身体以

[1] 吴潜寿等：《当代中国公民道德调查》，人民出版社 2010 年版，第 59、132 页。

[2] 吴忠民：《走向公正的中国社会》，山东人民出版社 2008 年版，第 276 页。

及富裕而稳定的生活表现出极大的渴望，而要实现这一目标，就必须具有一定的财富基础和经济实力。同时，对于经过了以往长期贫困的、禁欲主义式的生活的中国民众来说，其物质基础普遍比较薄弱，因而更容易表现出一种经济饥渴症。凡此种种，使得中国民众普遍地表现出一种前所未有的、过于强烈的经济利益冲动。这种状况，同改革开放以前 30 年间相比，是完全不同的。几乎所有的相关调查都说明了这一点。比如，零点公司一项对北京市流动人口的调查显示，“有一份稳定的工作”和“美满的爱情生活”被认为是最重要的生活内容，分别列“流动人口的生活价值观”一栏中的第一和第二位，而“发工资／涨钱了”和“生意好”在“个人生活领域感到高兴的事情”一栏中分别列第一和第二位。[1] 另外，零点公司的一项调查显示，无论男女、不分年龄、不管是高收入还是低收入者，均表现出对于贫穷的较高畏惧，人们对贫穷的畏惧甚至远超过对情感背叛、友谊和尊严丧失。[2]

民众强烈的经济利益冲动，使得中国社会形成了空前的能量。这种空前的能量同前面所提及的某种意义上的规则真空结合在一起，必然会对中国社会产生十分复杂的不利影响。

第三，“平等相对不足”。

由于制度的缺失，由于追求 GDP 成为整个社会的重要导向等多个方面的原因，这一时期平等的发育同自由相比呈现出一种明显不足的情形。

平等发育不足表现在许多方面。比如，劳动者劳动超时现象比较普遍和严重。中国目前除了个别行业外，城镇就业人员在几乎所有的行业当中都是劳动超时，特别是在体力劳动者集中的行业当中更是如此。而且，从 2003 年至 2006 年的 4 年间，劳动时间逐年递增，劳动时间越来越长。在 2006 年，劳动超时最为严重的是商业、服务业人员，每周工作 51.97 个小时；紧随其后的是生产、运输设备操作人员及有关人员，每周工作 50.81 个小时。[3]

[1] 零点公司：《中国消费文化调查报告》，光明日报出版社 2006 年版，第 142 页。
[2] 帅蓉、宋媛：《我为什么比别人穷》，《国际先驱导报》2011 年 1 月 10 日。
[3] 国家统计局人口和就业统计司等：《中国劳动统计年鉴 2007》，中国统计出版社 2007 年版，第 119 页。

4. 这一时期自由和平等的缺陷所造成的负面影响

改革开放以后的30年间，自由发展当中的缺陷和平等发育的不足，对中国社会产生了许多负面影响。这主要表现在以下几个方面：

第一，社会经济发展动力的疲弱。

从自由演化的一般规律来看，先是通过对社会成员外在限制、外在禁锢、外在约束如人身依附等落后时代因素的破除，使自由得到一定的拓展、获得一定的空间，进而使社会成员获得巨大的解放，并推动社会经济的发展。这是自由发展的初级阶段。依此来看，改革开放以后的30年成功地做到了这一点。问题在于，自由如果仅仅限于此，其推动社会经济发展的潜力是有限的。自由还必须发展到第二阶段，这就是建立起平等的社会经济制度。在对绝大多数社会成员基本的平等权利进行有效保护的基础之上，自由才能够获得进一步的发展，才能持续不断地激发整个社会的活力。

正是从上述角度来观察改革开放以后30年间自由演变的基本状况，可以发现，这一阶段中国的自由只是一种初级的自由，而且其潜力已基本消耗殆尽，这就使得社会经济发展动力开始呈现出一种明显疲弱的情形。一是社会活力明显不足。可以这样说，目前中国初级的自由所能容纳的潜能已经释放完毕。大批社会成员平等的基本权利得不到保障这一事实，使得大批社会成员作为个体人所应当具有的自由的完整性受到损害，进一步看，大批社会成员自由的意义也必然会受到损害。于是，大批社会成员的积极性和主动性就被严重削弱，进而使得整个社会的潜能释放受到严重的限制，社会活力逐渐丧失。二是直接削弱了经济发展的消费内需拉动力。中国不平等现象的存在，意味着中低收入群体成员的数量过大，中等收入人群成员的比例过小。有数字显示，中国目前中等收入人群人数比例只有23%。[1]这种情形对消费内需拉动是十分不利的。比如，2009年我国的最终消费率（消费率）降到了改革开放以来的最低点48.0%（1979年为64.4%），而资本形成率（投资率）却达到了改革开放以后30年间的最高点47.7%。[2]

显然，自由应当结束其初级的阶段，而进入一个新阶段，即自由能够发展成为在平等的社会经济制度之上的自由，能够发展成为社会成员基本

---

[1] 陆学艺主编：《当代中国社会结构》，社会科学文献出版社2010年版，第23页。

[2] 中华人民共和国国家统计局：《中国统计年鉴2010》，中国统计出版社2010年版，第55页。

的平等权利得到保护基础之上的自由，能够发展成为同平等有机融合在一起的自由。

第二，社会阶层之间呈现出一种非良性互动的局面。

在以人为本的现代社会，社会各个阶层理应呈现出互惠互利的良性互动情状，即社会各个阶层之间的利益是相互增进的，任何一个阶层利益的增进不能以损害其他阶层的合理利益为前提。“一个人只应拥有正义所允许的最大限度的自由，不得超过。”[1]这种互惠互利的局面至少依赖两个重要前提的存在，亦即能够体现出自由理念的社会经济制度的存在和能够体现出平等理念的社会经济制度的存在。如果没有体现出自由理念的社会经济制度，这个社会就不可能具有活力；而如果没有体现出平等理念的社会经济制度，这个社会则不可能最终实现互惠互利的局面。应当看到，社会成员所拥有的能力、资源以及地位是不同的。在这样的情形下，如果社会成员缺少平等的保护，而任由人们施展自己的自由行为，那么社会成员所拥有的自由就往往会变成一部分人对于另一部分人合理利益的损害。

在相对比较自由同时又缺乏制度约束的空间当中，社会成员比较强烈的利益冲动就往往会转变成一种各自实力的角逐。这样，强势群体（实力相对较强的一方）[2]就比较容易越过自身应有的公正合理的利益边界，直接损害、侵占弱势群体（实力相对较弱的一方）的平等权利和合理利益，甚至还会损害、侵占公共利益。正因为如此，改革开放以后的30年间，中国社会的各个阶层之间难免在一定范围内、在一定程度上呈现出一种非良性的有时甚至是恶性的互动局面。

一方面，是强势群体利益的超常扩张。这一时期的自由是以消除原有的对社会经济发展的种种限制和桎梏为主，是以“破旧”为主，由此导致大量的社会经济资源扩散到社会上，成为某种意义上流动的甚至是无人认领的资源。同时，社会经济领域却由于缺少基本的、规范的制度，而处在一个某种意义上的“规则真空期”。在这种情形下，谁占据了有利的位置，谁就能够在新资源的分配当中占据优先的位置。于是，对于某些占据明显优势位置，具有明显社会话语权和影响力的强势群体来说，原本应当是“基

[1]〔美〕艾德勒：《六大观念》，郗庆华译，生活·读书·新知三联书店1991年版，第167～168页。

[2] 这里是从中性的意义而不是从贬义的意义使用“强势群体”一词，将“强势群体”视同于“优势群体”。

于自由的创造”就往往变成一种“基于‘自由’的为所欲为的利益扩张”，其财富和利益就容易得到大幅度、甚至是超常规的扩张。一个公认的事实是，在短短 20 年当中，中国的富裕群体在社会全部居民财富中所占的比例迅速提高。有调查统计显示，现在城市中 10% 的富裕家庭占城市居民全部财产的 45%。城市中最低收入 10% 的家庭其财产总额占全部城市居民财产的 1.4%，另外 80% 的城市家庭占有城市家庭财产总额的 53.6%。[1] 还有学者指出，2008 年全国在超过 9 万亿元的隐性收入中，“灰色收入”的部分有 5.4 万亿元，10% 的最高收入家庭拿走了其中 63% 的财富。[2] 更为重要的是，强势群体利益的超常扩张，在不少情形下是通过大量违规的行为而实现的，如价格双轨制空档的运用、国有资产流失中的获利、行业垄断、强行征地拆迁、贪污腐败、偷税漏税、量身定做的优惠政策等等。

另一方面，则是弱势群体“利益的低度增加”。这里所说的“利益低度增加”是指，同改革开放以前的 30 年相比，弱势群体绝对收入的数量有所增加，其生活的绝对水准有所提高，但是他们同强势群体亦即其他较为富裕的群体相比，相互之间的差距迅速拉大，而且其社会位置和经济位置也在迅速降低。根据世界银行的统计数字，中国占总人口 20% 的最贫困人口占收入或消费的份额只有 4.3%，而占总人口 20% 的最富裕人口占收入或消费的份额高达 51.9%。[3] 在 2002 年一项有关“城市居民对改革开放以来受益最多的群体的判断”的调查中，工人和农民分列“受益最少群体”当中的第一位（88.2%）和第二位（76.3%）。[4]

第三，社会安全受到明显的不利影响。

在一部分社会群体利益超常规扩张和另一部分社会群体利益受损的同时，还应看到，改革开放以后社会成员的利益诉求意识普遍不断增强。市场经济是平等、独立意识的天然温床。改革开放以来，尤其是 20 世纪 90 年代以来，随着市场经济的推进，中国民众的平等和独立意识得到了空前的发展，并得到了国家层面上的积极认同。2004 年，“国家尊重和保障人权”的说法已经被列入宪法；2007 年，“自由”和“平等”已经被写入中

[1] 财政部科研所课题组：《财政部报告称中国贫富分化加剧》，中新网，2003 年 6 月 16 日。
[2] 《中国社会隐性收入九万亿 最富的人拿走最多的钱》，《北京晚报》2010 年 8 月 12 日。
[3] 世界银行：《2007 年世界发展指标》，中国财政经济出版社 2008 年版，第 66 ～ 68 页。
[4] 李培林等：《社会冲突与阶级意识》，社会科学文献出版社 2005 年版，第 203 页。

国共产党的“十七大”报告。这一做法符合现代化趋势，是我国社会政治生活中的一件大事。既然社会成员的平等和独立意识普遍得到增强，那么社会成员的维权意识也必然会迅速增强。进一步看，在新的时代背景下，社会成员对于自身各种平等权益的维护，尤其是对于基础性基本平等权利的维护就成为一种必然的历史趋势。在新的历史条件下，社会成员在利益方面的诉求从以往的隐形层面浮现到显形的层面上来，而且社会成员越来越懂得选择多种不同的方式来进行维权和表达自己的利益诉求。在这样的情形下，大量侵害民众基本权利的做法就会遭到比较普遍的抵触。

一方面是部分社会群体时常越界而进行直接有损于民众利益的活动，另一方面又是民众平等及维权意识的普遍增强，因此社会各个阶层必然会在利益方面形成不少纠纷、矛盾和冲突。在这一时期，社会矛盾问题有一个十分明显的特征，这就是利益诉求型的社会矛盾问题占据了各种社会矛盾问题的主流地位。比如，20 世纪 80 年代至 90 年代农民围绕着各种税收所形成的抗争，20 世纪 90 年代围绕着国企转制所形成的矛盾纠纷，20 世纪 90 年代开始直到现在的围绕着强行征地拆迁所形成的矛盾冲突以及 21 世纪之初开始的农民工维权举动，都属于利益诉求型的社会矛盾问题。

利益诉求型的社会矛盾问题如若解决不好，任其演化到一定地步，就会引发较为激烈的社会冲突，从而对社会安全构成威胁。近年来，主要是由利益诉求型社会矛盾问题所引发的种种群体性事件呈愈演愈烈的趋势，就清楚地说明了这一点。

第十一讲

中国现阶段的社会公正问题

在中国经济获得了空前繁荣的同时，中国的发展也出现了一些问题。其中比较明显的问题是，社会发展明显滞后于经济发展，社会发展与经济发展之间出现了明显不协调的情形。这集中表现在，社会公正问题没有得到应有的改善，社会不公现象十分明显。社会不公现象催生了大量的社会矛盾问题。社会公正方面的问题已经成为一个影响中国社会经济发展全局的大问题。这一问题如果解决不好，那么中国社会的安全运行和健康发展将是不可能的。

一、社会公正问题不仅仅限于收入差距问题

1. 仅仅关注收入差距问题远远不够

在社会公正问题方面，最直接也是最容易引起人们关注的是相对比较直观和现实的收入（贫富）差距问题。于是，并非偶然地，收入差距过大问题自然成为人们关注的一个焦点问题。

不能否认，收入差距问题能够从一个重要的侧面反映出一个国家社会公正问题的基本状况，换言之，社会公正问题的基本状况在一定程度上能够综合地、直接地表现在收入差距问题方面。正因为如此，有关收入差距问题的研究至关重要，应当成为社会公正研究当中不可或缺的、极为重要的内容。

虽然收入差距问题是社会公正问题当中一项十分重要的内容，但是，应当看到的是，社会公正问题不仅仅是收入差距问题，而是一个远远超出收入差距范围的问题。如果只是将社会公正问题局限于收入差距问题，那么对于社会公正问题的解释则是远远不够的。对于社会公正问题的理解只是限于收入差距问题的局限性在于：

第一，对于社会公正问题基本状况的描述与概括不全面。社会公正问题涉及社会的方方面面，如社会成员基本权利的维护问题、机会平等问题、按照贡献进行分配问题、社会调剂问题、社会阶层结构（社会力量的配置结构）问题、基本的制度安排问题、发展的基本理念问题和发展的基本路径问题等等。所以，仅将社会公正问题局限于收入差距问题的话，那么前述一系列重要的问题就容易被忽略。这样一来，对于社会公正的基本描述和概括不可能全面，而建立在不全面描述和概括基础上的判断不可能是科学合理的。

第二，对于社会公正问题的基本状况难以作出准确的定位。从一定意义上讲，收入差距问题只是一种表面的现象，关键要看这些表象背后的事情。如果仅仅就收入差距问题谈论收入差距问题，那么难以对这个社会的公正状况作出准确的基本判断。相反，容易出现两种误读。一种误读是，有时容易将一些合理的差距当成不公正的事情来看待。比如，有时难免将平等问题予以泛化和绝对化，认为基尼系数越低越好，而忽视了社会成员自由和多样化发展的极端重要性，从而流于绝对平均主义的观念，不经意间将平均主义视为合理公正的事情。另一种误读是，有时容易将某种过渡性的现象当做合理公正的事情来看待。比如，如果仅仅从外观上看，也就是如果只是从收入差距的角度看，容易得出如下判断：20 世纪 80 年代中国社会的基尼系数介于 0.3 至 0.4 之间，这是最为公正合理的收入差距现象。殊不知，20 世纪 80 年代的中国社会正处在由计划经济体制向市场经济体制转型之初，市场经济体制远远没有形成，现代社会更谈不上定型。在这样的情形下，收入差距的具体状况属于过渡时期当中不具有确定意义的一种现象，谈不上合理公正与否，更谈不上是一种理想的状态。

第三，对于社会不公的原因不可能作出准确的解释。收入差距问题只是社会公正问题的一种结果，而不是原因。如果将社会公正问题仅仅局限于收入差距问题的话，那么，其结果是对于不公正的收入差距现象是知其然，而不知其所以然，无法作出准确的解释。具体之，一是对于社会不公原因的解释缺乏必要的、整体化逻辑联系。我们可以看到，人们现在由于往往只是将社会不公问题限于收入差距问题，因此，对于社会不公问题原因的解释很不全面，往往是归咎于某项或某些个案化的原因，诸如教育机会不均等、社会保障体制不完善、财政转移支付体系的目标不明确和使用低效率、政府改革的滞后以及国民收入分配体系不健全等等。这些现象固然都是收入差距问题产生的原因，但是，这些原因各自的作用有多大，相互间到底具有怎样的一种有机联系，论者们却语焉不详。二是对于社会不公原因的解释不够深入。一个社会是否具有一种公正合理的收入差距状况，从根本上讲，取决于这个社会是否具有公正合理的社会阶层结构，取决于这个社会是否具有公正合理的基本制度和一系列基本政策，取决于这个社会是否具有被社会成员广泛认同的社会公正价值理念等等。而由于人们对于社会不公内容理解的狭窄，因而对社会不公原因的解释往往是限于表层现象，而难以进行进一步的深入解释。

第四，对于解决社会不公问题的对策建议难免不全面、不到位、不可行。就社会不公问题的解决而言，如果对社会不公基本状况把握得不够全面，对其产生原因理解得不够清晰，那么就难以对症下药，解决社会不公问题的对策建议也就不可能全面和到位。比如，不少学者只是将解决社会不公的主要对策建议限于理顺收入分配关系，或是认为应当通过加大税收力度和建立社会保障体系的方法来解决社会不公问题。实际上，这是一种十分技术层面上的政策建议，过于简单。应当看到的是，何种收入分配政策的应用，从根本上讲，最终是取决于这个社会所认同的基本价值理念、社会利益的博弈结构等等。一个社会，一旦缺少得到社会认同的、并且是能够与现代社会及市场经济相适应的基本价值理念，就不可能制定出公正合理的收入分配政策。而且，如果没有公正合理的社会阶层结构（社会力量配置结构），那么再好的收入分配政策在具体的实施过程中也会变形走样。显而易见的是，解决社会不公问题的对策建议，必须是全面和综合的，相关的政策建议必须建立在对社会不公问题全面、深入理解的基础之上，唯有如此，方能制定出全面、到位、可行的对策建议。

2. 分析中国现阶段社会公正问题的恰当路径

中国现阶段的收入差距问题固然是社会公正问题当中一项十分重要的内容，除此之外，还应当看到，中国的社会公正在四个方面即基本权利的保证、机会平等、按照贡献进行分配以及社会调剂方面都出现了比较明显的问题，而且，社会公正这四个方面的问题是中国现阶段之所以会出现较为严重的收入差距问题的直接原因。而中国的社会公正之所以在这四个方面出现了比较明显的问题，其重要根源在于中国现阶段的社会阶层结构亦即社会力量配置结构方面出现了比较明显的问题。再进一步看，是在一个较长的一个时期当中，中国在发展理念以及基本制度和政策方面出现了比较明显的问题。

基于上述看法，我们应当从多个层面的角度，采取“逐层递进”的研究路径，来分析中国现阶段的社会公正问题。具体之就是：先从外观表现的层面上，描述和概括中国现阶段收入差距过大这一重要的社会不公问题的基本状况；尔后，以社会公正的四项基本规则为视角，对于中国现阶段社会不公现象的各个主要环节进行探讨；接着，从社会阶层结构（社会力量配置结构）的层面，对于中国现阶段社会不公现象的根源进行分析；最后，从发展的基本理念和基本制度的层面，对中国现阶段社会结构层面不公正问题的根源进行研究。从逻辑关联性来看，后一层面的问题在一定程度上可以有效解释前一层面问题的原因，反过来则无法予以解释。

二、中国现阶段的收入差距问题

在中国现阶段种种社会不公正现象当中，过大的收入差距已经成为一个比较突出的问题。这一点，从基尼系数、城乡居民收入差距、地区之间居民的收入差距以及富裕群体所占有的财富比例等几个指标中可以比较清晰地显示出来。

1. 基尼系数较高

由于统计口径不一致，人们对于中国现阶段基尼系数的判断有些差别，但是比较一致的看法认为基尼系数在 0.458 以上，中国社会的贫富差距已经突破了合理的限度。比如，按照许多学者的测算，中国现在实际的基尼系数已经达到 0.496 甚至超过了 0.5。[1] 而根据中国人民大学和香港科技大学的联合调查，中国内地的基尼系数已经高达 0.53 或 0.54 左右。[2] 中国现阶段的基尼系数居亚洲第一的位置。

2. 城乡差距位居世界第一

按照国际一般的情况，在一个国家当中，城镇居民的人均收入大体上是农村居民人均收入的 1.7 倍以内，世界只有少数国家超过了两倍。中国的这一比例远远高于其他国家，并且呈现出不断增大的趋势。

从改革开放以来的一组具体数据看，1978、1980、1985、1990、1998、1999、2000 年中国城镇居民人均可支配收入分别是农村居民人均收入的 2.58 倍、2.5 倍、1.86 倍、2.2 倍、2.52 倍、2.66 倍和 2.80 倍，2002 年达到 3.1 倍，2006 年达到 3.28 倍，2007 年更是达到 3.33 倍，2009 年也是 3.33 倍，[3] 为世界第一，这是一般的统计状况。根据国家统计局专家的看法，如果再进一步地具体化，情况要严重得多：如果扣除农民用于生产的费用，再把城镇居民享受的一些福利也考虑进来，城乡差距将进一步拉大到 5 ～ 6 ： 1。[4] 中国的城乡差距更是高居世界第一。

3. 富裕群体所占有社会财富的比例迅速提高

在中国现阶段，富裕群体在社会全部居民财富中所占的比例迅速提高。调查统计显示，中国 1% 的家庭掌握了全国 41.4% 的财富，财富集中度远远超过了美国，成为全球两极分化最严重的国家之一。[5] 西南财经大学中国家庭金融调查与研究中心（由西南财经大学与中国人民银行总行金融

---

[1] 汝信等主编：《2007 年：中国社会形势分析与预测》，社会科学文献出版社 2006 年版，第 8 页；刘国光：《进一步重视社会公平问题》，《经济学动态》2005 年第 4 期；李实等：《中国城乡居民收入差距的重新估计》《北京大学学报（哲学社会科学版）》2007 年第 2 期。

[2] 苗树彬等：《寻找经济转轨与社会公平统一的发展道路——中改院“经济转轨与社会公平改革形势分析会”综述》，《光明日报》2004 年 8 月 17 日。

[3] 中华人民共和国国家统计局：《中国统计年鉴 2010》，中国统计出版社 2010 年版，第 342 页。

[4] 中新社北京 10 月 21 日电：《邱晓华指出：中国城乡居民收入差距高于五比一》，中国新闻网，2002 年 10 月 21 日。

[5] 夏业良：《中国财富集中度超远美国》，《21 世纪》2010 年第 8 期。

研究所共同成立）发布的全国首份《中国家庭金融调查报告》指出，截至2011年8月，中国家庭资产平均为121.69万元，城市家庭平均为247.60万元，农村家庭平均为37.70万元。城市家庭中，金融资产11.2万元，其他非金融资产145.7万元，住房资产93万元，负债10.1万元，净资产237.5万元。相应的，农村家庭数据为3.1万元、12.3万元、22.3万元、3.7万元、34万元。资产最多的10%家庭占全部家庭总资产的比例高达84.6%，其金融资产占家庭金融资产总额的比例也有61.01%，非金融资产占家庭非金融资产总额的比例更高达88.7%。[1] 有学者认为，2008年全国在超过9万亿元的隐性收入中，"灰色收入"部分有5.4万亿元，10%的最高收入家庭拿走了其中63%的财富。[2]

根据世界银行的统计数字，中国占总人口20%的最贫困人口占收入或消费的份额只有4.3%，而占总人口20%的最富裕人口占收入或消费的份额高达51.9%。这些数字，在一些具有一定代表性的国家当中，虽然低于南非、巴西等国，但明显高于美国、俄罗斯、印度、伊朗、日本、法国、波兰等国，处在较高的位置。[3]

三、中国现阶段社会公正问题的基本状况

我们以社会公正的四项基本规则为观察维度，就能够较为清晰地了解中国现阶段社会公正问题的基本状况。

同仅从收入差距这一单向维度来分析中国现阶段社会公正状况的做法相比，对于社会公正问题的四个维度即基本权利的保证、机会平等、按照贡献进行分配和社会调剂进行描述和分析要科学合理得多。其一，更加全面。仅仅从收入差距这一单向维度来分析中国现阶段社会公正基本状况难免简单、片面，一些重要的属于社会公正问题范围的内容如社会成员基本权利保证的状况、机会平等状况等问题容易被忽视。从四个维度对社会公正问题进行分析，能够使人们对中国现阶段社会公正基本

[1] 西南财经大学中国家庭金融调查与研究中心：《中国家庭金融调查报告精选》，中国家庭金融调查网站，2012年5月15日。

[2] 《中国社会隐性收入九万亿　最富的人拿走最多的钱》，《北京晚报》2010年8月12日。

[3] 世界银行：《2007年世界发展指标》，中国财政经济出版社2008年版，第66～68页。

状况问题的理解更加全面：不仅能够使人们了解初次分配领域和再分配领域（社会调剂）方面的问题，而且能够使人们了解社会成员基本权利状况以及机会平等的基本状况。其二，更加深入。社会公正问题的基本权利的保证、机会平等、按照贡献进行分配以及社会调剂这样四个维度上的基本状况，在很大程度上同一个社会的收入差距的基本状况有着确定的因果关系。所以，从这四个维度着眼，可以在不小的程度上解释中国现阶段不公正不合理收入差距问题的直接原因。在社会公正的这四个维度当中，无论哪个维度出现了问题，均会造成不公正的收入差距。比如，在一个社会当中，如果缺少了对社会成员基本权利的保证和社会调剂的话，就意味着这个社会缺少必要的“保底”和“限高”，那么这个社会当中的收入差距必然会扩大。

1978 年以来的 30 年，伴随着现代化以及市场经济进程的推进，现代意义上的社会公正理念和行为准则尤其是同市场经济密切相连的社会公正理念和行为准则在中国社会开始初步生成，已逐渐成为中国社会成员所认同的理念和行为准则。但同时应当看到的是，中国的经济发展与社会发展之间出现了不协调、不平衡的情形，换言之，在中国现阶段，同经济发展相比，社会发展明显滞后。这突出地表现为，社会不公问题就总体而言比较明显，在某些方面甚至比较突出。这主要表现在以下几个方面：

1. 基础性基本权利维护方面的问题比较明显

其一，贫困人口和低收入人口问题比较明显。改革开放以来，扶贫事业尤其是农村扶贫事业取得了巨大的成就。但是应当承认，贫困问题仍然没有解决。正如中国共产党的“十七大”报告所指出的那样，“城乡贫困人口和低收入人口还有相当数量”[1]。全国农村扶贫标准从 2000 年的 865 元人民币逐步提高到 2010 年的 1274 元人民币。以此标准衡量的农村贫困人口数量，截至 2010 年底，农村的贫困人口仍有 2688 万人，农村贫困人

[1] 胡锦涛：《高举中国特色社会主义伟大旗帜　为夺取全面建设小康社会新胜利而奋斗——在中国共产党第十七次全国代表大会上的报告》，《人民日报》2007 年 10 月 25 日。

口占农村人口的比重为 2.8%。[1] 另有中国政府相关部门的统计数字显示，2011 年底，城市当中还有 2276.8 万人的低保人员。[2] 如果按国际上通用的衡量发展中国家贫困人口的标准（国际贫困线）即每日生活水准低于 1.25 美元和 2 美元的标准来看，中国 2005 年（以当地货币计算的国际贫困线）低于收入贫困线的人口比例则分别为 5.1% 和 8.2%。[3]

其二，失业问题比较严重。现实情况是，中国是世界上人口数量最大的国家，实现充分就业的压力极大。据人力资源和社会保障部长介绍，“十二五”时期我国总人口将达到 13.7 亿人，其中劳动年龄人口在 2014 年将达到最高峰，为 9.97 亿人，整个“十二五”时期，劳动力供给将持续增加并保持在高位。“十二五”时期，我国城镇每年需要就业的劳动力在 2500 万人左右。其中，青年学生约有 1400 万，包括 700 万人的高校毕业生，700 万人的中专、技校、初中和高中毕业生；其余的 1000 多万人，包括军队转业人员、下岗失业再就业人员和登记失业人员。综合考虑继续保持经济平稳快速发展、城镇化不断加速、经济结构调整等因素，即使经过努力，城镇新增就业规模继续保持在 900 万人以上，再加上补充自然减员，每年平均下来，国家也只能提供就业机会 1200 万个，年度劳动力供求缺口高达 1300 万人左右。此外，在农村地区，现在大约还有 1 亿多富余劳动力，每年还需要转移出来 800 万人。[4]

其三，劳动保护条件较差。比如，劳动安全卫生状况比较严重。中国对于生产安全问题没有给予应有的重视。以煤矿安全为例。据国家安全监管总局新闻发言人披露，中国生产亿元 GDP 死亡率是先进国家的 10 倍，工矿商贸 10 万人事故死亡率是先进国家的 2 倍多，煤炭百万吨死亡率是世界平均的 5 倍多。[5] 再者，职业病现象比较突出。根据卫生部的调查，2002 年各类职业病发病病例 14821 人，比 2001 年上升了 12.1%。目前，我国有毒有害企业超过 1600 万家，受到职业危害的人数超过两亿。据不完全统计，截至 2001 年底，我国累计发生尘肺病人数已相当于世界其他

[1] 国务院新闻办公室：《中国农村扶贫开发的新进展》白皮书，新华网，2011 年 11 月 16 日。
[2] 中华人民共和国民政部：《2011 年 4 季度全国民政事业统计数据》，中华人民共和国民政部网站，2012 年 1 月 31 日。
[3] 世界银行：《2011 年世界发展指标》，中国财政经济出版社 2011 年版，第 63 页。
[4] 尹蔚民：《继续把充分就业放在优先位置》，《人民日报》（海外版）2011 年 4 月 21 日。
[5] 新华网消息：《黄毅：我国生产亿元 GDP 死亡率是先进国家的 10 倍》，新华网，2008 年 1 月 18 日。

国家尘肺病人的总和。[1]

2. 机会平等方面存在着不少问题

改革开放以来，机会平等已逐渐成为中国社会成员所认同的理念和行为准则。这是中国社会公正方面最为重要的进展。尽管如此，中国在机会平等方面仍然存在着不少问题。

一个十分明显的现象是，虽然整个社会的水平流动程度在不断大幅度提高，但是，一旦涉及基础阶层的社会成员上向流动的事项，其难度同以往相比无疑是增大了许多，其门槛提高了许多。比如，有关代内流动的调查显示，如今国家与社会管理阶层的流入渠道局限于固定的路径。大约2/10的国家和社会管理者最初职业就是国家和社会管理者（21.3%），约6/10来源于专业技术人员和办事人员，还有约2/10来源于产业工人（6.6%）、商业服务业员工（6.6%）和农民（8.2%）。[2] 所谓“穷二代”、“富二代”现象已经不是非常少见的事情，社会不公现象出现了代际传递的现象，换言之，社会不公现象出现了某种“固化”的现象。

3. 按照贡献进行分配方面的问题比较突出

在中国现阶段的初次分配领域，主要的问题表现在，劳动投入与劳动报酬两者的不对称，劳动报酬明显偏低。

这些年来是中国职工人数以及第二、第三产业当中就业人数迅速增加的时期，更是经济规模迅速发展扩大的时期。基于这些因素，劳动者劳动收入在国内生产总值当中的比重原本应当迅速提高。但是，受种种因素的影响，却出现了一种相反的现象，即虽然从绝对值看劳动者的收入有所增长，但是其相对份额却出现了不断明显缩小的情形，劳动者的劳动收入同劳动投入两者之间不成比例，劳动者的劳动收入没有得到应有的增长。一个突出的表现是，在国民收入的分配中，劳动者报酬比重呈逐年下降的趋势。这是一个值得重视的现象。近年来，在按支出法统计的地方GDP构

[1] 本报北京1月7日电（记者陈娉舒）：《卫生部透露：我国受职业危害人数超过两亿》，《中国青年报》2005年1月8日。

[2] 陆学艺主编：《当代中国社会流动》，社会科学文献出版社2004年版，第148页。

成中，劳动者报酬比重不断下降，2003年以前一直在50%以上，2004年降至49.6%，2005年降至41.4%，2006年降至40.6%。[1]根据《中国统计年鉴2008》相关数据测算，中国职工工资总额占国内生产总值的比重虽然从2006年起略有回升，但总的趋势是呈逐年下降的态势，1991年为15.2%，1996年为12.9%，2000年为10.9%，2006年为11%，2007年为11.3%。[2]而从2002年到2006年，企业的收入在国民收入中的比重从20%上升为21.5%，上升了1.5个百分点；政府收入比重从17.9%上升到21.4%，上升了3.5个百分点。[3]与之形成鲜明对照的是，有数据显示，在成熟的现代社会和市场经济体中，在初次分配之后，劳动者报酬占GDP的比重，美国接近于70%，其他国家和地区普遍在54%至65%之间。[4]

4. 社会调剂不到位

改革开放以来尤其是近年来，随着经济总实力的迅速提升，中国的财政收入保持了一个高速增长的势头，其增长速度远远高于同期GDP的速度。2000年、2001年、2003年、2004年、2005年、2006年和2007年，中国财政收入的年平均增长速度分别为20.5%、19.0%、16.7%、11.8%、15.6%、19.1%和23.2%。2007年，中国的财政收入总额高达51321.78亿元。[5]2011年，国家财政收入突破了10亿万元。[6]如果再加上预算外的财政收入，中国的实际财政收入更是达到一个巨额的数字。

政府本应通过必要的公共投入来实现社会转移支付，以维护社会公正，改善民生，保证和促进社会经济的安全运行和健康发展。显然，就公共投入的优先顺序而言，应当以民众的基本需求为基本着眼点，应当以民生问题为优先。

应当承认的是，在一个为时不短的时期当中，中国公共投入的优先顺序出现了明显颠倒的情形。中国现阶段不合理的公共投入高居世界第一，大量的公共资金用于行政成本、豪华性的城市建设以及豪华工程、豪华公共设施

[1] 汝信等主编：《2008年：中国社会形势分析与预测》，社会科学文献出版社2008年版，第8页。
[2] 中华人民共和国国家统计局：《中国统计年鉴2008》，中国统计出版社2008年版，第164、5页。
[3] 陈江生：《调整国民收入分配格局事关重大》，《学习时报》2008年3月25日。
[4] 徐平生：《初次分配不公致中国GDP“不实”》，《上海证券报》2006年8月15日。
[5] 中华人民共和国国家统计局：《中国统计年鉴2008》，中国统计出版社2008年版，第261页。
[6] 中华人民共和国国家统计局：《中华人民共和国2011年国民经济和社会发展统计公报》，中华人民共和国国家统计局网站，2012年2月22日。

的建设。[1]而用于基本民生方面的公共投入的比例则是世界上最低的国家之一。我们从国家一个时期当中用于社会保障、公共教育和公共卫生的公共资金在 GDP 当中所占比例的具体情况，就可以清晰地看到这一点。表 11-1 中的数据说明，在一些主要的、具有代表性的国家当中，中国用于基本民生方面的公共投入的比例不是倒数第一，就是倒数第二。在社会保障和福利支出占国内生产总值比重指标当中，中国只有 2.18%，是倒数第二，且不说远远低于波兰的 17.4%、法国的 16.5%、俄罗斯的 7.5% 和美国的 5.4%，甚至明显低于伊朗的 3.9%，仅高于南非的 1.1%。在公共教育支出占国内生产总值比重指标当中，中国只有 2.85%，是倒数第一，甚至明显低于印度 4.1% 的水准。在公共医疗卫生支出占国内生产总值比重指标当中，中国只有 1.8%，处在倒数第二的水准，仅仅强于印度 0.9% 的水准。另有专家指出，1985 年政府预算卫生支出占卫生总费用的比例为 38.58%，1995 年为 17.97%，2000 年以后只剩下 15% 左右。中国的医药卫生总体水平被世界卫生组织排在第 144 位，而卫生公平性竟被排在第 188 位，全世界倒数第 4 位。[2]显然，中国现阶段的公共投入没有起到应有的增加社会转移支付、改善民生的作用。

表 11-1　主要国家在基本民生方面的公共投入状况比较

国　家	社会保障和福利支出占国内生产总值比重 1994 年～2000 年（%）	公共教育支出占国内生产总值比重 1999 年～2001 年（%）	公共医疗卫生支出占国内生产总值比重 2004 年（%）
中　国	2.18（2007 年）	2.85（2007 年）	1.8
美　国	5.4	5.6	6.9
法　国	16.5（1980 年～1985 年）	5.7	8.2
日　本	—	3.6	6.3
俄罗斯	7.5	3.1	3.7
波　兰	17.4	5.4	4.3
印　度	—	4.1	0.9
伊　朗	3.9	5.0	3.2
巴　西	12.7	4.0	4.8
南　非	1.1	5.7	3.5

资料来源：中华人民共和国国家统计局：《中国统计年鉴 2008》，中国统计出版社 2008 年版；世界银行：《2007 年世界发展指标》，中国财政经济出版社 2008 年版；联合国开发计划署：《2004 年人类发展报告》，中国财政经济出版社 2004 年版，中华人民共和国国家统计局：《国际统计年鉴 2004》，中国统计出版社 2004 年版。根据前述资料中的数据或相关数据整理和计算。

[1]　吴忠民：《走向公正的中国社会》，山东人民出版社 2008 年版，第 208～213 页。

[2]　本报讯：《中国卫生公平性世界倒数第四》，《南方都市报》2007 年 3 月 12 日。

四、中国现阶段社会阶层结构层面上的主要问题

仅仅停留在社会公正四个维度的层面研究中国现阶段的社会公正问题，仍然是不够的，还有必要进一步从社会阶层结构的层面来探讨中国现阶段的社会公正问题。

在中国现阶段，一个不争的事实是，社会阶层层面上出现了许多问题。而在社会阶层层面诸多的问题当中，有两方面的问题最为明显：一方面，从基础阶层层面上看，是社会主要群体的弱势化趋向；另一方面，从较高位置阶层层面上看，则是精英群体之间出现的某些利益结盟迹象。

1. 社会主要群体的弱势化趋向

改革开放以来，中国社会主要群体的基本状况获得了大幅度的改善和明显的进步：绝对生活水准的大幅度提高；竞争意识和竞争能力的大幅度提高；以往的“虚高”成分已经消退，以职业分工为阶层定位基本依据的趋向越来越明显；三大产业人员构成比重发生了正向的变化。但同时应当看到的是，弱势群体现象已经成为中国社会当中一个日益凸显的重要问题，这是一个不争的事实。在任何一个正常的社会，都存在着弱势群体，其成员一般为老弱病残等丧失劳动能力者。中国社会弱势群体问题的不同之处在于，中国不仅仅存在着一般意义上的数量十分巨大的丧失劳动能力的弱势群体成员，而且更为严重的是，中国社会的一些主要群体如工人群体（包括身份依然是“农民”的工人）和农民群体当中的许多成员，其本身并没有丧失劳动能力，相反，其劳动年龄和劳动精力往往处在最好的时期，而恰恰是这样一些社会成员呈现出一种弱势化的趋向。这一现象虽然只是一种趋向，尚未定型，但必须引起我们的高度警惕。

中国现阶段社会主要群体的弱势化趋向这一现象，除了表现在本文前面所提及的劳动保护条件较差以及劳动收入没有得到应有的增长之外，还表现在以下几个方面：

第一，相对剥夺感较强，而且劳动者的尊严感开始削弱。

从表 11-2 中我们可以发现，在中国现阶段的城市，几乎所有的社会

阶层都或多或少地存在着相对剥夺感，就连权力阶层和专业阶层也不例外。不过在城市所有的阶层当中，社会的主要群体——工人阶层在经济收入和社会地位方面相对剥夺感的程度是比较高的，差值分别为1.06和1.40。这种现象为中国1949年以来所仅见。世界银行《1995年世界发展报告》也指出："虽然从长远的观点来看，劳动者将从改革中获益，但在从失败的发展战略中转轨的过程中他们仍要忍受极大的阵痛。""有证据表明，在改革过程中，劳动者的确忍受了很大的痛苦，并且其程度要超过其他社会群体。"[1]与这些情形相适应的是，劳动者的尊严开始丧失。2007年，根据一项上海4000户入户调查，仅有1%的人愿意做工人。[2]

表11-2　城市中的社会分层与相对剥夺感（所有差值均为负值）

职业分层	社会地位			经济收入			对社会的贡献		
	目前	过去	差值	目前	过去	差值	目前	过去	差值
权力阶层	6.33	7.38	0.75	6.06	7.43	1.35	7.43	8.45	1.02
专业人员	5.86	6.64	0.58	5.47	5.58	0.31	7.17	7.82	0.65
办事员	5.50	6.40	0.90	5.43	5.22	0.83	6.88	7.47	0.59
工人阶层	4.91	6.31	1.40	4.78	5.84	1.06	6.59	7.36	0.77
自雇佣者	4.39	5.96	1.57	4.48	4.97	0.49	5.94	6.81	0.87
F检验值	28.7	2.84	13.1	17.0	6.01	6.80	10.4	6.72	1.54

资料来源：郑杭生等：《当代中国城市社会结构》，中国人民大学出版社2004年版，第133页。

第二，程度不同的边缘化。

从某种意义上讲，中国社会主要群体在弱势化的同时，也逐步边缘化了，其社会及政治地位在逐步下降。中国的工人群体和农民群体对社会的影响力、对政策的影响力越来越小，发言的声音越来越弱，很少能够有机

[1] 世界银行：《1995年世界发展报告》，中国财政经济出版社1995年版，第104页。
[2] 新华社北京4月7日电（记者任芳、田发伟）：《调查显示仅有1%人愿做工人　官本位思想根深蒂固》，《北京日报》2007年4月8日。

会参与政策的制定等重要的社会活动，已经逐渐丧失社会话语权。在现代社会，在制定法律和重要的公共政策时，应当也必须让多方人员参与，尤其是要允许相关社会群体有充分的参与和表意的机会，使之能够充分地表达自己的意见，维护自己的利益。比如，当制定一些同工人群体或是农民群体或是女性群体有关的政策如就业法、失业保护政策、农民保护政策、女工保护政策时，必须允许这些群体的代表参与和表意；否则，便是不公正的，并使相关的政策缺少了起码的“正当性”（合法性）。[1]但不能否认的一个事实是，现在工人和农民对于社会事务的参与程度大为降低，其表意渠道十分有限，其基本的诉求往往成不了公共舆论的焦点（除非不解决就会引发现实的激烈行动的时候）。

尽管法律的体系化和完善化在中国仍有很长一段路要走，但是应当看到，法律在中国社会中的地位毕竟越来越重要，相应的，人民代表大会在中国的社会生活中所起的作用也就越来越重要，人民代表大会愈益成为中国民众影响政策的最为重要的途径。然而，在人民代表大会等重要的立法或是议事机构当中，工人和农民的代表数量很少，与其在总人口中所占的比例很不相称，因而在制定相关的政策时，难以充分反映和有效维护工人和农民作为社会主要群体的切身利益。从表 11–3 当中我们可以发现，工人和农民代表的比例随着时间的推移而变得越来越小。从 1977 年到 1999 年这 20 多年当中，市、县、乡三级人大当中，工人和农民代表的比例变化不是很大，但是，在最为重要的全国人民代表大会和比较重要的省级人民代表大会当中，其代表比例迅速降低。比如，在全国人民代表大会当中，工人和农民代表的比例从 1977 年至 1981 年的 26.74% 和 20.59% 分别迅速降至 1983 年至 1984 年的 14.88% 和 11.69%，又降至 1993 年的 11.15% 和 9.40%，再降至 1996 年至 1998 年的 10.84% 和 8.06%。另有数字显示，工人代表的比例 2003 年降至 10.79%，最后降至 2008 年的 5.3%。[2]在省级人民代表大会当中，工人和农民的代表比例也是呈现出明显下降的趋势。与之形成鲜明对比的，国家、省级人大干部代表的比例在剧增：从 1977 年至 1981 年的 13.38% 和 19.32% 迅速增加到 1983 年至 1984 年

[1] 吴忠民：《论程序公正》，《中共中央党校学报》2002 年第 4 期。
[2] 明镜：《本届全国人大代表职业性质统计图》，《南方周末》2010 年 3 月 18 日。

的 21.35% 和 23.58%，又增加到 1993 年的 28.37% 和 49.85%，1996 年至 1998 年在全国人大中的比例增加到空前的 33.17% 的高比例。[1]

表 11-3　各级人民代表大会工人和农民代表比例变化（%）

年　份	全国人大		省级人大		市级人大		县级人大		乡级人大	
	工人	农民	工人	农民	工人	农民	工人	农民	工人	农民
1977 ~ 1981	26.74	20.59	27.17	20.19			9.47	49.26	6.06	53.20
1983 ~ 1984	14.88	11.69	19.88	13.30			10.50	41.67	5.12	65.36
1987							10.44	39.52	6.23	62.17
1988 ~ 1990	23.03		13.69	11.97	16.78	17.73	9.82	41.16	3.12	72.65
1993	11.15	9.40	12.08	11.89	15.26	17.29	10.22	40.87	4.04	70.93
1996 ~ 1998	10.84	8.06	14.01	10.47	15.83	17.76	9.83	37.28	4.06	71.49
1999									3.66	71.50

资料来源：根据刘智等《数据选举：人大代表选举统计研究》（中国社会科学出版社 2001 年版）有关数据整理。

2. 精英群体之间的利益结盟

尽管就总体而言，改革开放以来的 30 年间精英群体的发展是健康、正常的，但同时应当看到，中国现阶段精英群体之间开始出现了一种利益结盟的现象。精英群体之间利益结盟的实质在于，不同精英群体之间越过各自的职业边界，通过非正常的方式如制定带有利益偏好倾向的政策，以损害公众利益为代价，来实现精英群体相互之间的利益互换，增加各自的经济利益。这主要表现在以下两个方面：

第一，政治精英群体成员同经济精英群体成员之间排他性的利益分享。

这种利益分享主要是指，对于政治精英群体成员能够掌控、有着重要经济利益空间的，同时又必须经过经济精英群体成员开发经营的事项，经济精英群体成员往往从中寻租并获得暴利，而政治精英群体成员则有时通过公权进行设租以分得一部分寻租收入。类似的现象比比皆是，其中比较具有典型意义的是 20 世纪 90 年代中期以后的土地出让制度所产

[1] 刘智等：《数据选举：人大代表选举统计研究》，中国社会科学出版社 2001 年版，第 369 页。

生的现象。

1998 年以后，政治精英群体成员同经济精英群体成员之间的利益分享在房地产领域有着十分突出的表现。土地是一个国家极为重要的资源，这种重要性随着城市化进程的推进而日益凸现。1998 年以前，土地不能自由进入市场。1998 年以后，随着住房制度的改革，土地开始逐渐进入市场。政府对土地拥有着极大的权力，所以，土地便成为政治精英群体成员同经济精英群体成员之间利益互换的一个重要领域。其结果是，政治精英群体和经济精英群体都成为赢家。从政治精英群体一方看，土地出让金以及围绕着土地出让而形成的各种收入在政府财政收入当中的比重很大。表 11-4 显示，2001 年、2002 年、2003 年、2004 年、2005 年，土地出让金占地方财政预算内收入的比例分别高达 16.7%、28.4%、54.7%、52.2% 和 38.3%，其绝对数值基本呈持续走高的态势。如果加上城镇土地使用税、房产税、契税、耕地占用税、土地增值税，这一比例还会进一步上升。2006 年至 2010 年，全国共批准新增建设用地 3300 多万亩，土地出让收入 7 万多亿元人民币。其中，2009 年中国土地出让总价款为 1.59 万亿元，同比增加 63.4%；2010 年全国土地出让成交总价款飙升到 2.7 万亿元人民币，同比增加到创纪录的 70.4%。[1] 从发达地区看，从土地上产生的收入占地方财政收入的一半以上，发达地区的地方财政成为名副其实的“土地财政”。[2] 尽管从名义上看，土地出让金等相关的收入被纳入了财政收入，但问题在于很多地方政府预算外财政收入中的很大一块是用于支付高昂的行政成本、改善机关干部住房条件等福利方面。更为严重的是，一些官员从房地产开发商那里直接获取了巨大的个人利益。从房地产开发商一方看，围绕着土地也获得了巨大的暴利。例如，从 2003 年至 2005 年，全国 87 个开发区中有 60 个违规低价出让土地 7873 万平方米，少收土地出让金 55.65 亿元。[3] 房地产商通过出售商品房获得了巨额利润。

[1] 中新社北京 1 月 7 日电（记者阮煜琳）：《2010 年中国卖地总收入 2.7 万亿元　同比增加 70.4%》，中国新闻网，2011 年 1 月 7 日。
[2] 国务院发展研究中心土地课题组：《“土地财政”的缘由与风险》，《新青年 · 权衡》2006 年第 3 期。
[3] 李金华：《关于 2005 年度中央预算执行的审计工作报告》，《中国审计报》2006 年 6 月 28 日。

表 11-4　中国土地出让金占地方财政预算内收入的比重

年　份	2001	2002	2003	2004	2005
土地出让金收入（亿元）	1300	2417	5384	5894	5505
增长率（%）	—	85.9	122.8	9.5	－6.6
地方财政收入（亿元）	7793	8515	9850	11286	14379
比重（%）	16.7	28.4	54.7	52.2	38.3

资料来源：汝信等主编：《2007 年：中国社会形势分析与预测》，社会科学文献出版社 2006 年版， 第 266 页。

第二，政治精英群体某些以公谋私的现象。

这主要是指，政治精英群体借助公权的优势，直接介入市场，通过市场垄断而不是市场竞争来谋取同公权密切相关的行业、部门和单位的利益。如果说政治精英群体成员同经济精英群体成员之间排他性的利益分享现象属于政治精英群体和经济精英群体两者“合伙干”的事情的话，那么政治精英群体以公谋私现象则大致属于政治精英群体自己“单干”的事情。政治精英群体以公谋私现象主要表现在四个方面。其一，行政部门利益化。一些行政部门利用审批、处罚、收费等公共权力，为本部门人员谋求利益，扩张“自己人”的利益，从而造成集体性腐败的现象。其二，公共权力直接导致的经济行业垄断。在金融、能源、邮政、电信等行业当中，国有企业依靠行政权力，维持着垄断地位，并获得超额的垄断利润。中国的垄断行业是比较特殊的：一方面，它们可以向中央财政要求更多的补助；另一方面，拥有不受节制权力的垄断企业也可向下游的消费者索取更高的价格，以增加收入来源。[1] 其三，公益事业部门的利益化。公益事业部门本应主要是由政府出资举办的，但是，中国目前不少公益事业部门却呈现出一种利益化的趋向。以义务教育为例。义务教育的本质是免费教育，本应由政府埋单，但是长期以来，中国的义务教育却成为一种收费教育，而且所收取的费用越来越高。这就严重地加重了居民尤其是农村居民的负担。从农村居民的情况来看，1993 年至 2005 年农村居民人均文化教育支出年均增长 14.5%，同期人均纯收入和消费支出年均分别增长 11.1% 和 10.5%，农

[1]　陈宇峰：《垄断行业高工资的成因与后果》，《中国经济时报》2007 年 3 月 22 日。

村居民教育支出的增幅明显高于收入和支出的增幅。[1]其四，国有资产向个人一方的严重流失。可以说，这是一个十分严重也是为公众所广泛关注的问题。国家审计署署长李金华对于这一问题作了比较详细的归纳，认为从这些年审计的情况看，国有资产流失主要分为五个方面。一是国企改制过程中，有些企业的转让卖出没有经过法定程序，内外勾结造成国有资产流失。二是改革过程当中有些企业逐步把一些优质的国有资产分离到副业中去，主业的管理人员在副业参股甚至控股。这不仅是资产流失问题，更是一个腐败问题。三是有些效益很好的国有企业的领导利用亲朋好友成立民营企业，将大量效益很好的业务转包给民营企业，自己从中获利。四是企业内部分配不公，损失浪费严重。五是非经济类国有资产，包括国家机关、事业单位办公楼、培训基地，大量的财政补贴等的流失问题。[2]

从历史的角度看，任何一个国家在现代化和社会转型进程中，几乎都出现过精英群体利益结盟这样一种现象。比如，在19世纪中期的美国，当时人们“总是把政府看作要让市场获得有效监管所需解决的问题之一，而不是解决这些问题的手段”[3]。在20世纪60年代的韩国，任何一届政府都不可能放弃大企业，而大企业也倚赖政府。在政治家、大企业主、政府机构、金融系统之间，形成了一种很难打破的关系网络。但是具体到中国现阶段来说，此类问题的严重性在于：中国的类似现象是在公权如此之强势，经济规模和政府财政收入基数如此之大的情形下发生的，所以，这一现象所产生的危害更应引起人们的高度关注。

3. 社会结构层面上的社会不公现象影响深远

作为社会力量配置结构的社会阶层结构对于一个社会的影响无疑是巨大的。在急剧转型时期的中国社会，由于现代基本制度尚处在形成的过程当中，社会阶层结构在很大程度上难以受到制度的规范和约束，就难免产生许多负面的影响。

中国社会阶层结构层面上的主要问题必然会使中国现阶段社会公正在

[1] 刘强：《谁挤占了消费需求　教育医疗住房三大支出负担过重》，《中国国情国力》2006年第10期。
[2] 顾瑜杰：《国企内审工作要加强监督管理提高企业效益》，《中国审计报》2007年4月30日。
[3]〔美〕约翰·S. 戈登：《伟大的博弈——华尔街金融帝国的崛起》，祁斌译，中信出版社2005年版，第126页。

社会成员基本权利保证、机会平等、按照贡献进行分配以及社会调剂这样四个维度方面出现明显甚至是比较严重的问题。社会主要群体的弱势化位置与精英群体经由利益结盟而产生的强势位置这样两种反差巨大的现象，必然会造成一种基础阶层层面上的许多社会成员基本权利缺失和整体利益结构失衡的社会，必然会使中国现阶段社会公正基本状况趋于变坏。社会主要群体的弱势化趋向，使得为数众多的社会成员在重大社会政策如最低生活保障、基础性社会保障、义务教育、基础性公共卫生等政策的制定方面缺少应有的影响力和发言权，进而使得许多社会成员缺乏必要的基本生存和尊严的底线。而精英群体的利益结盟现象，则意味着精英群体在赢利机会和发展空间方面具有一定的垄断性和排他性，这就使得基础阶层成员向上发展的机会在不小的范围内受到阻塞，大量社会成员的发展遇到许多人为的隔离带。精英群体的利益结盟，还意味着精英群体在人们最为看重的初次分配方面拥有极大的决定权，他们有能力采取种种方法使利益向自身过分倾斜，这就使得按照贡献进行分配特别是其中按劳分配的公正准则难以有效遵守，或者走样变形。而主要群体社会话语权的缺失以及精英群体对社会话语权的垄断，又必然会使社会调剂（社会再分配、社会转移支付）的力度及实施范围减弱和缩小。

五、中国现阶段发展理念及制度层面上的主要问题

在中国现阶段，社会阶层结构层面之所以会出现明显的不公正不合理的问题，一个重要的根源就在于，在一个特定的时期当中，中国缺乏公正合理的发展理念和与之相应的制度建设。正因为如此，对于中国现阶段社会公正问题的研究最终必须深入到发展理念和制度建设的层面。

1. 发展的基本理念和制度建设的重要性

对于一个社会的安全运行和健康发展来说，发展的基本理念和制度建设具有举足轻重的影响。发展理念是一个社会的基本价值观。对于社会发展的实际进程来说，发展的基本理念具有最为重要的导向意义。有着怎样的发展理念，意味着一个社会有着怎样的基本价值取向，这对能否实现整

个社会的安全运行和健康发展至关重要。而作为发展理念具体体现的基本制度，是一个社会赖以运行和发展的不可缺少的基本规则体系。“制度是一个社会中的一些游戏规则；或者，更正式地说，制度是人类设计出来调节人类相互关系的一些约束条件。”[1]“制度在这里被定义为由人制定的规则。它们抑制着人际交往中可能出现的任意行为和机会主义行为。”“制度的关键功能是增进秩序：它是一套关于行为和事件的模式，它具有系统性、非随机性，因此是可理解的。”[2]如果缺乏必要的制度，而仅仅停留在随机性的政策导向层面，这个社会就必然会面临着一种不确定性的前景，使人们缺少一种可以预期的长远目标，存在着诸如随意性、多变性以及成本过大、风险过多等种种不利的因素。显然，发展理念和基本制度的具体状况，决定着一个社会基本利益格局的具体状况，决定着这个社会基本的社会阶层结构亦即社会力量配置结构的具体状况，进而决定着社会各个群体互动方式的具体状况，决定着各个群体互惠互利的具体状况等等。

一个社会一旦在发展理念和制度安排方面出现比较严重的问题，势必就会使社会阶层结构亦即社会力量配置结构方面出现比较严重的问题，并进而引发一系列比较严重的问题。

2. 中国现阶段发展理念方面的主要问题

在改革开放初期，由于长期深受平均主义之害而急于将之消除，由于对现代化和市场经济规律的认识程度十分有限（用当时的话叫做“摸着石头过河”），由于当时社会开始感受到大力发展经济和摆脱计划经济体制束缚的重要性等种种原因，人们简单地以为，经济增长是社会进步的自然推动力，只要把经济搞好，其他方面就会自然而然地得到进步。在这样的情形下，强烈的经济利益冲动几乎成为一种社会风气，关于经济发展的事情几乎是一面倒，几近成为压倒其他一切事情的行为取向。类似的观念和行为取向，如果用当时20世纪90年代的某种提法来概括的话，那就是“效率优先，兼顾公平”。在这样情形下，“效率优先，兼顾公平”便成为中国一个特定时期当中特定的发展理念。

---

[1] 〔美〕诺斯：《制度、制度变迁与经济绩效》，刘守英译，上海人民出版社1994年版，第3页。
[2] 〔德〕柯武刚、史漫飞：《制度经济学》，韩朝华译，商务印书馆2001年版，第32、33页。

“效率优先，兼顾公平”提法是在中国特定的历史条件下形成的。这一提法在当时尽管还不能说是一个最佳方案，但可以说一个次优方案，对于推动中国社会经济的发展具有十分重要的现实意义：有助于人们冲破原有的计划经济体制的束缚，确立经济领域在整个社会经济生活中的重要地位，并形成市场经济体制；有助于冲破和消解平均主义式的、绝对的平等观；有助于推动经济精英群体的形成。

应当看到，“效率优先，兼顾公平”的提法严格说来只是一个有效的策略性提法，其自身包含着一些明显的局限，而不可能成为现代社会的基本发展理念。大致地看，“效率优先，兼顾公平”提法的主要症结表现在：没有看到以人为本基本理念的极端重要性，没有看到发展是一个整体化推进的过程，颠倒了现代政府的主要职能。

正是由于“效率优先，兼顾公平”的提法存在着如此之明显的局限，而这一提法又是一个特定时期内的发展理念，对于整个社会实际上具有行为取向和政策导向的作用，这就为中国的进一步发展留下许多严重的隐患，造成许多广泛而严重的问题。就对于社会阶层结构层面上的不利影响而言，“效率优先，兼顾公平”提法的负面效应主要表现在政治精英群体对经济精英群体的政策倾斜，从而在一定程度上造成了社会阶层结构的失衡。

这一时期，政治精英群体在制定同经济精英群体相关的政策时，有时表现出一种十分明显的倾斜性。这至少突出地表现在两个方面：其一，在国有企业改制过程中，国有资产向新的所有者和经营者一方严重流失。比如，浙江省绍兴市的一家热电厂是国有与集体合资的股份制企业，属优质企业，转制前一年企业实现销售收入6000多万元，其中上缴税收、折旧提留及利润就达1300万元，净资产3142.68万元。但在2000年，这家效益明显的热电厂就在转制中以48万元的价格“卖”给了19位个人。其二，在招商引资过程中，对于投资一方的政策过于优惠。一些地方政府在招商引资当中，似乎患上“饥渴症”，以至于对投资方在土地优惠、税收减免、财政奖励等方面给予极大的“优惠”。客观地看，中国经济正处在大发展时期，市场经济正处在形成和完善的时期，在这样的情形下，出台适当甚至是力度较大的、扶持经济精英群体发展的政策，应当说是具有积极意义的。问题在于，过犹不及。同社会主要群体如工人群体和农民群体相关政策以及民生政策的滞后、缺位甚至是不公正的情形相比，这种过度倾斜的政策显示出十分明显的厚此薄彼的情形，从而在一定程度上造成了社会阶层结构的失衡情形。

3. 中国现阶段制度方面的主要问题

中国现阶段制度建设当中的主要缺陷至少表现在这样几个方面：

第一，基于社会公正理念而设计的现代制度当中的许多内容没有到位。

从不同领域现代型基本制度建设的角度来看，经济领域当中的许多制度已经建立起来，但离规范的市场经济仍然有不小的距离；社会领域、政治领域以及文化领域当中的制度建设明显滞后。从基本制度赖以运行的各个要件的建设角度来看，出现一种明显不配套的现象，比如，公共权力的监督机制、政府与公众之间的沟通机制、社会各个群体之间的利益协调机制以及市场监管机制等方面的建设明显滞后，特别是程序公正的建设明显滞后。而在缺乏程序公正条件之下所制定的法律或政策必定具有随意性和不确定性的特征，甚至会对社会成员造成种种威胁。这一点，正如诺齐克所指出的那样，“使用不可靠程序并按其结果行动的人，不管他的程序在一个具体情况中是否起了作用，他都给别人带来了危险”。比如，“任何人都无权采用一种相对不可靠的程序来决定是否惩罚另一个人。他用这种程序无法知道别人是否应受惩罚，因而也就无权惩罚这个人”。[1]

第二，已有的、从外观上看比较像样的制度却得不到应有的落实。

由于现代理念尚未被广大民众从深层心理广泛认同，“制度建设的认识基础被忽视了，以至于很多制度建设流于规则条文的编制，而没有真正成为广大社会成员的行动规则，制度建设流于纸上谈兵”[2]。再加上社会各个阶层成员的规则意识、法治意识尚未确立起来，因而不少从外观上看比较具有现代色彩的制度在现实生活当中却往往难以真正兑现。

第三，出现了一些新的、却带有明显缺陷的制度。

制度制定者发展理念的缺陷以及本位利益的限制，致使一些新出现的

---

[1] 〔美〕罗伯特·诺齐克：《无政府、国家与乌托邦》，何怀宏等译，中国社会科学出版社 1991 年版，第 110 ～ 111 页。

[2] 刘少杰：《制度建设是构建和谐社会的根本途径》，《社会学研究》2007 年第 2 期。

制度带有明显的缺陷或明显的“夹带私货”痕迹。

第四，在社会转型时期，作为制度的替代性物品——缺乏稳定性的种种政策在社会生活当中起着比较重要的作用。

现代法治社会十分重视制度的稳定性和权威性，“事前宣告的一般原则，‘游戏规则’——它使个人能够预见政府将如何使用强制工具，或将预见他和他的国人在某一环境下将被允许做什么或不得做什么”[1]。但是，中国现阶段不少领域当中，由于缺乏必要的制度，而这些领域当中的活动却又必须按照某种方式进行，作为没有办法的办法，只好用一些带有明显不确定性的、随机性的政策予以替代。这种做法的益处在于具有一定灵活性和变通性，可以随着形势的变化进行及时的调整。但是，这种替代性政策的随意性过强，信用度偏弱，不可能具有必要的稳定性和权威性，更谈不上具有长时效的积极意义，这就为强势群体违规的利益扩张预留了较大的余地。

在中国现阶段，制度层面上的问题对于社会阶层结构亦即社会力量的配置结构必然会产生多方面的不利影响。“因为制度具有分配效应，自然而然就会涌现出矛盾。一套制度会使某些人受益，另一套制度则会使其他的人群受益。因此，对于人们来说，掌握权力来塑造并保持有利于自己的制度，同时避免或者削弱制度对他们的消极影响，总是乐此不疲的。”[2]“在存在社会混乱的地方，社会的交往必然代价高昂，信任和合作也必然趋于瓦解，而作为经济福祉主要源泉的劳动分工则变得不可能。”[3]制度的缺陷必然会造成社会整体利益结构失衡的情形，进而造成强势群体不恰当侵占弱势群体合理利益的情形，必定会导致此群体利益的增进往往是建立在另一群体利益的受损基础之上现象的出现，换言之，社会各个群体之间的利益关系呈现出一种零和博弈而不是互惠互利的状况。于是，社会各个群体相互间的利益不可能实现双赢的局面。由是反观中国现阶段社会阶层结构方面之所以出现了一些比较明显的问题，其主要症结之一就在于制度安排方面有着明显的缺陷。

---

[1] 〔英〕哈耶克：《通往奴役之路》，王明毅等译，中国社会科学出版社 1997 年版，第 88 页。

[2] 世界银行：《2006 年世界发展报告》，清华大学出版社 2006 年版，第 108 页。

[3] 〔德〕柯武刚、史漫飞：《制度经济学》，韩朝华译，商务印书馆 2001 年版，第 33 页。

第十二讲

积极维护和促进社会公正

应当看到的是，中国现阶段社会公正方面的问题是在发展过程中出现的问题。纵观现代化建设成功的国家和地区，除了中国台湾地区等少数国家和地区，绝大部分国家和地区在其现代化进程的初期甚至中期阶段都曾遇到类似的问题（虽然程度有所差别），后来都逐渐予以解决。具体到中国来看，近年来，伴随着以人为本理念的形成，伴随着整个社会对社会公正问题的空前重视，中国在社会公正方面已经开始有了明显的改观。这种举动和势头如果再能保持一段时间，并且其力度能够不断增大，那么中国的社会公正状况一定会迈上一个巨大的台阶。

在中国现阶段，就推动中国的社会公正事业而言，涉及方方面面，既包括对社会公正理念层面的问题，也包括合理公正的社会阶层结构层面的建设问题，还包括具体政策层面上的问题。具体来看，要特别重视以下几个方面的事情。

一、将社会公正上升到基本制度层面上予以高度重视

1. 社会公正不仅仅是一个扶贫解困的政策问题

社会公正绝不仅仅是一个扶贫解困的具体政策问题，也不是一个为了经济发展而可以暂时让路、可以暂时被牺牲的问题，而是一个社会各个阶层各个群体的利益关系能否得到有效协调的问题，是一个直接影响到经济

发展的可持续动力的问题，是一个能否有效化解社会矛盾的问题，是一个事关发展的基本宗旨能否实现的问题。一言以蔽之，社会公正是一个事关整个国家安全运行和健康发展的大问题。社会公正和经济发展是中国现代化建设不可缺少的两项基本内容。对于社会公正的长期忽视或是轻视，将会使中国社会付出巨大的代价。

2. 社会公正事关基本制度的设计

现代社会在基本制度设计和安排方面，必须以社会公正为基本依据和基本出发点。一个社会的“正常运转”有赖于体系化的规则体系的存在。而一个社会中最为重要的规则体系就是制度。就制度的设计与安排而言，需要有基本的价值理念作为其依据。在现代社会，制度设计和安排的基本价值理念依据只能是社会公正。所以，现代社会当中基本制度的设计与安排，必须以社会公正为依据；否则，便会成为一个“不定型”的社会，或是一个畸形化的社会。只有通过基于公正的制度安排，社会的各个阶层和利益群体才能实现良性的互动，才能形成有效的、持续的整合与合作。通过对社会成员基本权利和基本尊严的保证，通过必要的社会调剂，社会各个阶层之间的隔阂能够得以最大限度的消除至少是缓解，进而可以减少社会潜在的动荡因素。一个社会只要能够提升其公正的程度，那么社会问题出现的种类与强度均会减少和减小，同时社会也可以增强解决已经出现的社会问题的力度。比如，只要一个社会有效地实施公正的社会调剂规则，就会使中等收入群体成为社会的主流群体，成为一种维护社会安全运行的强大力量。更为重要的是，只有通过基于公正的制度安排，现代社会才能使绝大多数社会成员受益，从而实现真正意义上的发展，避免只有少数人受益的“有增长无发展”的情形；同时，可以充分激发各个阶层以及绝大多数社会成员的潜能，使社会成员按照各自具体的贡献得到有所差别的回报，从而在总体上杜绝平均主义出现的可能性。

显然，基于社会公正的制度安排是现代社会的基本制度安排，它涵盖了现代社会当中所有的制度安排包括公正的经济制度、公正的社会制度和公正的政治制度等。在此层面上，公正是最为重要的，不存在公正与效率何者优先的争论问题。对此，不宜作功利性的理解和短期化的修正，否则便背离了现代社会的基本制度安排。比如，类似于法律应当为经济建设保驾护航的提法就十分错误，它实际上是将基本的制度安排从属于一项具体的事情，因而必将造成诸如社会的无序、社会发展宗旨的背离等严重的负面效应。

正因为社会公正如此之重要，应当将之作为国家基本制度层面上的基本理念。

二、大力改善民生

改善民生，是社会公正第一个基本价值取向亦即“共享社会发展成果”所关注的基本内容。在中国现阶段，只要民生能够得到大幅度的改善，那么社会公正的一项基础性的内容就能够实现，同时，社会的基本安全就能够得以保障。

1. 民生的含义和基本内容

现代意义上的民生概念有广义和狭义之分。

广义上的民生概念是指，凡是同民众生活有关的，包括直接相关和间接相关的事情都属于民生范围内的事情。这个概念的优点是充分强调民生问题的高度重要性和高度综合性，但其明显的不足在于，概念范围太大。从直接相关和间接相关的角度看，广义上的民生概念几乎可以延伸到经济、社会、政治、文化等任一领域，无所不包，甚至还可以包括历史观方面的问题。这样一来，由于不宜操作和把握，反倒容易冲淡人们对于直接、切身、具体、真正的民生问题的关注和改善，使民生问题难以同改善民生的具体政策和措施有效地结合起来。

总之，由于广义上的民生概念太大，所包括的内容过于庞大，所涉及的面过于宽泛，同具体政策层面上的民生问题难以吻合，难以把握，因此，在具体政策和实际生活领域，人们一般不使用广义上的民生概念。

狭义上的民生概念主要是从社会层面上着眼的。从这个角度看，所谓民生，主要是指民众的基本生存和生活状态，以及民众的基本发展机会、基本发展能力和基本权益的状况等等。狭义上的民生概念相对来说比较准确，也容易把握，容易同具体层面上的民生政策吻合。我们平时所使用的民生概念一般都是狭义的民生概念。比如，如今社会上流行的说法——要“加快以改善民生为重点的社会建设”一语中的“民生”，就是从社会层面上着眼的。

具体之，民生问题包括由低到高、呈现出一种递进状态的三个层面上的具体内容：

民生问题第一个层面的内容，主要是指民众基本生计状态的底线。这一层面上的民生问题主要侧重民众基本的“生存状态”问题，即社会要保证每一个社会成员“能够像人那样有尊严地生存下去”。其具体内容包括：社会救济、最低生活保障状况、基础性的社会保障、义务教育、基础性的公共卫生、基础性的住房保障，等等。

民生问题第二个层面的内容，主要是指民众基本的发展机会和发展能力。人不仅要有尊严地生存下去，还要有能力生存下去。这一层面上的民生问题主要侧重民众基本的“生计来源”问题，考虑每一个社会成员“要有能力和机会活下去”，即一个社会在满足了社会成员基本生存问题之后，就应考虑社会成员基本的发展能力和发展机会问题，以期为民众提供起码的发展平台和发展前景。其具体内容包括：促进充分就业，进行基本的职业培训，消除歧视问题，提供公平合理的社会流动渠道，以及与之相关的基本权益保护问题（如劳动权、财产权、社会事务参与权）等等。

民生问题第三个层面的内容，主要是指民众基本生存线以上的社会福利状况。这一层面上的民生问题主要侧重民众基本的“生活质量”问题，即当一个社会解决了民众基本生存和基本发展机会、基本发展能力之后，随着经济发展水准和公共财力的大幅度提升，随着现代制度的全面确立，进一步需要考虑的问题，应当是为全体社会成员提供生活质量得以全面提升的福利。这主要包括：民众应当享受到较高层面的社会福利，比如，未来公立高等学校的学生应当得到免费的教育，住房公积金应当普及到每一个劳动者，社会成员的权利应当得到全面的保护等等。应当看到，这一问题属于较高层面上的民生问题，目前的中国社会尚没有能力全面解决这一问题。不过，应当将这一层面的民生问题作为未来的一个重要目标列入改善民生的中长期的目标体系当中。

从现实和操作逻辑看，民生问题上述三个层面上的内容具有一种逐层递进的关系，即前一层面内容的基本实现是后一层面内容实施的前提条件，当前一层面内容基本实现之后，应当顺理成章地开始后一层面内容的努力。

2. 民生问题的特点

民生问题尤其是中国中近期的民生问题具有以下几个特点：

第一，直接生活消费性。这主要是针对非民众生活领域和生产投资性而言的。民生有个特点，同基本生存生活状态直接相关者、同切身利益直接相关者，方属民生范围的事情，如社会保障、义务教育、公共卫生。如果不把民生内容予以明确，而将之无止境扩大的话，将一切同民生有关的包括直接的和所有间接的事物都算作民生的话，那么几乎可以包括社会、经济、政治、文化等所有领域，甚至包括了高铁、高速公路、城市轻轨等基本建设。这样一来，便冲淡了民生实际、迫切的内容，在很大程度上失去了改善民生的实际意义。

第二，基础保障性。这主要是针对高档文化娱乐性公共设施而言的。尽管像是豪华大剧院、豪华体育中心、城市豪华广场和豪华马路的建设等等是非赢利性的，也属于公共设施范围内的事情，但是，在国家公共财力有限的情况下，这样的一些建设同迫切的民生问题并没有多少直接的关系，几乎可以说无助于迫切民生的改善，甚至是起了相反的作用。

第三，生存保底性。这主要是针对高福利政策和平均主义而言的。改善民生是社会公正当中一项重要内容的体现，改善民生的主要目的在于民众基本生存的“保底”。

第四，增益不可逆性。这主要是就改善民生的技术操作层面而言的。从技术操作层面上看，民生政策的制定和实施有一个十分明显的特点，这就是只能作“加法”，不能作“减法”，或者说，要注重使用“加法”的方式，要慎用“减法”的方式。就一般常识而言，对于民众来说，如果普遍地增加了一些利益，自然是皆大欢喜。但是，如果对一些已经实施并且已经让民众得到益处的民生政策，发现其中某些方面不尽合理公正而试图予以矫正或取消的话，就往往会引发民众的广泛抵触，甚至会引发社会某些不安全现象的出现。其道理很简单。无论在哪个国家，作为人，都有个弱点难以克服，这就是，社会成员一旦得到某种利益，哪怕是不尽合理公正的利益，就会觉得理所当然，当仁不让。在这样的情况下，如果让他们将不尽合理公正的、已经得到的利益退掉，那么其难度肯定是很大的。这方面，西欧和北欧一些国家有着一定的教训。这些国家之所以会出现一些社会骚乱，有时就是由于民众已经得到的某些福利政策要被改变，因而引发人们对社会的不满所致。对于中国社会来说，出于两个方面的原因，使得这一问题更加重要和敏感。一方面，中国在系统地制定民生政策方面缺乏足够的经验，所以，在制定和实施民生政策时，有时难免会出现某些明显的失误。而一旦出现失误需要矫正相关的民生政策，就容易招致民众的不满。另一方面，平均主义在中国存在了很长的一段时间，相对说来，平均主义观念在某种程度上比较容易被唤醒。如今一个比较复杂的情形是，在中国现阶段，改善民生的迫切要求同潜在的某些平均主义因素有时是交织在一起的。在这样的情况下，一旦民生政策的制定和实施出现某些失误并需要矫正的话，那么，同发达国家相比，中国在这方面更容易招致民众的广泛不满，而且不满的情绪可能会更加严重一些，由此所引发的社会不安全现象也很有可能会更加严重一些。

3. 建立一个初级的民生保障体系

如何才能有效地改善民生？这是一项十分复杂的系统工程，涉及社会、经济、政治、文化等方方面面。不过，从中近期看，特别需要做好这样一件带有综合性的具体事情，即建立一个初级的民生保障体系。初级民生保障体系一旦得以建立，中国的民生状况就可以得到大幅度的改善，迈上一个巨大的台阶。

初级社会公正保障体系的基本特征是低水准、广覆盖、有实效，其指标不一定面面俱到，但主要指标应当具备。其基本内容是：初步做到“使全体人民学有所教、劳有所得、病有所医、老有所养、住有所居”[1]。

至于建立初级民生保障体系的资金来源，可否作这样的考虑：其一，

---

[1] 胡锦涛：《高举中国特色社会主义伟大旗帜 为夺取全面建设小康社会新胜利而奋斗——在中国共产党第十七次全国代表大会上的报告》，《人民日报》2007 年 10 月 25 日。

在新增财政收入支出当中确定一个较大的比例，并形成惯例。此举相对来说更容易被人接受，可行性程度相对较高。其二，将已有财政支出的比例结构作适当调整。比如，逐渐减少用于竞争性领域的公共支出，并大幅度减少豪华性公益工程的建设支出。其三，以土地换保险。将一部分用于补偿征地的资金用于被征土地农民的养老保险和医疗保险。其四，动用一部分国有企业的红利。国有企业是全体社会成员所共有的资产。随着国有企业开始大幅度地赢利，国有企业的红利应当如何分配，越来越引起人们的关注。有必要确定一定的比例，将国有企业每年应上缴给国家的红利中的一部分，每年定期划拨到初级社会公正保障体系的建设当中。

美国、英国等国家建立社会保障体系的时机对于我国具有一定的参照意义。1929年至1933年的经济大萧条，给美国社会经济造成了巨大的灾难，使得美国深感全面建立社会保障体系的重要性。1935年，以制定《社会保障法》为标志，美国开始系统地建立社会公正保障体系。英国则是从1945年开始建立系统的社会保障体系。2011年中国的人均国民总收入超过了5000美元，明显高于1935年的美国和1945年的英国4000多美元的水准。[1]除了经济实力要明显超过当时的美国和英国，中国还具有一系列有利的条件，比如我们国家现在的公共财力更是远远超过了1935年的美国和1945年的英国，我们在民生保障体系建设方面可以借鉴的各种经验与教训也要远远优于当时的美国和英国。面临着种种有利的条件，就建立初级的民生保障体系而言，我们国家应当也能够比当时的美国和英国做得更好。

三、藏富于民

1. 藏富于民的含义

所谓藏富于民，主要是指防止、消除或缓解过大的贫富差距现象，防止公共权力对民众财富的不恰当占有和侵害，鼓励民众积累财富，让财富向民众倾斜，使中等收入者成为主要人群。

[1] 根据下列资料的相关数据整理：B.R. 米切尔编：《帕尔格雷夫世界历史统计——美洲卷1750—1993》，经济科学出版社2002年版；世界银行：《1986年世界发展报告》，中国财政经济出版社1986年版；世界银行：《2007年世界发展报告》，清华大学出版社2007年版。

2. 藏富于民至关重要

藏富于民，对于中国发展的全局具有重大的、不可替代的重大意义。

第一，藏富于民有助于充分激发整个社会的创造活力。

在现代社会和市场经济条件下，个人的财富至关重要，对于每一个社会成员来说，具有最为基础性的意义。个人财富是每一个社会成员创造力的坚实原点。只有以此为基础，社会成员才会有个人生存、发展、创造的基本平台，才能将自己的主要活动同切身利益结合在一起，进而才能充分激发自身的创造热情、创造潜能以及创造智慧。再者，只有以个人基本的财富为基础，社会成员才能够进行合意地创造，即按照自身的意愿和具体环境，选择适合自己的方式进行创造。由此，社会成员的创造方式必然会多样化，创造空间也必然会大幅度扩大，延伸至经济、文化、政治以及社会等多个领域。社会是由无数个社会成员所构成的。一旦大多数人具有创造的活力，就会最终形成整个社会创造活力的自启动机制。

第二，藏富于民有助于推动经济持续健康的发展。

对于中国来说，在出口拉动、投资拉动和消费内需拉动等经济发展拉动力当中，消费内需拉动最为重要，其分量远远超出前两者的总和。然而，由于多年来民众财富没有得到应有的增长，内需拉动萎靡不振，进而影响到经济发展的可持续性。破解这一难题的关键在于藏富于民，让民众的财富得到应有的增长，使大多数人有能力消费，而且能够以多样化的消费方式进行消费，从而大幅度提升整个社会的消费内需拉动力。另外还有一点十分重要，这就是藏富于民能够确立个人财富及个人创业的正当性与合法性，确立个人财富及个人创业在市场经济社会当中的平等地位。在中国社会，藏富于民一旦成为一种制度和政策的取向，就能够有效地消除个人经济、私营经济所面临的制度和政策层面上的歧视现象，消除一部分人以国家的名义并借助于公共权力所形成的行业垄断现象，并进而有效防止国富民穷和国进民退这两个长期存在的痼疾。正是从这个意义上讲，对于实现中国经济持续健康的发展来说，藏富于民是必不可少的条件。

第三，藏富于民有助于实现社会的安全运行。

对于大部分国家和地区来说，其现代化的初期阶段均曾出现过社会利益结构失衡、贫富差距过大、为数众多的社会成员利益受损甚至是严重受损等现象，从而引发了种种社会矛盾问题，对于社会的安全运行形成了严重的威胁。中国亦然。而解决这一问题的一个有效途径就是藏富于民。通过藏富于民，能够从一个十分重要的方面大面积地改善民生状况，消除贫困问题，缓解贫富差距过大的现象；通过藏富于民，能够使为数众多的社会成员拥有一个基本的生存和发展的平台，对于自己的未来前景心存希望；通过藏富于民，能够使弱势群体成员获得基本的社会尊严，能够同其他群体进行平等的交往。凡此种种，有助于消除社会各个群体之间的隔阂、抵触甚至是冲突的根源，使社会各个群体实现团结合作、互惠互利、各得其所的良性互动局面，进而实现社会的安全运行。

第四，藏富于民有助于国家的强大。

就一般情况而言，富民和强国两者本应是相辅相成、缺一不可，但各自的具体分量实际上是有差别的。相比之下，富民更为重要。富民是强国的基础，富民容易导致强国。在富民条件下所形成的整个社会可持续的创造活力，能够为综合国力的提升提供持续的推动力量；在富民条件下所形成的雄厚的物质基础，能够直接为国家的强大提供持续稳定的财政收入来源；而在富民基础之上所形成的社会团结、社会安全以及民众对政府的认同，则会使国家最大限度地消除内耗，进而使国家作为一个整体更加强大。与富民容易导致强国的局面相比，强国却常常难以导致富民，而且强国有时会妨碍富民局面的出现。在民众算不上富裕的基础之上，有时通过对民众利益的过度占有，也会造成某种强国的局面。其结果却是为了维持力不胜任的强国，严重透支民力、程度不同地侵占民众的财富，从而妨碍富民局面的出现。历史和现实的情形说明，强国有时可能意味着大量的公共资金没有用于民生的改善，却用于军备竞赛（如前苏联）、豪华性公共设施建设、高昂的行政成本等方面的支出，从而造成某种“国强民弱”或“国富民穷”的现象。

基于上述分析，不难得出如是结论：既然藏富于民如此之重要，我们应将之上升到国策的高度来看待，将之作为国家制定重大政策的重要导向和重要依据。

3. 藏富于民的途径

如何才能做到藏富于民，这是一件千头万绪的事情，涉及方方面面。大致地看，实现藏富于民的途径主要包括以下几个方面的内容：

第一，打造公正合理的社会经济环境。

公正合理的社会经济环境是藏富于民的必要条件。没有这一条，藏富于民无从谈起。就此而言，应当特别注意做好这样几件事情：其一，保护社会成员的财产权。在社会成员诸项基本权利当中，财产权属基础性的基本权利。“公民的合法的私有财产不受侵犯”已经成为宪法的规定，《物权法》也得以颁布和实施，这是改革开放以来中国社会经济生活当中十分重大的事情。社会成员的私有财产包括个人的生活资料和生产资料是大多数社会成员基本生计的必要屏障，是其安身立命的基础条件。同时，社会成员的私有财产状况同其发展前景密切相连。这不仅仅因为积累财富是大多数社会成员的一个重要目标，而且还因为具体的财富状况是社会成员赖以发展的基本平台。将宪法有关保护私有财产的规定以及《物权法》予以有效实施，有助于排除大多数社会成员发展过程中的不确定因素，有助于其财富的可预见积累。其二，充分就业。对于大多数社会成员来说，就业的重要意义不仅仅在于使就业者获得稳定的收入来源，还是就业者平等融入社会的重要保证。其重要性类似于传统社会当中土地对于农民的重要意义。尽管现在中国的就业压力很大，但仍然有较大的空间可供拓展。比如，可以通过大力第三产业，通过提供小额贷款等政策鼓励自主就业等有效方式，解决不少社会成员的就业问题。其三，消除歧视现象。在市场经济条件下，任何自然人、任何经济实体均是平等竞争的主体，均不存在着特权地位。为了实现平等的市场竞争，国家应当尽力消除来自户籍、政治身份、地域等方面的歧视、排斥现象，尤其是应当消除政府“与民争利”的现象。另外，同许多国有企业相比，不少个体经济、私营企业面临着融资难、禁入行业多等十分现实的困境。破解这一难题的关键在于，给予所有参与市场经济竞争的经济实体以平等待遇。其四，扩大社会成员的财产性收入。一个规律性的事情是，随着现代化和市场经济进程的推进，社会成员的财产性收入在其总收入当中的比重越来越大。长期以来，中国城市居民的收入主要来源于工资收入。从财富积累的角度看，这种收入方式一是过于单调，二是财富积累速度过于缓慢。所以，现在应当鼓励居民拓展财产性收入的渠道，投资稳定安全的股市、投资债券等等。

第二，确立起公正合理的分配制度。

公正合理的收入分配制度，对藏富于民有着直接的积极意义。确立公正合理的分配制度的关键，在于确立起公正合理的初次分配制度和再分配制度。

公正合理的初次分配制度具有基础性的意义。正如本书前面曾提及的那样，社会公正的初次分配规则也就是按照贡献进行分配的规则之所以是公正的，根本的一点就在于它注重、强调社会成员在生产要素方面的付出数量和付出质量同自己的获得（收益）之间的对称，即“付出”与“获得”之间具有一种恰如其分的对应关系。中国现在之所以难以出现民富的局面，就在于为数众多的劳动者收入被压得过低，其贡献与回报之间不成比例。所以，应当制定合理公正的政策，提高劳动者收入比例，使劳动者收入的增长同国家财政收入的增长、企业主利润的增长之间保持一个合理的比例。

社会成员经过初次分配之后，由于劳动者的职业能力有差别，由于生产者投入的生产要素有差别，因而社会成员所获得的财富也必定会有差别。这种差别如果持续一个历史时段，会造成社会成员之间在财富方面越来越大的差别。这样的情形，既不利于处境相对较差的社会成员的财富积累，也不利于社会的团结与社会合作，进而会使藏富于民难以实现。正因为如此，社会有必要进行再分配。通过收入税、财产税、社会征缴以及其他转移支付等方式，使得暂时处在不利境况中的社会成员能够具有一个起码的生存底线，具有起码的财富积累平台，从而避免一部分社会成员的财富在不断积累，而另一部分社会成员的财富积累却出现中断的情形。

第三，提供有效的公共服务产品。

有一个事实有时容易被人们所忽略，这就是，一个社会能否为民众提供有效的公共服务产品，同能否实现藏富于民有着直接的关系。通过有效公共服务产品的提供，一是可以减少民众的支出，二是可以增强民众抵御人生风险、持续积累财富的能力。正是从这个意义上讲，有效的公共服务产品也是民众的一种重要财富，是在现代社会和市场经济条件下，由国家提供的公共服务产品，是事关每一个社会成员基本生存和发展的、必不可少的、“人均一份”的财富，是藏富于民的一项重要内容。还有一点十分重要，这就是国家财政收入的充盈并不意味着必然会实现藏富于民，有时倒有可能会导致“国富民穷”或“国强民弱”现象的出现，而防止这种弊端的有效途径就是通过有效的公共投入实现藏富于民。

四、形成一个“两头小、中间大”的橄榄型社会结构

1. 公正合理的社会结构呈橄榄形状

“两头小、中间大”的橄榄型社会（阶层）结构是指，在全体社会成员当中，收入较高的社会群体和收入较低的社会群体的比重都比较小，而居于两者之间的中等收入者群体的规模最大，大多数社会成员都是中等收入者。

橄榄型社会结构的要旨是，使基础阶层群体大面积地中等阶层化，从而彻底摆脱其相对贫困和相对弱势的境地。橄榄型的社会结构在很大程度上反映了社会结构的公正性：它反映出一个社会的普遍受益、共享社会发展成果的具体状况；反映出以绝大多数社会成员为基点（数学上的大数原则）的制度设计的公正性和社会政策实施的力度；也反映出社会成员的实际能力与收入状况之间的合理对应，因为在一个社会中能力强者和能力弱者均占少数，而能力居中者占多数。

中国现在是一个金字塔型的社会结构，很不正常。当前全国居民低收入者以及中低收入者占全部居民的70%多，中等收入者只占全部居民的20%左右。这样的社会阶层结构，不是一个公正健康的结构，不可能造成一种安全的社会局面。要想构建一个公正安全的社会，就必须培育一个庞大的中等收入者人群，形成一个“两头小、中间大”的橄榄型社会结构。这种社会阶层结构既是公正的，也是安全的。这一点，已经越来越得到各个层面上的社会成员的广泛共识。

2. 橄榄型社会结构最有利于社会的安全

为什么说中等收入人群占大多数的“两头小、中间大”的橄榄型社会结构最有利于社会的安全？起码有这样几个理由：

第一，有恒产者方有恒心。这是一个很简单的道理。当人们一无所有的时候，就很难对社会有一个积极认同的态度，就很希望瓦解现有的社会秩序，希望重新产生一个有利于自己的社会分配结构。但是，当人们普遍拥有了一份来之不易的、像样的家庭财产，有了一份稳定的职业，过上了比较体面的生活时，就会希望社会保持一种稳定的局面。

第二，中等收入者相对来说更容易遵守法律法规。就一般情况来说，中等收入者的文化水准高一些，理性化的成分多一些，心态也比较稳定。这样，中等收入者就更倾向于通过法律法规来协调相互之间以及与其他群体之间的利益关系。

第三，中等收入者是富人和贫困人口之间的有效缓冲带。在一个社会当中，富人群体和贫困群体之间相对来说最容易产生隔阂和冲突，而中等收入者群体同这两个群体相对来说容易相安无事。这样，中等收入者的比重如果很大，那么就可以比较有效地缓冲富人群体和贫困群体之间的紧张关系。

第四，大比例的中等收入者群体成员能够有效地援助弱势群体，使其处境得到大幅度的改善。[1]弱势群体只靠自己的力量是无法摆脱其弱势境地的。这就需要社会的援助。就总体而言，社会援助的力度取决于公共投入的力度。而公共投入的多少取决于税收的状况，税收的多少则取决于经济状况较好的社会主要群体比重的大小。在一个社会当中，富人群体成员的比例不可能太高，因而也就不可能成为社会主要群体。这样看来，只有中等收入人群才能成为经济状况较好的主要群体。在一个社会当中，中等收入者群体的比例如果能够占据主要位置，比如说达到 80% 的比例，那么这个社会便具备大幅度改善弱势群体处境的能力，同时也意味着这个社会能够减小弱势群体成员的比例，减小援助弱势群体成员的压力。以中国为例，假设在 13 亿人口当中，中等收入者的比例达到了 80%，那么以 10 亿中等收入者的力量就能够有效地援助 3 亿弱势群体成员。但是，如果倒过来，假设中国只有 3 亿中等收入者，那么依靠 3 亿中等收入者的力量来援助 10 亿弱势群体成员，试图使其处境发生大幅度的改善，则是不可能之事。

第五，中等收入者对于经济滑坡和经济危机的承受力较强。对于贫困

[1] 这一看法是笔者 2006 年受时任中共定边县委书记的尚洪泽先生的启发而形成的。

者来说，经不起经济萧条的打击。“高通货膨胀和宏观经济危机对缺少抵抗负面冲击能力的穷人的利益尤为有害。”[1]低收入者的收入水准本来只能保证温饱。在这样的情况下，整个国家的经济状况一旦恶化，就意味着贫困者可能连温饱的日子都要受影响。而对于中等收入者来说，国家经济状况的恶化，虽然会对生活水准产生不小的影响，但还不至于影响到基本生计的地步。日本社会的贫富差距很小，日本是世界上基尼系数最小的国家之一，中等收入者在其社会当中占据着压倒优势。日本有一个流行说法，叫作“一亿皆中流”，意思是大多数的日本国民都是中等收入者，所以对于困难的抵抗力很强。相比之下，美国中等收入者的比例虽然也很高，但不如日本的比例高，贫困者的数量远远超过日本，贫富差距也比日本大得多。所以，当美国和日本遇到同样的经济危机时，美国的商场往往呈现出一种明显萧条的局面，而日本商场的萧条程度相对来说就不会那么明显；美国的民怨往往会比较大一些，而日本的民怨相对来说就比较小。

第六，安全系数的简单计算。贫困群体当中对于社会不满的人的比例相对来说比较高，假设每十个贫困者里面就会出一个对社会不满的人。我们再假设，一个社会当中只有十万个中等收入者，一百万个贫困者，而一百万个贫困者当中就会出现十万个对社会不满的人，这样，平均每一个中等收入者就会面对一个对社会不满者。所以，这种状况下的社会安全系数是最低的，社会是最不稳定的。如果情况倒过来，假设一个社会当中有一百万个中等收入者，只有十万个贫困者，而十万个贫困者当中会出现一万个对社会不满的人，这样，平均每一百个中等收入者才会面对一个对社会不满者。这时社会的安全系数毫无疑问是很高的，社会是非常稳定的。

五、规范公权

从社会力量配置结构的角度看，在一个比较长的时期当中，我们可以将影响中国社会安全运行和健康发展的社会负面拉动力量归纳为三种。第一种负面拉动力量是平均主义。不能否认，平均主义在中国有着雄厚的历

[1] 世界银行：《2006年世界发展报告》，清华大学出版社2006年版，第199页。

史基础和较为广泛的民众基础，处理不好很容易抬头。第二种负面拉动力量是没有任何约束的资本扩张。第三种负面拉动力量在目前中国实际上已经显示出来，但没有引起足够的重视，这就是缺乏限制的公权扩张。而在这三种负面拉动力量当中，缺乏限制的公权扩张是最为严重的负面拉动力量。同其他国家相比，公权在中国极为强大。如果运用得当，可以有力地推动中国现代化进程，可以有效地维护社会的安全运行，但是，一旦失去必要的限制和制约，就会产生极大的负面效应，而且这种负面效应，比平均主义以及资本随意扩张所产生的负面作用都要大。特别需要注意的是，平均主义和资本至上这两股力量经常会以公权扩张为中轴结合起来，使得问题更加复杂化和严重化。比如，如果资本至上、公权扩张同特定行业或部门中的平均主义结合在一起，就很容易形成行业垄断一类的现象；如果资本至上和公权扩张结合在一起，就容易形成官商勾结、寻租等腐败现象；而如果平均主义和公权扩张结合在一起，就会形成国家化、社会整体化的平均主义现象，进而形成种种十分有害的劫富济贫行为。

公权的扩张，对中国来说是一个事关社会安全的、理应引起重视的大问题。同其他国家相比，中国的公权往往会陷入两难的境地。一方面，中国采取的是渐进型的现代化模式，这一模式的重要特征就在于政府主导推动，强调政府的权威和干预能力。公权运用得当，就能有力地推动中国现代化进程，有效地维护社会的安全。另一方面，客观上讲，政府在特殊转型时期负有的重责，为公权的扩张提供了很大的可能空间。公权一旦失去必要的限制和制约，就会出现越来越强的自我扩张的趋势，就会产生越来越大的负面效应，损害社会的安全局面。在中国现阶段，前述两个方面的情形都已清晰地表现出来：中国发展得以持续进行，社会秩序得以有效维护，同时，公权扩张的趋势在加重。值得人们注意的是，后一方面的问题越来越明显。比如，由公权扩张所引致的腐败现象越来越严重，已经严重损害了政府的公信力，损害了社会经济秩序；公权与民争利的现象愈益凸显，政府的财政收入的增幅远远超过居民收入的增幅；一些地方官员滥用公权，强行征地拆迁的事情屡屡发生；有的地方官员往往忽视社会成员的自主意愿，形成了为民做主的习惯，甚至有些地方的居民出现“被福利”、“被幸福”、“被上楼”、“被精神病”等情形。这一切，致使官民矛盾成为中国社会当中一个比较突出的矛盾问题。“在各个矛盾对应群体当中，官民之间的矛盾居前列有时甚至是居于首位的位置。这是中国现阶段社会矛盾的一个重要特征。”[1]突出的官民矛盾，必然会对社会公正以及社会安全形成十分不利的影响。

显然，规范公权是中国发展之必需。而要做到这一点，就必须进行现代社会基本制度的设计和安排，如建立起科学、合理、民主的决策体制以及有效的监督制度和制约机制等等。这需要一个比较长的时间。但是，就中近期而言，仍有许多重要的事情可以去做，并能够取得明显的成效。以政治精英群体为例，尽管其行为的基本规范化有赖于政治体制改革的大幅度推进，但是在中近期的一段时间内，完全有可能本着先易后难、循序渐进的原则，做成很多事情。就推进政治精英群体规范化而言，实际上在不少方面并不复杂，完全可以选择几个比较重要的突破口进行有效的突破。比如，对公职人员进行“利益冲突和回避”以及“财产公布”是国际普遍认同和流行的做法。1996 年联合国大会通过的《公职人员国际行为守则》规定：“公职人员不得利用职务之便不正当地为本人或其家庭成员谋取个人利益或经济利益，公职人员不得进行与其公务职能和职责或履行这些职责不相符合的任何交易取得任何职位或职能或在其中拥有任何经济商业或其他类似的利益。”“公职人员应视本人的职务并根据法律和行政政策的许可或要求，按要求公布或披露，并在可能的情况下，公布或披露其配偶和／或其他受赡养者的私人资产和债务。”[2]显然，即便在现有制度水平的条件下，中国能够、至少在不小的程度上能够做到这两点，关键是有没有决心的问题。而一旦做到了这一点，便可十分有效地防止精英群体之间的利益结盟以及由此所造成的种种腐败现象。

六、注重促进社会公正的有效策略

就有效地促进社会公正而言，需要做很多事情。其中，采取怎样的有效策略也是一件必须考虑的事情。

---

[1] 吴忠民：《中国现阶段社会矛盾特征分析》，《教学与研究》2010 年第 3 期。

[2] 联合国：《公职人员国际行为守则》，载赵秉志等编：《〈联合国反腐败公约〉暨相关重要文献资料》，中国人民公安大学出版社 2004 年版。

1. 注意把握好事关社会公正重要政策出台的时机

社会公正是一个影响面十分广泛的事情，不仅对于社会领域、政治领域，就是对于经济发展的速度、结构及质量都会产生十分重要的影响。本来，社会公正政策从根本来说对于社会的各个群体都是有利的，但是，在某个特定的时期，如果某项重要的社会公正政策的出台时机选择得不是很恰当的话，那么倒有可能对某个领域产生某种不利的影响，使社会公正的推进欲速不达或是出现一种事倍功半的效果。比如，作为社会公正重要组成部分的劳动政策的实施，对于企业主群体以及企业发展来说，意味着需要增加比以往来说更大的成本，企业的利润空间会被压缩，因而会遇到程度不同的阻力。这就要求在实施某项重要劳动政策时，充分考虑到其出台的时机问题。比如，在出台类似于《劳动合同法》时，最好选择在消除经济过热、经济过于高速增长而需要软着陆的时期。这样做，不仅可以起到类似于“加息”的作用，而且能够使企业主对新增的经济成本具有必要的承受力，不至于拖累经济的正常发展；或者选择在经济发展需要升级换代的时期出台某些重要的劳动政策，让某些污染程度过高、技术含量较低而缺乏竞争力以及安全保护很差的企业关闭或转产。如是做法，不仅可以减小劳动政策实施的抵触面，而且可以一举两得，既推进了劳动政策的发展，同时又有利于经济的健康发展。

2. 宜梯度性地促进社会公正

发展的不平衡性是中国现实社会一个公认的明显特点。中国东部地区的一些城市如上海、北京、深圳以及苏州等的发展已经达到了一些中等发达国家的水准。比如，2010 年，北京市的常住人口为 1961.2 万人（2010 年 11 月 1 日）[1]，全年实现地区生产总值 13777.9 亿元[2]。这样看来，按常住人口计算（不按“户籍”人口计算），2010 年北京市人均 GDP 大致已经达到 10600 美元左右。而西部地区的一些区域，其发展水准还处在比

[1] 北京市第六次全国人口普查领导小组办公室等:《北京市 2010 年第六次全国人口普查主要数据公报》，北京统计信息网，2011 年 5 月 5 日。

[2] 北京市统计局等:《北京市 2010 年暨“十一五”期间国民经济和社会发展统计公报》，北京统计信息网，2011 年 2 月 21 日。

较落后的状况。重要的是，中国的东部沿海地区的发展水准同西部地区发展水准之间的巨大差距在中近期是难以完全消除的。而且，中国又是世界上规模最大的国家，许多省市区域的人口数量和经济总量之大，差不多等于国外一个中等规模甚至是中等偏上规模的国家。各个区域发展水准的巨大差别，使得不同区域社会成员对于社会公正的具体要求必然有着明显的差别；同时，与发展水准的巨大差别相适应，各个地区的政府在财力、在对社会公正的认识方面，也必然会出现较大的差别。在这样的条件下，中国对于事关社会公正的政策制定和实施，不宜试图采取“一刀切”式的、整齐划一的做法，不宜完全按照一个模式去推进。

显然，在中国现阶段，虽然各个地区在社会公正的底线方面皆应予以保证落实，不应存在区域上的差别，即便是欠发达地区也不能以经济发展水准偏低为借口而予以延误，但同时应当基于不同地区的不同发展水准，基于不同的省情市情，在不同的地区采取有所差别的做法，梯度性地推动社会公正的发展。像发达地区的城市如北京、上海、深圳、苏州等地，完全可以在确保社会公正底线的前提下，进一步提升其社会公正的水准，如提高养老保险、医疗保险、工伤保险的交纳金额水准，健全劳资谈判协商机制等等，使这些地区不仅在经济发展水准方面，而且在社会公正方面逐渐缩小同发达国家之间的距离。而在欠发达地区，则应将促进社会公正的重心放在社会公正底线的保证方面，如重视制定和实施工资最低标准，提高“三险”的覆盖率，实现基础性公共卫生保障。

在一个比较长的时间内，中国采取梯度性推动社会公正发展的策略是十分有益的。这种做法符合中国的实际情况，具有可行性和有效性。而且，在社会公正上先行一步的发达地区的经验，对于欠发达地区无疑有着重要的示范效应，可以在一定程度上为之提供一种有益的并且是具有鼓舞性的前景。

后 记

中国改革发展的基本脉络和大致的阶段顺序是：先是经济建设，继之是社会建设，再继之是民主政治建设。中国改革开放以来，一个公认的事实是，经济建设成就辉煌，同时，社会建设明显滞后，这突出地表现为社会公正问题日益凸显。时至今日，以社会公正为核心内容的社会建设已经成为时代主题，社会公正问题已经成为中国社会各个阶层共同关注的中心议题，尽管每个阶层关注社会公正问题的角度不尽相同。

可以这样说，在中国现阶段，在社会公正问题上，民意同时代潮流已经合二为一。维护和促进社会公正，既是民意所在，也是时代潮流所向。所以，中国社会未来能否得以健康持续的发展，能否获得安全稳定的局面，在很大程度上取决于中国在社会公正方面做得如何。

我是从 1997 年开始由社会发展研究领域转向社会公正研究领域的，迄今已有 15 个年头。1997 年，我承担了一个国家社会科学基金项目："中国现阶段贫困群体的历史社会学研究"。以此为发端，先是从弱势群体角度关注社会公正问题，继之又从理论层面上介入社会公正研究。下一步打算将社会公正问题同社会矛盾问题结合在一起进行探索，以社会公正作为观察中国现阶段社会矛盾问题的视角，以社会公正理论作为分析解释社会矛盾问题的理论框架。

在从事社会公正研究的 15 年当中，先后发表出版了一百几十万字的有关社会公正问题的论述。一直有个想法，将这些研究成果的主要内容梳理一下，出一个简本，尽可能为读者节省些阅读时间。恰巧，承蒙山东人民出版社的好意，为我申报了一个选题《社会公正理论十二讲》，被国家新闻出版总署列入“社会主义核心价值体系建设‘双百’出版工程”，并由国家新闻出版总署提供出版资助。正好借这个机会，将这15年有关社会公正研究的一些成果归纳梳理了一下，从中选取并集中了具有代表性的内容，然后进行必要的加工，形成了《社会公正理论十二讲》这样一个有关社会公正问题的“简本”。

在这本书交付出版之际，特别要感谢的是：（1）感谢国家新闻出版署的信任和支持。（2）感谢国家社会科学基金多年来大力而且是持续的支持。承蒙国家社会科学基金的信任，从1993年到现在，我一共承担了七项国家社会科学基金课题：其中一项是国家社会科学青年基金项目（1993），四项是国家社会科学基金一般项目（1997、2001、2004、2007），一项是国家社会科学基金重点项目（2010），一项是国家社会科学基金重大项目（2012）。在这七项国家社会科学基金课题当中，有六项课题同社会公正相关。国家社会科学基金不仅提供了研究资金，更为重要的是，增强了我研究社会公正问题的信心。（3）感谢中国社会学会名誉会长郑杭生先生，推荐我承担了教育部人文社会科学重点研究基地2005年度重大项目“社会公平与社会政策”。（4）感谢责任编辑王海玲女士的辛勤劳动和友善催促。（5）感谢山东大学的姜峰先生和中国人民大学的韩克庆先生，帮忙将目录翻译成英文。

吴忠民

谨识于2012年9月16日

北京海淀大有北里小区

图书在版编目（CIP）数据

社会公正理论十二讲/吴忠民著．—济南：山东人民出版社，2012.11
ISBN 978-7-209-06907-6

Ⅰ．①社…　Ⅱ．①吴…　Ⅲ．①公正—研究—中国　Ⅳ．①D081

中国版本图书馆 CIP 数据核字(2012)第 258028 号

出版策划：丁　莉
责任编辑：王海玲　马　洁
装帧设计：蔡立国

社会公正理论十二讲
吴忠民　著

山东出版集团
山东人民出版社出版发行
社　址：济南市经九路胜利大街 39 号　邮　编：250001
网　址：http://www.sd-book.com.cn
发行部：(0531)82098027　82098028
新华书店经销
山东临沂新华印刷物流集团印装

规　格　16 开(165mm×239mm)
印　张　13.75　插　页 2
字　数　206 千字
版　次　2012 年 11 月第 1 版
印　次　2012 年 11 月第 1 次
ISBN 978-7-209-06907-6
定　价　26.00 元

如有质量问题，请与印刷单位联系调换。(0539)2925888